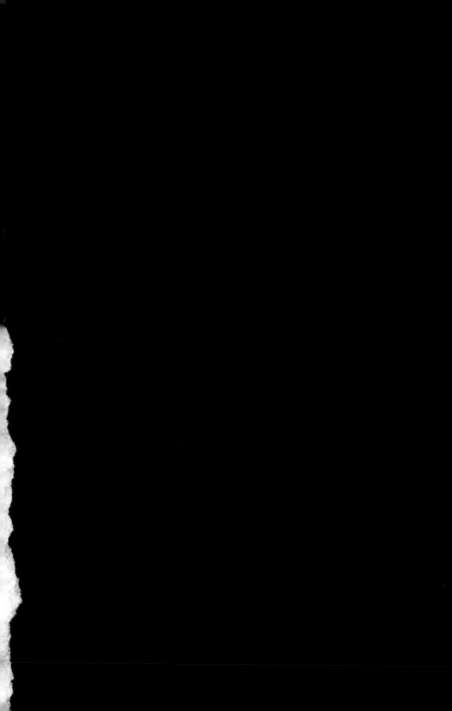

金と差別のウォール街

ゴールドマン・サックスに洗脳された私

ジェイミー・フィオーレ・ヒギンズ
多賀谷正子 訳

BULLY MARKET
My Story of Money and Misogyny at Goldman Sachs
Jamie Fiore Higgins

光文社

ダンに捧ぐ——そのすべてに、永遠の感謝をこめて

著者による注記

本書は、金融業界で高い役職についていた女性として私が思うこと、経験してきたことを書いたものだ。当時の経験を振り返り、自分が思うことをまとめてある。日記やそのほかの書面、友人や家族と交わした会話をもとに執筆した。家族以外の名前や詳細は、特定できないように変更してある。また、本書に出てくるゴールドマン・サックスの社員は特定の人物を指すものではないし、顧客も特定の企業を指すものではない。具体的な取引や非公開の事柄については、いっさい述べていない。ここに記したことはすべて、実際に私の身の上に起こった出来事だが、時間軸を短縮して書いた箇所もある。また、会話の部分は当事者の言葉をそのまま引用したものではなく、会話の要旨を伝えるために私があらたに書きおこしたものだ。

序章——辞められるのは一度きり（2016年）

「見て、入金されてる」私はパソコンの画面に映る入金明細を指さした。キッチンテーブルの前に座っている私の肩ごしに、夫のダンが画面をのぞきこむ。朝早いこの時間、部屋は静かだ。子どもたちはまだ眠っている。首元に夫の温かい息がかかるのを感じながら、カウンターの上でドリップされているコーヒーの香りを吸いこんだ。

「おめでとう」夫が言った。「辞める覚悟はできた？」私は最新の残高を見つめた。いまは1月の下旬だが、ゴールドマン・サックスにとってはクリスマスの朝のようなものだ。昨晩、年に一度のボーナスが振りこまれた。

もらいすぎではないかと思うほど、莫大な金額だった。たしかによく働いたが、ほかにも頑張った人は大勢いる。こんなにもらってもいいのかと、罪悪感さえ覚えた。うちの掃除をしてくれる人の40倍、うちの子どもの先生の20倍、私の主治医の10倍の金額。私は満足感と羞恥心の入り混じった複雑な気持ちになった。

これだけのボーナスを、ゴールドマンが無条件に出しているわけではないのはわかっている。もっと働け、というメッセージがこめられているのだ。いわば、鼻先にぶら下げられたニンジン。そして、数年前についたマネージング・ディレクター（ＭＤ）という役職が、私に対するゴールドマンの評価だ。ゴールドマンでこの役職につくことができるのは、トップの8パーセントのみ。会社からは、これまで以上の成果を期待されている。そのためには昼も夜も、そして人生さえも、会社に捧げなくてはならない。会社に残ることを選ぶなら、今日からまた新たな1年が始まることになる。家族にもまともに会えない365日。権力者自らが人種差別や男女差別をする社風のなか、耐えがたい環境で働かなくてはならない365日。ゴールドマンの神たちから目の前に次のボーナスをぶら下げられる365日。どれほど高い金額を積まれようと、これ以上あそこにいる価値はない。いまの地位を築くために、家族も、自分自身をも失いかけたのだから。

「今日、辞める」私は宣言した。

「みんな驚くだろうなあ」キッチンの窓の外を眺めながらダンが言った。氷に覆われたアメリカスズカケノキの枝が、窓にこすれて音をたてている。

「かもね。でも、私の椅子を狙ってる男性はたくさんいる」私には彼らを責めることはできない。ゴールドマンは食うか食われるかの世界だ。私の退職は、誰かにとってまたとないチャンスになる。でも、後任はきっと、私とは似ても似つかない人になるだろう。おそらく、共通するのは白人という点だけ。私の後任に選ばれるのは、独身で子どものいない男性に違いない。女性——しかも4人の子もち——の私は、彼らが望むタイプではなかった。

「最後にもう一度、資金計画を見直してみよう」自分に言い聞かせるように言った。ダンが横に座ると、私は資金計画を記入したスプレッドシートを開いた。「自由のためのスプレッドシート」と名づけたものだ。ダンが事業を始めたので、ダンの収入を補完するのに必要な金額を計算してある。

私が最悪の展開をイメージしてしまう性分であることは、12年連れ添っている彼ならよく知っている。ダンが1行ずつゆっくりと必要な費用を読みあげ、不測の事態が起きたときのためのプランBとプランCを見直していった。このスプレッドシートは完璧だ。私は自由を手に入れられる。ただし、それを手にする勇気があればの話だ。「ゴールドマンを辞められるのは一度きり」そんな言葉が頭の中でこだまする。18年働いているあいだ、繰り返し思ってきたことだ。

あのゆがんだ世界に自分がいかにはまりやすいタイプだったか、いまならよくわかる。何のコネもなくゴールドマンに入社した私は、移民である家族のために、経済的に成功しなくてはならないというプレッシャーでいっぱいだった。生活が立ち行かなくなり自ら命を絶った祖父のためにも、多くの犠牲をはらってきた私の両親のためにも、なんとしても成功したかった。それに、子どものころに健康上の問題を抱えていたせいで、自分には欠陥があるという気持ちを拭いきれないでいた私は、「きみには無理だ」と言われれば、それに抗ってやろうと思ったし、普通の人と同じようにどこも問題がないことを証明してみせたかった。多額の金融取引や特権アクセスなど、経験したことのない未知の世界でもうまくやってみせると思った。あれほど様々な差別がはびこる世界の一員になるのも初めてのことだったが、私ならウォール街で最も手に入りにくい特別な地位にのし上がれると、ゴールドマンに対しても自分自身に対しても証明したかった。

だが、やっと、負の連鎖は断ち切らなくてはならないとわかった。自分がしなくてはならないことがわかった。

もう何年も、ゴールドマンのゆがんだレンズをとおして自分の人生を眺めてきた。ずっとハラスメントや侮辱に耐えてきて、それを止めることはできなかった。何年も男女差別を受け入れ、古い社風に従ってきた。自分は何者なのか、自分にどんな価値があるのかと、何年も問いつづけてきた。そしていま、すべてを捨てる覚悟ができた。破綻したシステムの片棒をかつぐのをやめ、自分自身と家族を取り戻す覚悟ができた。

時を戻し、初めての職場を変えることはできない。過去に戻って希望の職につき、自分の価値観に合ったキャリアをスタートさせることは不可能だ。ワーク・ライフ・バランスを保ちながら、高い目的意識をもって取り組める仕事についていれば、双子のアビーとベスが初めて歩いた瞬間を見のがすことも、息子のルークが初めてしゃべった言葉を聞きのがすこともなかったかもしれない。でも、これからやっと自分の人生や、家族との時間を楽しむことができる。新しいキャリアを見つけて、社会の役に立ったり、ほかの人を助けたりサポートしたりすることもできる。金持ちをもっと金持ちにする仕事はもうたくさんだ。まだ赤ん坊のハンナが初めて何かをするところを見ることもできるだろうし、娘たちの宿題を手伝ったり、ルークを幼稚園まで迎えにいったりすることもできる。長期有給休暇を取れたのはラッキーだった。自分がいた世界を顧みて、これからの人生で自分が何をしたいのか考えることができる。私はラップトップを閉じ、仕事用の鞄を手にとった。

「よし。じゃあ、行ってくる」

CONTENTS

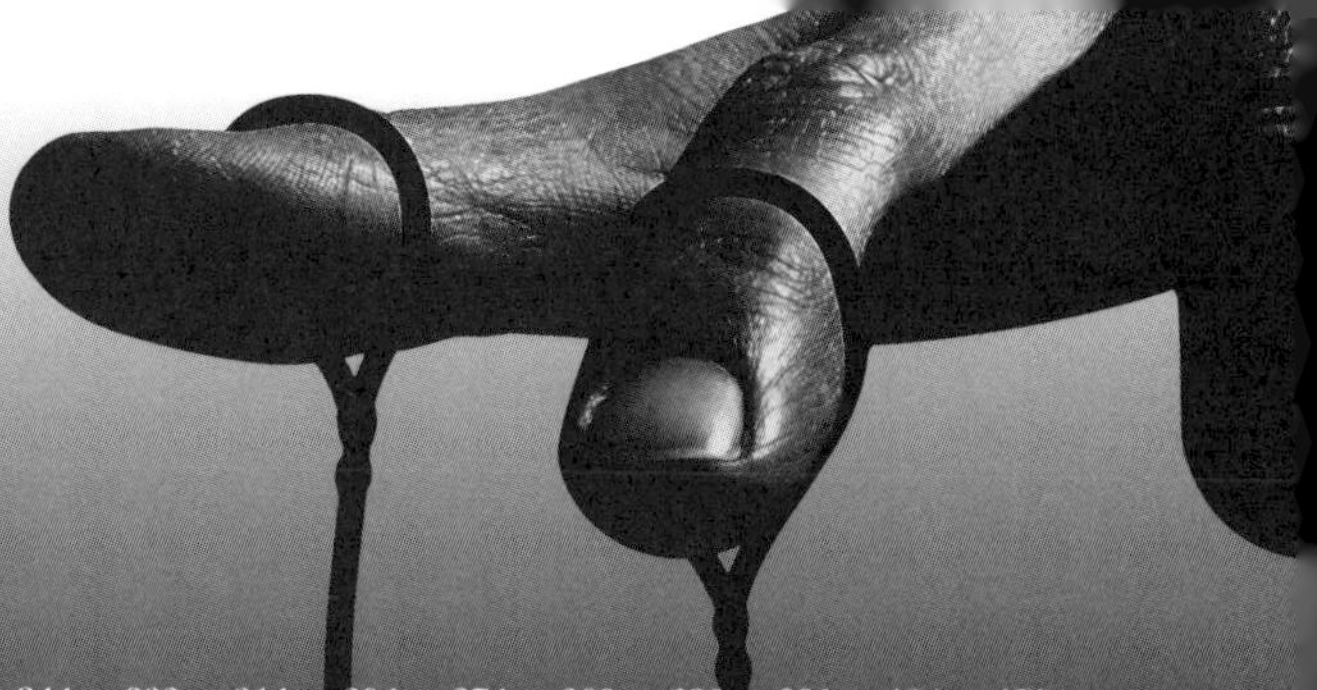

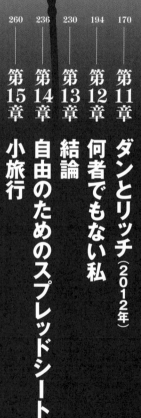

第1章　ゴールドマン・サックスへようこそ（1998年7月）

エレベーターのドアが開くと、黒や紺のスーツを身にまとった大勢の人が、広いロビーで談笑していた。床から天井まである大きな窓からは陽光が燦々《さんさん》と降りそそぎ、窓の外には光り輝く港と自由の女神が見える。私は受付のデスクに行き、震える手で自分の名札を探した。あった。ジェイミー・フィオーレ。黒くて太い文字で印字された私の名前。私にはここにいる権利がある、ということだ。ついにウォール街の仲間入りを果たしたのだ。

みんなのあとについて、朝食が用意されているパントリーに向かった。私のほかに女性がいないか、ざっと見まわす。ほんの数人しかいないが、みんな、メイクも髪型も完璧だ。まるで、たったいまヘアサロンから戻ってきたみたいだ。あわてて自分の髪に手をやると、いまいましいことに、湿気のせいでチリチリになりはじめていた。チェリーの香りのリップクリームをぬっただけで、メイクをしていない顔は、ピザ生地みたいに白くてかさついている。

ベーグルとコーヒーを持って、映画館かと思うほど大きな会議室に向かった。座席は階段状になっていて、１００人以上は入れそうだ。誰もいない演壇があり、その後ろに設置された巨大なスクリーンには、ゴールドマン・サックスのロゴが映しだされている。私は通路ぎわの席に座ることにした。隣には背の高いブロンドの男性がいた。あごのラインがシャープで、ブルーの瞳がきらきらと輝いている。アバクロンビー【訳注：アメリカのカジュアルファッションブランド】のモデルみたいだ。

「テイラー・ヒューズだ。ペンシルベニア大学ウォートン校出身。経済学専攻」まじめで礼儀正しい口調。まるで軍人だ。ゴールドマン・サックスの研修はブートキャンプのようなものだと言われているのを思い出した。

「ジェイミー・フィオーレ。ブリンマー大学出身。数学専攻よ」私も同じように答えた。自分が言うと、なんだか変な感じがした。彼は白くて大きな手で私の手を固く握った。あまりに力強くて指の関節がごりごりとこすれる。あいさつを終えると、彼はウォール・ストリート・ジャーナルに目を戻した。

「おはよう、諸君」厳格な声が部屋に響いた。顔を上げると、体にぴったりの黒いスーツに赤いネクタイの長身の男性が、大股で歩きながら会議室に入ってくるところだった。その男性は両開きのドアを閉めて鍵をかけると、取っ手を強く引いて鍵がかかっているのを確かめた。

　不安が胃をせりあがってきた。隣にいるテイラーをちらりと見ると、動揺する様子もなく、部屋に入ってきた男性をじっと見つめている。会議室はしんと静まりかえり、新入社員たちは石のように体を硬くした。男性は演壇まで歩いていくと、腰に手をあてて無表情のまま言った。

「ゴールドマン・サックスのグローバル・トレーニング・プログラムにようこそ」会議室の壁に声が反響した。前方のスクリーンには、彼の顔が映しだされている。「私はトム・ホワイト。この研修の責任者だ。ゴールドマン・サックスに入るのは、ハーバード大学に入るより難しい。いまこの場にいるということは、きみたちの努力は正しかったということだ。またとない機会を手に入れられたんだからな。だが忘れるな。これから6週間、きみたちは私のものだ」そう言うと、トムは愉快そうに笑った。歳のころは40代。黒くて縮れた髪には白いものが交じっている。

「この研修で求められるレベルは高い。だがそれは、実際の仕事、実際の現場ではさらに高いレベルの仕事が求められるからだ。研修は7時きっかりに始める。1分たりとも遅れることは許さない。7時になったら今日のようにドアに鍵をかける」私は首を伸ばして周りを見た。「遅刻した場合は謝罪文を書き、それぞれの部署の責任者にサインをもらわないかぎり入室は認めない」

部屋はしんと静まりかえった。そのとき、ドアをノックする音が聞こえた。誰かが鍵のかかったドアを、揺れるほど激しく叩いている。「こいつらのようにな」トムはククッと笑い、肩ごしにドアのほうを親指で示した。私は温かいコーヒーをすすりながら、首すじに汗がにじむのを感じた。ノックの音がやむ。研修1日目の始まりだ。

1日目は導入研修、財務会計、株式のプレゼンテーション入門などがみっちりと詰めこまれていた。新しいノートの半分がお昼までに埋まり、手がこわばって痙攣《けいれん》しそうになったほどだ。財務についてはまったく何も知らないので、一から学ぶようなものだった。なんとかして、ついていかなくてはならない。

午後4時。第1回のオープン・ミーティングが4時15分に行われると、メールで知らされた。オープン・ミーティングとは何なのだろう？　私にはさっぱりわからない。でも、周りの新入社員は互いに視線を交わしあっている。こんな会話が聞こえてきた。「準備はできてるか？」すると、誰かがぼそっと言った。「運を天にまかせるしかない」

4時15分。トムが片手にクリップボードとペンを持ったまま、もう片方の手でドアに鍵をかけた。そして、大声で言った。「ジョン・テイトはいるか？」どの人がジョンなのかと、みんなが周りに目を走らせる。すると、私のすぐ前に座っていた赤毛の男性が立ち上がった。

「はい。ぼくがジョン・テイトです。アマースト大学出身。経済学専攻です」

「やあ、ジョン。今日、ゴールドマンのアナリストがユアン社の調査レポートを出したな」トムが言った。「アナリストは、次の四半期の見通しについて、どう書いていた？」ジョンの耳のふちが真っ赤になった。触ったらきっと熱いだろう。部屋は水を打ったように静まりかえった。ジョンが冷や汗をかいているのを見て、私まで胃がキリキリしはじめた。私だってそんなことは知らない。ユアン社が何の会社かさえ知らないのだ。今日の研修では取り上げられていなかったはずだ。「わかりません」ジョンがしわがれた声で答えた。新入社員たちがいっせいに低いうめき声をもらす。

「ふざけるな！　なんだ、その答えは！」トムはクリップボードを演壇にたたきつけた。「それじゃだめだ！」誰もが固まった。動いているのはジョンの震える手だけだ。耳の中でドクドクと血が流れる音がする。「二度とそういう答え方はするな」トムが声を荒らげる。「『わかりません。すぐに調べます』と答えるんだ」大きなスクリーンに映ったジョンの顔を見ると、口角に泡が浮かんでいた。

「わかりません。すぐに調べます」ジョンが言い直した。涙を押し殺したような声だ。

「それでいい」トムが言った。「もう行っていいぞ。明日の朝7時に全員の前で発表するように」

ジョンは同じ列に座っている人の足を踏みつけんばかりの勢いで通路に出ると、肩にかけているメッセンジャーバッグを揺らしながら、走って部屋を飛び出した。

「ゴールドマンにようこそ」トムが言い放った。「ここは誰よりもこだわりが強く、用心深い人たちが集まる場所だ。この環境に耐えていきたいのなら、きみたちもそうならなければならない」

いったい、ここは何なのだろう？ 思わず体が震えた。震えを抑えようと、両手を体に巻きつける。こんなところに来たくはなかった。ここは何もかもがおかしい。私にはまったく合わない場所だ。でも、どうしてここに来ることになったのかは、自分でもわかっていた。

＊　＊　＊

「それ何？」研修初日の1年ほど前のことだ。スイカを切っていた母が、大きな茶封筒を見て言った。父はキッチンテーブルにいる私の隣で新聞を読んでいた。祖母（母方の祖母）もすぐそばで、かぎ針編みをしていた。

「ああ、これね。学校のキャリアセンターで性格診断テストを受けてみたの」私は答えた。プリンマー大学の3年生を終えたばかりで、そろそろ将来のことを考えはじめなくてはいけない時期だった。「その結果が届いたんだ。どんな仕事が向いてるか、考えるヒントになるらしい」

テーブル上の黒いプラスチックの灰皿には、父の吸いかけのタバコが置いてあった。まず結果をざっと見てから、解説を読んだ。信じられないくらい当たっていた。将来どんなことをしたいのか、わかっているつもりだったが、テスト結果がまさにそのとおりだったので驚いた。

「卒業後どうしたいか、わかった」私はきっぱりと言った。

母はスイカを切る手をとめて顔を上げた。「何をするつもり？」

「ソーシャル・ワーカーになる」答えながら笑みがこぼれた。ソーシャル・ワークは素晴らしい仕事だ。人々の生活をよくするための仕事なのだから。それに、これまで私が歩んできた道の先にある仕事のように思える。私は子どものころ、重度の脊椎側弯症《せきついそくわん》をわずらっていた。絶えず背中に装具をつけていなくてはならなかったし、治療や手術も繰り返し受けた。いつもいじめられていて、自分はのけ者だと感じていた。だから、私と同じように自分はのけ者だと感じている人のことはいつも気になったし、そういう人の相談にのり、なんとか支援したいと思っていた。

母は腐った卵のにおいをかいだかのように顔をしかめた。父も新聞を置いた。「そんなの、やめときなさい」母が言った。「年収2万ドルの仕事につくために、年間3万5千ドルの学費を借金してまで払ったわけじゃないのよ」

私の顔から笑みが消え、頬が恥ずかしさでカッとなった。「そんなに年収の低い仕事なんて、みじめな思いをするに決まってる」母が言った。「馬鹿なこと言ってないで、お給料のいい仕事を探しなさい。まずはお金をためて、それから好きなことをすればいい」

私は診断テストの結果を手の中でぎゅっと握りしめて反論した。「でも、開業すればソーシャル・ワーカーだってお金を稼げるよ。年収2万ドルの人ばかりじゃないんだから」

父は私のほうに身をかがめた。新聞がクシャッとつぶれる。「いいか」父は優しく、穏やかに言った。「私たちはお前に大きな投資をしたんだ。治療費から学費まで。でも、まったく苦じゃなかった」父は私の手に触れながら、さとすように言った。「でもな、これからはその投資に見合うだけのリターンが必要なんだ。もっといい人生を歩んで、お金を稼がないと」

私は4年前の大学受験を思い出した。奨学金を出してくれるという大学もいくつかあったが、第一志望はブリンマー大学で、両親も応援してくれていた。ブリンマー大学は合格した中でいちばんレベルの高い大学だったし、そこの学位なら高い学費を払うだけの価値があると両親も考えた。学費を払うために生活を切りつめなくてはならなかったが、アイビーリーグにも匹敵する名門女子大学の学位を取れば、娘の将来も開けるだろうと考えたのだ。

「どうしてわからないの?」母が言った。「私は何もない中で育ってきた。家には水道さえなかったのよ。それでも、両親はイタリアの農村から抜けだせたから、まだラッキーだった。おじいちゃんとおばあちゃんは高等教育も受けてないし、あなたとはまったく違う子ども時代を過ごしたの。小学校を出てすぐに、工場で働かないとならなかったんだから。あなたのお父さんと私は、家族の中で初めて地元の大学に行って、いまの暮らしを手に入れた。だから、あなたやきょうだいたちに、色々なことをさせてあげられた。後戻りするなんてありえない。あなたたちはもっといい暮らしを目指さなきゃ。世代をへるごとに、暮らし向きがよくなるようじゃなきゃだめなの。それはあなたのためだけじゃない。家族全員にとって大切なこと。ご先祖様のためにも。トニーは弁護士になったけど、もし本人まかせにしていたら、アーティストになってたかもしれない。ジャニンは薬剤師になったけど、昔は作家になりたがってた。でもいまは、ふたりとも私に感謝してる。ソーシャル・ワーカーになるってことは、家族を前に進めることじゃなくて、後ろに引き戻すことなのよ」

私は裏庭に面した窓から外を見つめた。雲ひとつない青空。母がスイカを切る最後の一太刀の音が聞こえた。

学校のキャリアセンターでは「情熱と目的をもって取り組める仕事」につきなさいと言われていたが、私にはその道は用意されていないのだと悟った。一生、金銭的に安定した暮らしができる仕事につくことが、私には期待されている。ご先祖様たちが払ってきた犠牲を無駄にしないために。将来、自分の子どもが私と同じように高額な脊椎の手術をしなくてはならなくなったとき、その手術代が払えるように。私の人生は大きな物語の一部にすぎない。私だけのものではなく、先祖代々続いてきた家族のものなのだ。仕事は情熱で選ぶのではなく、安定していて、家族を前に進めることができるものを選ばなくてはならない。

「学費を払うのは私たちの仕事だ」大学まで車で送ってくれるとき、父がよく言っていた。「おまえの仕事は、それを最大限に生かすことだぞ」

当時は、学費を払ってくれる両親がいて、自分で借金をする必要がないのは、とてもありがたいことだと思っていた。でもいま考えると、借金をしていたようなものだ。学費に投資したのは有益だったと両親に示して、配当金を支払わなくてはならない。最も稼げる業界で、給料のいい仕事を見つけなくてはならない。

数時間たってからファミリールームに行くと、母は茶色のソファに座っていた。私は自分がすべきことがわかっていた。「学校のキャリアセンターに行って、この秋から仕事を探しはじめるよ」テレビからは夜のニュース番組が流れ、部屋にはエアコンの室外機の振動音が響いていた。

「それがいい」母が答えた。「面接用のスーツが必要よね。明日、ＴＪマックス【訳注：アメリカのデパートチェーン】に行こうか」

＊　＊　＊

ＴＪマックスで買ったスーツは、研修初日の夕方5時には汗だくになり、動きにくいくらいだった。でも、夜もこの恰好のままでいるしかない。ゴールドマンの社交行事がある。少なくとも週に3回は、人脈づくりのためのイベントに参加するようにと言われている。これからは必ず予備のブラウスを持ってくること、とメモした。初日のお昼の時点で、すでにブラウスが汗で濡れてしまっていたからだ。ゴールドマンでは新入社員を歓迎するイベントの予算が潤沢にあり、ボート上でパーティが開かれたり、スパ施設を貸し切りにして1千ドルもするサービスが受けられたりする。どれもこれも、やりすぎで不必要な気はしたが、私は言われるがまま方々に出向いた。

最初のイベントは、ミッドタウンにあるステーキハウスで行われた。その日の朝に知り合ったばかりの新入社員、ソフィアとミシェルと一緒に出向き、テーブルについた。壁は落ち着いた色調の木でできていて、窓には分厚くて赤いカーテンがかかっていた。壁にはフランク・シナトラとディーン・マーティンの写真が誇らしげに飾ってある。ウェイターがワインをなみなみと注いでくれ、一口飲むたび、すぐにまたグラスいっぱいに注いでくれる。いちいち飲み物をオーダーしなくていいのは助かるが、こんなに飲んでいていいのか、わからなかった。腕時計を確認する。もう夜の7時だ。明日の朝、時間どおりに出勤するには、午前3時半に起きなくてはならない。あまり飲みすぎないようにしなくては、と自分に言い聞かせた。

新入社員が囲むテーブルで、ひとりずつ自己紹介をすることになった。ロブという名の男性はイェール大学出身で、父親は弁護士事務所のパートナーだという。ソーホーにあるアパートに住んでいることや、近所にあるレストランの話などをしてくれた。ロブの隣に座っているミシェルは、彼の話にいちいち相づちを打ち、彼にしなだれかかりそうな勢いだ。そのミシェルが次に自己紹介をして、グリニッチ・ヴィレッジに住んでいることや、近くにお気に入りのブティックを見つけた話などをした。自分の番が近づくにつれて、私は胃が締めつけられるような気がした。できることなら消えてしまいたい。

「ジェイミー、きみはどこに住んでるんだい？」ロブが言った。自分の話などしたくない。どこに住んでいるのか、自分がどんな人間なのか話したくはないし、できるだけお金を節約するために実家から通勤していることも話したくない。でも、みんながこちらを見ている。気まずい沈黙が流れた。「ニュージャージー州から通勤してるの」私は答えた。

「ホーボーケンか！」ロブが大きな声で言った。「景色がきれいな所だよな」

「ううん、もっと郊外のほう」はっきりさせておかないといけない。「実家暮らしなんだ」

「マジで？」ロブが青い目を丸くしながら言った。

「ええ」

「そうなんだ」ロブはばつが悪そうに笑った。ほかに何とも言いようがないのだろう。体の中がカッと熱くなり、思わずグラスを手に取ってワインをあおった。ワインの酸味で喉が焼けつくようだ。

食事は数時間にわたって続き、飲み物や食べ物が次々と運ばれてきた。初めに出てきたのはシーフード・タワー。冷えた銀のトレーが6層になっていて、カキ、シュリンプ・カクテル、ロブスター・テイル、タラバガニの足などが盛りつけられていた。ミシェルによると、ひとつのトレーだけで200ドルはするらしい。ロサンゼルスまでの直行便と同じ値段だ。その次は肉料理。ヒレ肉のステーキ、NYストリップステーキ。お皿からはみだすほど特大のポーターハウス・ステーキからは、肉汁がしたたっていた。サイドディッシュにはトリュフ入りのマカロニ&チーズ、ホウレンソウのクリーム煮、ハンドカットされたポテトフライ。デザートにはニューヨーク・チーズケーキや、とろけるようなチョコレートスフレが次々と運ばれてきた。豪奢な料理に、高すぎる値段。尋常ではない。私がこれまでに行ったことのあるステーキハウスは、ニュージャージー州の国道22号線沿いにある〈アウトバック〉だけだ。父のことを思い出した。父は土曜の夜に家でステーキを食べるのをこよなく愛していた。こんなごちそうを見たら、きっと腰を抜かすだろう。

しだいに、みんな酔いがまわってきたようだ。ロブはコーヒーやデザートには手をつけず、テキーラを十数杯、注文した。ショットグラスに入ったテキーラが運ばれてくると、ウェイターがテーブルに置かないうちから、みんなが一斉にトレーの上のグラスに手を伸ばした。ふたつのショットグラスが倒れ、テーブルからワッと笑い声があがった。ウェイターは目を丸くしている。自分がこの一団のひとりだと思うと、恥ずかしくてたまらなかった。みんな酔っているので、私がテキーラを飲まなかったことには誰も気づいていない。ロブはミシェルの体に腕をまわし、ミシェルはロブの肩に頭をもたせかけたまま、とろんとした目をしていた。ソフィアは隣に座っているティムを見つめている。彼はデューク大学のボート部出身だ。ソフィアはティムをじっと見つめたまま、彼が呂律《ろれつ》の回らない口で学生時代のパーティの話や、海辺で過ごした夏休みのことをしゃべっているのを、微笑んでうなずきながら聞いている。

料理の皿がすべて空になると、またテキーラが運ばれてきた。ふと見ると、トム・ホワイトがレストランを出ようとしていた。きっと、自分が帰らないと誰も帰らないと思ったのだろう。私は深く息を吸ってまた腕時計を見た。午後10時。明日の朝、仕事に行くためには、あと6時間以内に家を出なくてはいけない。いま帰ってもベッドにもぐりこめるのは深夜の12時になってしまう。トムも帰ったことだし、そろそろ失礼してもいいだろう。

誰にも挨拶はしなかった。どのみち誰も私のことなど見ていないだろう。ありがたいことに、ゴールドマンは私たちが早く家に帰れるように、外に大型高級車のリンカーン・タウンカーを何台も待たせてくれている。外に出る前に化粧室に寄った。すると、笑い声が化粧室のタイル張りの床にはね返って聞こえてきた。身障者用の大きな個室のドアが開いていて、中で3人の女性がコンパクトミラーをのぞきこんでいる。ひとりの女性がコンパクトに顔を近づけ、鼻を押しつけて息を吸った。私は足を止めて思わず彼女たちを見つめた。誰かがドラッグを吸っているところを見たのは初めてだ。ひとりの女性がこちらを向いた。

「あら」くしゃくしゃのブロンドの髪が目にかかっている。名札にはコロンビア大学出身、メーガンと書かれていた。「あなたもやる？」

私は思わず体を硬くしてにっこりと笑い、首を振った。「いいえ、結構よ」

そして、隣の個室に入った。私は堅物《かたぶつ》だと自分でもわかっている。大学でもマリファナを何度か吸ったことがあるだけだ。でも、職場のイベントで、しかも初日にコカインを吸うなんてどういうことだろう？ たぶん、あれはコカインだと思う。ほかに鼻から吸いこむドラッグがあるのかどうかは知らない。今朝、ドラッグテストを受けて「ドラッグは使用していません」という誓約書にサインしたばかりだというのに。私はなんのためらいもなく尿のサンプルを提出した。ゴールドマンから給料をもらうのだから、それくらいされて当然だと思っていた。

彼女たちは、あんなことをして問題になるとは思わないのだろうか。解雇されるかもしれないとは考えないのだろうか。彼女たちの大胆さに驚いた。手を洗っていると、3人が個室から出てきた。キャアキャア笑いながらお互いにもつれあい、ヒールを履いた足をふらつかせている。3人が出ていったあとも、彼女たちの嬌声がしばらく響いていた。いっぽう私の心の中では、孤独感が渦巻いていた。ここにいる人はみんな、大学を卒業したばかりの同じ年頃の人。自分ともっと共通点があると思っていた。きっと楽しい時間を過ごせるだろう、友だちもできるだろう、みんなの輪の中に入れるだろう、と思っていた。でも、1日目が終わっただけで、私はあの仲間には入れないとわかった。

＊　＊　＊

目をこすりながらプレゼン資料を見直した。100万回目くらいだろうか。時刻はとっくに夜の

10時を過ぎている。ゴールドマンのカフェテリアに残っているのは私だけだ。頭上では蛍光灯がブーンという音をたて、机の上は空になったコーヒーカップやダイエット・マウンテン・デューのボトルでいっぱいだ。数時間前からここに腰をすえ、株式のプレゼン資料の最終調整をしている。余白に走り書きしたポイントを見直そうとしたが、疲れすぎて目がかすんできた。

新入社員にはそれぞれひとつの企業が割り当てられ、その企業の株を分析したうえでトムにプレゼンすることになっている。自分の担当する企業が優良な投資先だと、20分のプレゼンでトムに納得させなくてはならない。先週は何日か15時間以上の勤務をして、資料を完成させた。まずは、基本的な株式市場についての本を5、6冊、貪《むさぼ》るように読んだ。プレゼンをする前に、株について理解する必要があったからだ。ある日の昼休みに『Understanding Wall Street（ウォール街を理解する）』を読んでいると、アーロンという名の新入社員が、この本は中学生のときに読んで、それ以来自分で株式投資のポートフォリオを組んでいると、ご丁寧にも教えてくれた。「こんな基本的な本をいま読んでいるようじゃ、プレゼンがうまくいく可能性はないね」彼は言った。「こんなに遅れていたら、きみがみんなに追いつくのは無理だし、ここじゃとてもやっていけないよ」部屋の隅で窓を背にして座っていた私は、文字どおり窮地に追い込まれたような気分になった。「フィードバックをありがとう」私はそう言って本に目を戻した。

「きみには無理」という言葉は、これまで何度も言われてきた。12歳で脊椎の手術をしたあと何か月にもわたって理学療法を受けたが、そのときから繰り返し言われてきた。

「あなたの体を強くすることはできますが、将来に過大な期待はいだかないほうがいいでしょう」

理学療法士は言った。「活発に体を動かせるようにはなりますが、運動選手になるのは無理です。走れるようにはなっても、陸上選手になるのは無理です」こうした言葉が私の闘志をかきたてた。ただただ、その理学療法士の言っていることが間違いだと証明してみせたかった。

次の年、相手と直接接触しないスポーツならやってもいいと許可がおりた。そこで、学校のクロスカントリー・チームに加わった。どこで練習をしようと、走りこみの最中であろうと、筋トレの最中であろうと、あの理学療法士のことが頭から離れなかった。私のポテンシャルは低いと考えた彼女の存在が、パフォーマンスを向上させたいという私の情熱に油を注いだ。とにかく、ほかの人が決めた限界という枠を打ちやぶりたかった。病気のせいで、いつも自分には欠陥があると思っていた。生まれつきおかしいところがあって、自分のポテンシャルには初めから限界があるのだと思っていた。でも、自分は隣にいる人と同じように、欠けているところは何もないし何だってできるのだと、他人に対しても、自分自身に対しても証明してみせたかった。この体と心でできることは何なのか、他人に決められたくはない。それを決められるのは私だけだ。その結果、高校の4年間で、陸上とクロスカントリーの代表選手になることができた。

だから、アーロンから失礼なことを言われたとき、このプレゼンを絶対に成功させてやると思った。アーロンやトム・ホワイトのように、私には無理だと思っている人たちに、私には成功する力があることを見せつけてやりたい。

プレゼン資料が完成した。あとはコンピュータ・ラボに行って最終版をプリントアウトするだけだ。ラボは、しんとしていた。長い机が1メートルおきにずらりと並び、それぞれにパソコン、モニター、電話が据えつけられている。ラボには誰もいなかった。ロブを除いて。ロブは部屋の隅のほうで机に寄りかかっていた。頭を後ろにのけぞらせて目を閉じ、だらんとした表情をしている。下半身のほうは机の陰になっていて見えない。私の後ろでドアが大きな音をたてて閉まった。ロブはこちらに気づくと、目を大きく見開いてアッと言うように口を開いた。

「来るな」彼が言った。いや、言ったというより、口の動きでそう言っているのがわかった。私はドアの前で立ちつくした。目の前には誰も使っていない机や椅子が何列も並び、パソコンのモニターではスクリーンセーバーが動いている。ロブは白いワイシャツに青いネクタイをしていたが、ネクタイは首の周りでゆるんでいた。髪は乱れ、あちこちピンとはねている。ロブが足元のほうを見て声に出さないように何か言うと、衣ずれの音がして、内容まではわからないがヒソヒソと話す声が聞こえてきた。すると、まるでオフィスのタイル張りの床から植物がニョキッと生えてくるかのように、ミシェルが姿を現した。

ロブはズボンのジッパーを上げ、ミシェルは黒のペンシルスカートを引き下げて乱れた髪を手で整えた。ふたりは下を向いて私の横を通り過ぎ、部屋から出ていった。なんて能天気なのだろうと思って怒りさえ湧いてきたことに、自分でも驚いた。彼らは好き勝手なことをしていても、裕福な親というセーフティネットがある。こっちはプレゼンのことで頭がいっぱいだというのに、あっちはセックスをしているなんて。そういえばミシェルはステーキハウスに行く途中、ソフィアとこんな冗談を言っていた。「本当のゴールはゴールドマンでキャリアを積むことじゃなくて、ゴールドマンの男をつかまえることよね」

その晩、気づいた。ダウ・ジョーンズを徹底的に調べ、調査レポートを読み、参考書を買い、ウォール・ストリート・ジャーナルを読み、プレゼンをうまくやることは私にもできるだろう。そうやって、しばらくのあいだ、彼らの世界でやっていくことはできるだろう。だが、ずっとは無理だ。彼らの生活スタイルを学び、同じような生活ができるだけの給料を稼げるようになっても、自分がそういう生活をしていけるとは思えないし、したいのかどうかもわからない。カントリークラブ、お洒落なレストラン、ブロードウェイのショー、自由放任な態度、気軽なセックス、コカイン、世間とはまるで違うルールで動いているのに、社会を支配している異様な世界。そんな大企業に染まることはできない。それは、とても越えられるとは思えない溝だった。

＊　＊　＊

研修は初日と同じくらい厳しいスケジュールで8週間続き、昼間は講義とプロジェクト、夜は交流会が開かれた。最後の週には資格試験の準備をした。米国証券取引委員会（SEC）で定められている、株式や債券を販売するための資格試験シリーズ7（米国証券外務員資格試験）だ。合否が分かれる試験で、合格するには70パーセント以上の正答率が求められる。試験に落ちた人の悲惨な話も色々と耳にした。雇われた企業で働かせてもらえず、出ていけと命じられるらしい。

研修最終日の前日、私はミッドタウンにあるテスト・センターに出向いた。試験監督官からコンピュータを指定され、4時間にわたるテストに取りかかった。テストの中盤に1時間のお昼休憩があったので外に出ると、もわっとした8月の熱気に包まれた。胃は石でも詰まったみたいに重く、何も喉を通らなかった。試験はうまくいきそうだったが、楽観はできない。「不合格」という文字がでかでかと画面に映る場面を想像してしまう。頭の中はそのことでいっぱいだった。試験会場に戻ると頭痛がした。もし合格できなければ、ウォール街での私のキャリアは始まる前から終わってしまうことになる。

最後の問題を終えると、息を止めたまま「採点」というボタンを押した。目を閉じ、20数える。目を開けると、「おめでとうございます！」という文字が画面に映っていた。私は思わず机に突っ伏した。安堵して、どっと疲れが出た。

研修最終日の夜、ゴールドマンがイベントを開いてくれた。ちょっとした卒業パーティだ。マディソン街にあるデパートのバーニーズを貸し切り、秋のビジネス・ウェアのファッション・ショーが開かれた。研修中もワインや食事が惜しみなくふるまわれていたが、とうとうグランドフィナーレだ。社会人に必要なありとあらゆるものが展示されていた。スーツ、シャツ、ネクタイ、スカーフ、靴、ジュエリー、ハンドバッグ。私たちはビュッフェ形式のディナーを食べ、オープンバーでお酒を飲み、テクノ音楽の低いビート音に合わせてランウェイを歩くモデルを眺めた。モデルの周りではカメラのストロボがしきりにたかれている。イベントの最後には、私たち新人アナリストのために服を買ってきてくれる、バーニーズのパーソナル・ショッパーを紹介された。打ち合わせをしたい人はアポを取らなくてはならない。列の長さから見ると、ほとんどの新入社員がアポを取っていたようだ。

ショーのあと、私はミシェルとソフィアと一緒に店の中を見てまわった。このふたりとは研修をとおしてすっかり仲良くなっていた。

「これ、素敵ね」ミシェルが黒のスーツを手に取って言った。

「買っちゃえば？」ソフィアが言った。「1千ドルなんて安いじゃない」

私はその場で固まった。値札などどこにもついていないのに、どうして彼女は値段がわかったのだろう。それに、スーツに1千ドルも出す人なんているのだろうか？　でも私は何も言わず、ただ笑ってうなずき、自分も買おうかどうか迷っているように装った。

私はおそるおそる鏡に映った自分のスーツを眺めた。卒業祝いにもらったお金で、マーシャルズとTJマックスで買ったものだ。ほかにも靴、ブラウス、パンツ、スカート、ジャケット、それから仕事用の鞄も買って、全部で800ドル。私はハンガーにかかったスーツを眺めながら、それほど違いがあるだろうかと首をかしげた。たしかにバーニーズのもののほうが素敵だが、2倍の値段もするほどだろうか？

祖母からは、ブランドにこだわるなと教えられてきた。私が16歳だった6年前、祖母はクリスマスの次の日に私の部屋に来ると手を差しだし、微笑みながら言った。「出してごらん」クリスマスに私がもらったお金を、私の銀行口座に入れてくれるというのだ。毎年恒例のことだったが、今年はおばあちゃんがお金のことを忘れているといいな、と思っていた。「ねえ、おばあちゃん」私は言った。「今年はGapでセーターを買いたいんだ」みんな何かしらGapの物を持っていた（ように私には見えた）ので、私も何か欲しかったのだ。

祖母は口の周りにシワを寄せて顔をしかめた。「クローゼットにたくさんセーターがあるじゃないか。どうしてそのセーターが必要なんだい？　そのブランドだから？　もっと賢い子に育てたつもりなんだけどね。節約しておきなさい。セーターよりもっと大事なものに使うときが、いつ来るかわからないよ」

私はしぶしぶお金を渡した。どうしても必要だったわけではない。でも、欲しかった。うちの家では、欲しいというだけでは、買う理由にはならなかった。

＊　＊　＊

「最後にもうひとつ、言っておくことがある」研修の最後にトムが言った。「資格試験の件だ」部屋は静まりかえった。

「これは合否が判定される試験だが、ゴールドマンでは競合相手や同僚と出来を競う試験だと考えている。これを見ろ」彼が隣にある大きなスクリーンを示すと、全員の名前と点数が映しだされた。点数の高い順に上から並んでいる。「自分の点数を見てみろ」彼が言った。「誰が自分のライバルなのか確認しておけよ」自分の点数を見て、思わず叫びそうになった。上位10位以内に入っている。信じられなかった。「アーロン、これでもまだ私をバカにする気？」心の中でそう思った。

部屋から人がいなくなると、私も鞄を手にして帰宅の途についた。混みあったブロード・ストリートを、堂々とまっすぐに歩いていく。周りには青や黒のスーツを身につけたウォール街の人たちが、会社のロゴが刺繍《ししゅう》されたキャンバス地の鞄を肩から下げて歩いている。長かった研修を生き抜いた。なんとかやりとげ、私にもできるということを証明した。

半年前の就職面接のことを思い出した。最終面接のひとつ前の面接で、これは絶対に落ちたな、と思ったのを覚えている。私の面接を担当したパートナー（共同経営者）のマイクは、ジョイスというアナリストを同席させていた。「きみが数学専攻だとジョイスが知ってね」椅子の背もたれに寄りかかりながらマイクが言った。ふくよかなお腹のあたりで、がっしりした両腕を組んでいる。「きみにちょっとした問題を出したら面白いんじゃないかと彼女が言うんだ」すると、黒縁の眼鏡をかけ、茶色の髪をショートボブにしたジョイスが、手に持っている紙を読みあげた。「あなたはいま、クイズ番組に出ています。三つのドアの中から、どれかひとつ選ばなくてはなりません。ひとつのドアの向こうには車があります。残るふたつの向こうにはヤギがいます。さて、あなたは1番のドアを選びました。すると、それぞれのドアの向こうに何があるのかを知っているホストは、3番のドアを開いてみせました。ドアの向こうにいたのはヤギでした。ここで、あなたが自分の選択を2番のドアに変更すると、あなたが車を得られる確率はどれくらいでしょう？」

私は思わず肩から力が抜けた。今学期の上級セミナーでは確率を扱っていた。これはいちばん初めにやった証明問題だ。「もし選択を変えたら、私が車をもらえる確率は3分の2、つまり66パーセントに増えます」私は答えた。マイクとジョイスは顔を見合わせて微笑むと、私に視線を戻した。「残念だけど、それは間違い」ジョイスが言った。「確率は50パーセント。2分の1よ」

「失礼ですが」私は言った。「3分の2、66パーセントで間違いないと思います」

すると、マイクが電話を取り出した。誰かに向かってすぐ来てくれと言うと、まもなくヴィッキーと名乗る女性がドア口に現れた。

「ヴィッキー、きみはダートマス大学で数学を専攻していたんだったな」彼が言った。「きみの意見を聞かせてほしいんだ」ジョイスがさっきの問題を読みあげた。ヴィッキーはその場に立ったまま目を閉じた。まぶたをピクピクとさせ、口をかすかに動かしながら、頭の中で計算をしているようだ。「2分の1、50パーセントです」彼女が言った。

「3対1だな」前に身を乗りだしながらマイクが言った。私は頬がカッとなった。失礼にならないように正直なことを言うには、どんな言葉を使えばいいだろう。

「では、意見が合わないという点について、お互い同意せざるを得ないようですね」私は言った。発言というより、もはや質問だった。相手に適当に合わせた受け答えをしておけばよかったのかもしれない。ゴールドマンのパートナーに異議を唱えたら、仕事をもらえるわけがない。でも、嘘をつくわけにはいかない。数学の問題なのだから。数学で私が最も好きな点は、基本原理があるということだ。世界の頂点にいようと底辺にいようと、2＋2はいつでも4だし、どんなに力がある人だろうと影響力のある人であろうと、その事実を変えられないところが気に入っている。

面接が終わると、ヴィッキーは私を見送りながらこう言った。「ゴールドマンの上のほうの人と話すときは、言葉に気をつけたほうがいい。さっきのはよくないと思うよ」私は涙がこみあげてきた。「明日、最終面接をするから朝6時に来て」ヴィッキーがため息まじりに言った。どうして最終面接に進めることになったのか不思議だった。

その晩、クイズ番組の問題について数学的証明を書きあげると、担当だった教授にわざわざファックスまでして、私の答えが合っていることを確かめた【訳注：これはモンティ・ホール問題と呼ばれる有名な確率の問題】。次の朝はゴールドマンのオフィスに時間どおりに着くよう、午前4時に家を出た。そして、私の答えが間違っていると言ったすべての人のデスクの上に、証明のコピーを置いていった。誰も同意してはくれなかったが、次の日、私は採用の通知をもらった。

あれから半年がたち、ブートキャンプのような研修を終えたいま、私はいくらか賢くなったと思う。「これがゴールドマンなんだ」とわかった。これからもみくびられ、闘い、そのたびに乗り越えていかなくてはならない。私のことを過小評価していたと、彼らが認める日はきっと来ないだろう。でも、そう思わせたい。そうすればやっていける。それに、この仕事を得られるなんて宝くじに当たったようなものだ。5万5千ドルの年収に、4万ドルのボーナス。1998年に、たった22歳の若者が年間9万5千ドルも稼げるなんてすごいことだ。でも、安堵感と誇らしさとで、肝心なことをすっかり忘れていた。本当の仕事は、まだ始まってもいないのだった。

第2章 〝選ばれし人々〟

ゴールドマンの部屋は、高校の教室とさほど変わらない。そこにいる人たちの気質はよく似ている。ただし、彼らがやるのは勉強ではなく仕事だ。リサーチャーやストラテジストは〝おたく〟気質。スプレッドシートや調査レポートにじっくり目を通し、市場の先行きを予測するのが好きな人たちだ。バンカーはいわゆる〝お坊ちゃん・お嬢ちゃん〟タイプ。完璧な着こなしで品のいい話し方をし、フォーチュン500の企業のCEOに、いつでも買収のアドバイスができるよう準備を怠らない。このふたつのタイプの人たちはロッカーの場所にもこだわりがあるし、経営幹部のオフィスのすぐ近くに自分の席を持ちたがる。といっても、経営幹部はいつもそこにいるわけではない。世界じゅうを飛びまわり、顧客にゴールドマンを売りこんでいる。とても忙しい人たちで、彼らのアシスタントには、さらにアシスタントがついている。セールス&トレーディング部門の人たちは、さしずめスポーツ選手。トレーディング・デスクがロッカールームと呼ばれるのもうなずける。私が所属しているのはそこだ。のちに別のビルに引越しをした際は、〝カジノ〟という愛称がつけられた。トレーディング・デスクが並んでいるのはフットボール場よりも広いところで、窓はなく、高い天井に明るい蛍光灯がついている。このカジノには時間の感覚というものはない。社員の集中力が続くように、経営幹部が密かにこの部屋の酸素濃度を高めているという噂もあるほどだ。

この仕事をやりたいからこの部署に来た、と言えればいいのだが、ゴールドマンとなるとそうもいかない。私が最初に面接を受けたのがこの部署で、ちょうどアナリストに空きがあったので仕事がもらえた。それだけのことだ。そう簡単には手に入らないゴールドマン・サックスのアナリストの職を得ることができ、きっと家族も誇りに思ってくれるだろうと考えると、ただただ嬉しかった。アナリストの仕事は一流で年収も高い。ここで働けるなら、どの部署であっても断らなかっただろう。

職場には〝選ばれし人々〟がいる。コネや家柄で雇われた人たちだ。プライベートジェットでナンタケット島【訳注：マサチューセッツ州の南にあるリゾート地】に行くために、毎週金曜日には早めに退社していく女性や、毎朝、二日酔いで遅れてくる男性などがいる。彼らは身を粉にして働く私たちとは違うルールで生きている。ミシェルとソフィアは、この〝選ばれし人々〟だ。私が採用通知をもらうまで35回も面接を受けたと話したら、きっとふたりは卒倒することだろう。彼女たちはたったの数回しか面接を受けていないらしい。ミシェルの父親はゴールドマンの顧客だし、ソフィアの父親はゴールドマンのパートナー（共同経営者）のゴルフ仲間だそうだ。ふたりとも、ゴールドマンに就職するのは簡単だと思っていたという。

幸か不幸か、いまはここが私の世界だ。そして、株にまつわる言葉が私の専門用語。

「ゴールドマンでどんな仕事をしているんですか？」と訊かれたら、グローバル・セキュリティーズ・サービスで、セールス・トレーダーをしていると答える。ここでは２００人のスペシャリストが働いている。さらに詳しい仕事内容を答えても、聞いているほうはあくびが止まらず目もすわってくることだろう。〝空売り〟〝ターム・ファンディング〟〝再担保契約〟などの用語を聞かされても眠くなるに違いない。簡単に言うと、株式市場では「安く買って高く売るのがいい」というのが一般的な考えだ。でも、私の仕事では順序が逆になる。つまり「高く売って安く買う」のだ。たとえば、ヘッジファンドや大金持ちが、ある株が割高になっていると考えたとする。すると、これからその株が値下がりすると予想して、その株を売る。そして株価が下がったところでその株を買い戻す、という具合だ。ところが、当初、彼らはその株式を実際に保有しているわけではない。そこで私の出番だ。私が彼らにその株を貸し、彼らはその株を市場で売る。私は彼らから株のレンタル料を受けとるが、これがときには莫大な金額になる。私がその株をどうやって調達するかというと、その株をポートフォリオに組みこんでいる機関投資家、年金基金、投資信託会社、エンダウメント(寄贈基金)、保険会社から借りてくるのだ。つまり、私はこの取引の仲立ちをしているわけで、片側にヘッジファンド、もう片側に様々な機関がいて、私――つまりゴールドマン――がその手数料をもらうというわけだ。

この話をブリンマー大学でリベラルアーツを学んでいた友だちに話すと、まるで私が無意味なテレビゲームでもやっているかのように、それにどんな意味があるのかという顔をする。なぜ空売りなどしたがるのか、と。ある株式が割高になっていると思った顧客は、そこに利益が生まれる可能性があると考える。たとえば、XYZ社の株が1株あたり100ドルで取引されているとしよう。あるヘッジファンドがその会社の業績や貸借対照表を調査して、適正な株価は60ドルだと判断したとする。すると、そのヘッジファンドは100ドルでその会社の株を空売りし、株価が60ドルに値下がりするのを待つ。ただし、確実に値下がりするとはかぎらない。株を買っても値上がりするとはかぎらないのと同じだ。もし株価が60ドルに下がれば、ヘッジファンドはその株式を買い戻す。すると、1株あたりの差額40ドルから私への手数料を差し引いた分が利益になる。そして私は、その株式を元の持ち主に返す。空売りはよくできたストラテジーで、いつも投機家の読みがあたるとはかぎらないが、多くの場合、彼らの投資家にじゅうぶんなリターンを提供できている。

空売りは裁定取引など、さらに大きな取引に利用されることもある。裁定取引とは、ファンドが有価証券の売りと買いを同時に行って、その価格差から利益を得る取引のことだ。たとえば、買収案件の場合、ある企業（買い手）が別の企業（ターゲット）を買収すると発表したあと、実際に買収が完了するまでには何か月もかかる。手続きが完了すると、ふたつの企業がひとつの企業になり株もひとつになる。ファンドは、元のふたつの企業の株を同時に売り買いすることで、買い手側の株価とターゲット側の株価の差を利用して利益を得ようとする。買収の発表から手続きが完了するまでのあいだに、ターゲット側の株を買い、買い手側の株を売るのだ。その後、ふたつの株式はひとつになる。

こうした取引は、フォーチュン500企業の中だけで行われているわけではない。様々なところで、こうした価格差を利用した取引が行われている。ダンキン・ドーナツでさえも。以前、ドーナツ・ホール【訳注：ドーナツの穴をくりぬいたときにできる生地でつくった丸いドーナツ】の販売価格差を利用すれば得になる場面に遭遇したことがある。50個入りの箱に9・99ドルの値段がつけられていたが、10個入りのものがセールで1・5ドルになっていた。すると、10個入りの箱を5箱買うと、

50個を7・5ドルで買えることになる。2・49ドルも安く買えるわけだ。裁定取引をする人がやっているのは、こういうことだ――10個入りのドーナッツ・ホールを買うようなことを、基本的にはやっている。

でも、私がゴールドマンで働きはじめたばかりのときは、こうした取引を直接担当するよりも、同僚のために取引の記録をとる仕事のほうが多かった。午前6時までには出社し、少なくとも午後8時まではオフィスに残っていた。最初の週に私がマスターした仕事といえば、あちこちのボタンを押すことだけだ。ボタンを押しているだけで長い一日が過ぎていった。とくに思考力を必要とする仕事ではないので、隣に座っている上司のブライアンが顧客に向かって話す内容を聞いていた。そして、あれこれと質問をしては、ヘッジファンドがどんな株を空売りしたがっているのか、その株をどこから借りてくるのかといった知識を吸収していった。

気づいたことはほかにもある。働きはじめてから数週間後のこと、会社から全員に〝フェイスブック〟が配られた。新人アナリストの名前と写真が載った小さな冊子だ。一緒に仕事をしていたトレーダーたちは、ウォール・ストリート・ジャーナルよりも熱心にこれを見ていた。誰かがこの冊子を話題にするたび、口笛やヤジや大声が聞こえてきた。

忘れられない出来事がある。ある日、私より10歳ほど年上のジェリーというトレーダーが、友人のヴィトに向かって手を振りながら言ったのだ。「おいヴィト、お願いがあるんだ。これについて計量分析を頼むよ。グラフをつくれるようにエクセルでマクロをつくってくれ。この女性たちのリサーチをしないと。欲しいデータはバストサイズと尻の形と足の長さだ。白黒の写真だけじゃ、ヤレそうな女ランキングはつくれないよ」ヴィトは目の前に骨をぶらさげられた犬みたいにニッと笑った。私は歯を食いしばりながら、いまのは聞こえなかったふりをし、取引を入力している画面を見つめた。

ウォール街については何も知らなかったが、ゴールドマンは想像とは違っていた。大学で初めてゴールドマンの説明を聞いたときは、まさにウォール街でゴールドのように光り輝く存在なのだと思っていた。だから、ここにいる男性たちが恥知らずなことに、とても驚いた。この企業、この仕事で求められる水準は高いと、研修でトムが何度も言っていたが、ぜんぶデタラメだったのだろうか。

私はゴールドマンのパートナーであるジェネヴィーヴのことを思い出した。私が大学4年生のときに、ブリンマー大学で説明会を開いてくれた女性だ。ちょうどソーシャル・ワーカーになるのをあきらめて、給料のいい仕事を探そうと思っていたときのことだ。「我が社の社訓は3語で表せます。心を、広く、オープンに」彼女が言った。「これまでは、この近くにあるペンシルベニア大学ウォートン校で経済学を専攻している男子学生を多く採用してきました。ですが、いま私たちが望んでいるのは、リベラルアーツ専攻の学生や、様々なバックグラウンドと経験をもった学生なのです。あなたたちが必要です。ぜひ我が社へ来てください」

その晩、キャリアセンターであったことは、すべて覚えている。ジェネヴィーヴの話を聞いて、私はとても感銘を受けた。彼女はずっと年上で、少なくとも母と同じくらいの年齢に見えた。ベテランで、じつに堂々としていた。銀髪を頭の上でキュッとまとめあげていて、キラッと光る赤いフレームの眼鏡は、口紅の色ととても合っていた。大きなダイヤモンドのネックレスをつけ、耳からは小ぶりのダイヤモンドがぶら下がっていた。光が当たると、そのダイヤモンドが白く輝いたのを覚えている。まるでマジックを見ているみたいだった。

ジェネヴィーヴはゴールドマンの様々なランキングをすらすらと口にした。何のランキングかまったくわからなかったので、すべてを聞きとることはできなかったが、ゴールドマンはあらゆる点でナンバーワンなのだと理解した。「ぜひ、我が社へ」まるで私に秘密を打ち明けるかのように、彼女は小声で言った。「私たちはブリンマー大学の賢くて頭の切れる女性を求めています。私たちが欲しいのは、野心と不屈の精神をもつ女性です。努力家でパワフルな女性を採用したい。ガラスの天井を吹きとばしたいんです！　だから、ぜひあなたに来てほしい」

そのあと、ジェネヴィーヴのことが頭から離れなかった。彼女は魅力的だったが、それだけではない。その場の注目を集める、したたかで強いリーダーだった。説明会のあと個人的に話をしたときには、とてもフレンドリーで温かい人だった。そんなふうにすべてを兼ね備えた女性がいる世界があるとは知らなかった。そのとき、私は彼女のようになりたい、ゴールドマンで働きたいと思ったのだ。

グローバル・セキュリティーズ・サービス部門にはパートナーが数人いて、私はマイクの下で働いていた。面接のときに私に確率の問題を出した男性だ。彼はジェネヴィーヴとは似ても似つかなかった。ブライアン、ヴィト、ジェリーもそうだ。ミシェルとソフィアも、ジェネヴィーヴのように堂々として自信にあふれた人になるところは想像できなかった。ヤレる女などと冗談を言いながら得意そうにしている男性陣を眺めながら、はたしてジェネヴィーヴは本当にここに存在しているのだろうか、と思った。ブリンマー大学で会った晩以来、彼女の姿を見かけない。もしかしたら、説明会のために広報部に雇われた俳優なのではないかとさえ思った。コマーシャルでよく見るような。

次の週に入ると、さらに気が滅入るようなことがあった。同じチームにメリッサという1年先輩のアナリストがいるのだが、私は彼女がたびたび席をはずすことに気づいた。ふたりで同じ電話を使っているので、彼女への伝言をたびたび私が預かることになった。顧客とランチミーティングのときもあるが、どうやら毎日、小一時間は席をはずしているようなのだ。

「メリッサは具合でも悪いんでしょうか」新たな伝言メモをメリッサの机の上に置きながら、近くの席のジェイクというトレーダーに向かって言った。「しばらく席に戻ってきてないんです。伝言メモはこれで10枚目」

「彼女なら大丈夫だ」ジェイクが肩をすくめながら言った。「レンダーズ・トラスト社のジョージと、マリオットでヤッてるんだよ。じゃなきゃ、あんなに仕事をもらえるわけないだろ」

メリッサが胸元の大きく開いたレースの服を着ているのには気づいていた。でも、胸の谷間を見せびらかすのと、誰かと寝るのとはまったく別の話だ。しかも、ジョージは既婚者だったはずだ。私は顔が真っ赤になり、同僚にからかわれた。

「これからはシスター・ジェイミーって呼んだほうがいいみたいだな」ジェリーがふざけて言った。「潔癖な修道女さまだ」困っている私を、ほかのトレーダーたちも一緒になって、からかいはじめた。

「ウォール街がどうやって回ってるのか、知らないのか？」ヴィトが私の耳元で言った。「ゴールドマンで出世するのに必要なのは、アイビーリーグの学位よりもセックスだってことさ」彼らはワッと笑い声をあげ、互いにハイタッチをした。案の定、そのあとすぐ、メリッサは顧客とだけでなく、うちの部署のパートナー、マイクとも寝ていることがわかった。

マイクとメリッサのことは、誰に言われなくても気づいた。最初の数か月、私は誰よりも早く出社して、誰よりも遅くまで残っていた。ブライアンから〝FILO〟とあだ名をつけられたくらいだ。会計用語の〝first in, last out（先入後出法）〟のことだ。つくりつけの家具のように、いつも机に張りついていたから、私がいることに同僚が気づかないこともよくあった。でも、私のほうは彼らを見て、それぞれのスケジュールや個性などを把握するようになっていった。ジェリーが毎朝、奥さんと電話で喧嘩していること。アシスタントの女性が1時間のあいだに何度も口紅を塗りなおしていること。ブライアンは毎朝、ベーコンと卵とチーズのサンドイッチを注文していること。そうしているうちに、メリッサとマイクのことにも気づいた。メリッサが頻繁にマイクの部屋に行っていることや、毎晩ふたりが一緒に退社していること、マイクの運転手が自分を家まで送ってくれたと自慢げに話していることなどに気づいた。

私は〝シスター・ジェイミー〟というアイデンティティでやっていくしかないとあきらめはじめていたが、いっぽうで〝ふしだらな女〟というレッテルを貼られたメリッサも、不快な思いをしているのではないかと考えた。どうして人間はレッテルを貼らずにいられないのだろう。また、ここにいるのはほとんどが白人で、似たような人ばかりだということにも気づいた。周りからはみ出る人がいれば、同調圧力がかかる。それでも、男性陣は型に押しこまれることもなく、それぞれの人生を生きている。でも、女性の場合はそうはいかない。たとえば私は〝修道女のバービー人形〟、メリッサは〝ふしだらなバービー人形〟。私たちはさしずめ男性の世界に紛れこんだ人形、男性が自由にポーズを変えて楽しむ人形だった。メリッサと私は特別仲がいいというわけではなかったが、彼女がたんなる〝ふしだらな女〟ではないことを私は知っている。私が〝修道女〟などではないように。

仕事以外の生活を楽しむ時間はほとんどなかった。同僚のアナリストたちは市内に住んでいるので、出かけたり人と会ったりする時間もある。市場が引けてオフィスが静かになると、今日こそまともな時間に帰れるかもしれない、と思うときもあった。でも、ブライアンが帰りがけに、私の机の上に資料をどっさりと置いていく。「時間外取引の分だ」私は笑顔でうなずきながら、内心げんなりした。仕事をして、家に寝に帰るだけの毎日だった。父からはいつも「目標に向かって突き進め」と言われていた。会社に気に入られるんだぞ、一生の仕事を手に入れろ、と。でも私には私生活も友人もなく、週末に何かをする気力も残っていなかった。

それでも、ひとつだけいいことがあった。給料だ。たった数か月働いただけで、ちょっとした蓄えができた。大学生のころにアルバイト——ウェイトレス、数学の家庭教師、メイン線沿いに住んでいる裕福な子どものピアノの先生——をして貯めた金額よりもずっと多い。それに、お金を遣うことはほとんどなかった。両親に家賃を払い、残りは貯金した。祖母の教えが身についていたからだ。祖母の言うとおり、いつお金が必要になるかわからない。銀行口座の残高を見るたび、嬉しくなった。少なくとも、長時間労働の成果が形になっている。ソーシャル・ワーカーではここまで稼げない。それが、ゴールドマンで働いていこうという決意につながった。

ホリデーシーズンが近づいてきた。トレーディング・デスクの面々は興奮でざわついている。ボーナスが出る季節だからだ。新入社員の私の場合、契約でボーナスの金額をすでに知っているので、それほど興奮はしていなかった。私は自分のボーナスは4万ドルと決まっている。そのうちのいくらかは、高校3年生のときに買った愛車1987年型ホンダ・シビックを買い替えるのに遣おうと思っていた。

ボーナスの支給日になると、ひとりひとり会議室に呼ばれて、パートナーからボーナスの金額を伝えられる。会議室を出入りする人たちを横目で見ながら、覆面捜査官のように顔の表情から金額を読みとろうとしたが、どの人も無表情で顔色ひとつ変えなかった。ボーナス日に感情を顔に出すのはご法度だと聞いたことがある。

その日の仕事を終えて帰り支度をしていると、マイクが会議室のドアのところで私の名を呼んだ。「ジェイミー」マイクは資料を手にしたまま、目を細めて私を見た。「契約では、きみの1年目のボーナスは4万ドルだ」マイクの背後にある大きな窓の外では、風が笛のような音をたてて吹いている。ちょうどマイクの姿と重なるように、ワールド・トレード・センターが遠方に見えた。「だが契約書には、ボーナスの支給は私の裁量に任せると書かれている。それに、私にはきみにボーナスを支払う義務はない」息が詰まった。横っ面をはたかれたような気分だ。〝裁量に任せる〟という言葉が契約書に含まれていたかどうかは覚えていないが、すべてを子細に読んだわけではない。そんな重要な点を見逃していたなんて、自分でも信じられなかった。ボーナスをもらえると信じて疑わなかったとは。とんだまぬけ者だ。

「そうですか、わかりました」私は答えた。真摯な態度に見えただろうか。不服そうな表情は見せたくない。たとえボーナスをもらえなくても、給料だけでかなりの金額をもらっているのだ。内心がっかりしていたが、それを悟られないように、ぎこちない笑顔を顔に貼りつけて歯を食いしばった。

「だが、きみの仕事ぶりは素晴らしいとブライアンから聞いている」マイクが続けた。「きみの今年のボーナスは８万ドルだ」

私は前に身を乗りだしたまま固まった。何かの間違いだろうか。契約書には４万ドルと書かれている。これはその倍だ。もしかして冗談だろうか？　マイクがニカッと笑った。歯にピンク色のガムがついているのが見えた。「ジェイミー、聞いてるか？」

ドアの向こうから、トレーディング・デスクの電話がけたたましく鳴っているのが聞こえてきた。その音が頭の奥で反響し、耳元で鳴り響く。「は、はい。聞いてます。ただ、わけがわからなくて」

マイクは首を振りながら笑った。「あはは、わけがわからないだって？　きみのボーナスを倍にしたのは、きみがうちで最高のアナリストだからだよ。ウォール街へようこそ」

その言葉を聞いて、私は驚きで目を丸くした。冗談ではなかったのだ。家族とモノポリー・ゲームで遊んでいて、高額な資産を手に入れたときのような気分だった。

「なんと言ったらいいのか……」私はかすれた声で言った。喉の奥が詰まったような声で、ずいぶんと間の抜けたことを言ってしまった。

「ありがとうございます、でじゅうぶんだと思うよ」マイクがクスッと笑った。

「ええ、ええ。そうですね。本当にありがとうございます」彼は立ち上がって握手をしてくれた。彼の手を握って初めて、自分の手がとても冷たくなっていたことに気づいた。

私はそのままトイレに直行した。こんな表情のまま自席に帰るわけにはいかない。こめかみを血がドクドクと流れ、顔がほてっている。それでいて、手足の先はしびれているような感じだ。洗面台で冷たい水を顔にかけ、鏡を見た。もしかすると、私はここでやっていけるかもしれない。この私でも、ゴールドマンという実力主義の世界でやっていけるかもしれないと、このときばかりは思えた。

ペーパータオルを取って顔をふくと、これまで同僚に対して感じていたフラストレーションも、いくらか拭いされた気がした。これまで払ってきた犠牲の対価を得ることができたのだ。いや、もしかすると、犠牲などではなかったのかもしれない。母が昔、初めて我が子を抱いたとき、出産の痛みは忘れてしまったと話してくれたことがあった。私はボーナスを産んだようなものだ。これまでの苦しみは煙のように消えていた。それがいいことなのかどうかは、わからなかったが。

その日は、早く家に帰って両親と祖母にボーナスの話をしたくてしかたなかった。2時間後、駆けこむように家の玄関に入ると、みんなはファミリールームでテレビを見ていた。祖母はいつものようにロッキングチェアでかぎ針編みをしていて、両親はカウチに座っていた。私はテレビの前に立ち、家族に向かって微笑んでみせた。

「ご報告があります」私は高らかに言った。心臓がドキドキして胸がいっぱいになる。「今日はボーナスの支給日だったの。４万ドルもらえるはずだったんだけど……」

「なんてこった」ジーンズにＴシャツ姿の父が、ソファにもたれて腕を組みながら言った。口の端にタバコをくわえている。

「続きを聞いて。マイクに言われたの。私はとてもいい仕事をしたから、ボーナスは８万ドルだって。つまり、今年の年収は13万５千ドル」

みんなが口をあんぐりと開けた。祖母の手から金属製の編み針が木の床に落ち、ころころと転がっていった。私の後ろにあるテレビからは、大きな笑い声が聞こえてくる。

「嘘でしょう！」母はそう言って、両手で口を覆った。

「信じられない」父が言った。「宝くじに当たったみたいじゃないか」母がカウチから跳ねるように立ち上がって私をぎゅっと抱きしめると、そこに父と祖母も加わった。

「あなたを誇りに思うわ」母が言った。「私たちの娘がウォール街でうまくやっていけてるなんて」母は私の手を取ってぎゅっと握った。

フットボールのクォーターバックにでもなった気分だった。決勝点となるタッチダウンパスを決めて、喜ぶチームメイトに囲まれているみたいだ。喜びのハグを交わしたあと、私たちはカウチに深く腰かけた。父はテレビを消し、タバコの火をもみ消した。

「母さんと私は長く生きてきたが、１年でそんな大金を稼いだことはない」父は私の後ろにある窓の外を見つめながら言った。疲れがにじんだ目の下にはクマが見える。火を消したばかりのタバコから出る煙が、父の顔の前を立ちのぼっていった。両親はもうすぐ60歳だから、40年近く働いてきたことになる。父は口元をかすかに上げたが、それが微笑みなのかどうかは、わからなかった。

急に現実に引き戻された気がした。両親は何十年とキャリアを築きながら、子どもを育て、私の体のケアまでしてきた。無一文からスタートし、がむしゃらに働いて人生を切り開いてきた。それを私は一瞬で追い越してしまったのだ。私たちは家族であり仲間であることはわかっている。両親が私を誇りに思ってくれているのもわかっている。私への投資が多額の配当金となって返ってきたわけだ。でも私は、長年にわたってチームを率いてきた愛すべきベテラン選手を引退に追いこんだ、新人のクォーターバックのような気分だった。

第3章　ふたつのパーティ

ボーナスの次の日の晩、〈ウィンドウズ・オン・ザ・ワールド〉で毎年恒例のホリデー・パーティが開かれた。ワールド・トレード・センター、タワー1の107階にあるこのレストランからは、市全体を見下ろすことができる。ニュージャージー州で育った者にとって、このツインタワーは慣れ親しんだ光景だ。いつも遠くから眺めていた。でも、中に入るのはこのときが初めてだった。

エレベーターに乗り、数百メートルの高さまで一気に上がっていくと、気圧の変化で耳が詰まった。耳をこすればこの不快感がなくなるとでもいうように、思わず耳に手をあてた。すると、エレベーターの操作盤の前に座っている黒いスーツに黒いネクタイの細身の案内係が、私をじっと見た。「唾液を飲みこむといいですよ」彼はそう言って微笑んだ。ポンと耳内の圧が抜けたので、感謝の気持ちをこめて案内係に微笑み返す。案内係の目の下にはクマができていて、疲労のせいか、あごの肉が垂れ下がっていた。

チンと鳴って、エレベーターのドアが開いた。「ウィンドウズ・オン・ザ・ワールドにようこそ」エレベーターの案内係が広い受付エリアのほうを腕で示しながら言った。私に向かってウィンクをしてきたので、笑顔でうなずいた。そこは円形の部屋だった。中央ではタキシードを着たピアニストが小型のグランドピアノを弾いていて、その頭上にはシャンデリアがぶら下がっている。ピアノの横では、赤いロングドレスを身にまとったソプラノ歌手がクリスマスキャロルを歌っていた。

　エレベーターから出るとすぐに、白い手袋をしたタキシードの男性が近づいてきて、私の鞄を受けとり、コートを脱がせてくれた。私は気恥ずかしくて顔が赤くなった。エキストラとして映画の撮影現場にでも来たような気分だ。

　同僚を見つけたら合流しようと思ってあたりを見まわしたが、人が多すぎてわからない。私はひとりポツンとしていた。職場のように、仕事で忙しいふりをするわけにもいかない。周りでは、知り合い同士が小さなグループになって歓談していた。突然、中学1年生のころの、学校の駐車場での出来事を思い出してしまった。人気のある女子たちがじろじろと私を見ていた。サラサラのストレートヘアで、Ｇａｐの服を着て、肌がとてもきれいな子たちだった。私の背中についている装具を見ているのはわかっていた。脇の下からお尻のところまであって、すごく目立っていたから。そのグループのリーダーのレベッカが私に向かって手を振ってくれた。思わず嬉しさがこみあげてきて、私も手を振り返した。すると、彼女はこう言ったのだ。「あんた、気持ち悪いんだよね」女の子たちの笑い声が耳にこだました。水たまりの水になって、近くの排水溝に流れこめたらいいのに、と思ったのを覚えている。

「シャンパンいかがですか？」長身の男性の低い声で我に返った。その男性はシャンパンのフルートグラスが載った銀色のトレーを持っていて、グラスをひとつ私に手渡すと去っていった。ダイヤモンドのようなカットがほどこされ、金色の縁どりがされたフルートグラスは石のように重く、母がクリスマスのディナーで出すものよりも、ずっと重厚だった。ガラスについた冷たい水滴で指が湿った。

振り向いた瞬間、別のウェイターにぶつかりそうになった。こちらのウェイターは銀色のビーズで飾られたトレーに、ベーコンで包んだホタテ貝を載せて運んでいた。とても可愛くて食べるのがもったいないくらいだったが、一口食べると、そんなことは忘れてしまった。これまでこんなに美味しいものは食べたことがない。私は部屋をざっと見まわした。笑顔のまぶしいウェイターたちが、同時にあちらこちらで完璧な働きをしている。コートを預かる者、食べ物やドリンクを提供する者。まるで映画『アニー』の一場面を見ているかのようだった。アニーが大富豪ウォーバックスの家に初めて行ったときに、召使《めしつかい》たちが彼女の周りで踊り、あれこれと世話を焼く場面。ここでアニーは「I think I'm gonna like it here（ここが気に入りそう）」と歌うのだ。

ライトがチカチカと点滅し、私たちは大きなパーティ会場に案内された。これまで見たこともないくらい大きなシャンデリアがきらめき、ほの暗い部屋の中に小さな白い光を反射させている。パリッとした白いテーブルクロスをかけられた丸テーブルがいくつもあり、その周りには何百もの椅子が置かれていた。テーブルの上には折り紙のように扇《おうぎ》の形に折りたたまれたナプキンが置いてあり、椅子にはカバーがかけられ、ゴールドマンのロゴと同じロイヤルブルーのリボンが結ばれていた。テーブルの中央にはバラや百合の花が高く積みあげられていて芸術品のようだった。会場の向こう端にはダンスフロアがあり、10人編成のバンドと歌手が、ゆったりとしたバックグラウンドミュージックを演奏している。会社のホリデー・パーティというより、まるで結婚式だ。

パーティ会場の入口は異世界への入口のようで、足を踏みいれる心づもりができているのかどうか、自分でもよくわからなかった。社内には私以外にも裕福な暮らしを経験したことのない人がいるはずなのに、そういう人にはまだ会ったことがない。周りの人たちには、裕福な生活を知っていることからくる余裕がある。その場にふさわしい慣習、服装、振る舞いを知っていて、それが肌になじんでいる。いっぽう私は、まるで言葉のわからない外国にでも来たかのように、言葉やジェスチャーの意味をあれこれ考えなくてはならなかったし、うっかり意味を取り違いかねない有様だった。

でも、私は引き寄せられるように中に入っていった。さっきのホタテ貝のように素晴らしい所かもしれない。この数か月、裕福な生活の話を色々と聞いてきたが、これは、そんな生活を体験できるチャンスかもしれない。ペイレス【訳注：アメリカの大手靴量販店】で買った安物の靴を脱いで、シンデレラのようにガラスの靴に履きかえ、これまで知らなかった世界を覗いてみたい。

同じ部署の面々がいるテーブルに行き、ひとつだけ空いていた席に座った。クリーム色の厚紙に美しい装飾文字で書かれたメニューが、お皿の上に載っていた。英語で書かれていたが、半分しかわからない。だから、ウェイターから「チキンとお魚とビーフがございますが、どれにいたしましょう?」と訊かれたときは、ホッとして思わずウェイターにキスしたくなった。ランゴスティノスという聞いたことのない料理が運ばれてきたが、お皿に載っているのを見たところ、どうやらロブスターの一種だとわかった。私が頼んだビーフはシャトーブリアンというものだった。名前はどうあれ、どちらもとても美味しかった。

お酒もふんだんにあった。私がシャンパンを少しずつ飲んでいるあいだ、周りの人はスコッチウィスキーのザ・マッカラン25年を次々と飲んでいた。1杯で100ドル以上もするという。

話題の多くはボーナスについてだった。といっても金額のことではない。金額を公表するのはタブーだ。そうではなく、臨時収入を何に遣うかという話だった。ブライアンは自分用にロレックスの腕時計を買い、奥さんにはダイヤモンドのアクセサリーを買うという。ヴィトは新しいポルシェを買って、週末にドライブを楽しむつもりだそうだ。ジェリーはスコッチウィスキーの入ったグラスを掲げながら言った。「おれはまだまだ金を貯めるぞ。でも次の休みにはプライベートジェットをチャーターする。民間航空機でデブの隣に座るなんてまっぴらだからな」テーブルにいた誰もが満面に笑みを浮かべていた。ジェリーの人を見下したような態度には辟易《へきえき》したが、かくいう私も、自分のボーナス額に興奮していたことは認めざるを得ない。

中古車を買い替えたら、あとは家族にいくらかのお金を渡し、素敵なクリスマスプレゼントを贈ろうと考えていた。両親にはオペラのチケットをプレゼントするのもいいかもしれない。きっと喜んでくれるだろう！　いまの私があるのは両親のおかげだ。残ったお金は貯金すれば、きっと祖母も褒めてくれるだろう。みんなからボーナスの遣い道を訊かれたら、こう答えておこう。「まだ考え中なの」本当は、もう決まっているのだけれど。

パーティはなかなか終わらず、そのうち先輩社員たちも、ブートキャンプのときの研修生のように手に負えなくなっていった。洗面所でドラッグを吸ったりバーで飲んだりするうちに、彼らは分別をなくしていった。ロビーでは新しくパートナーに昇格した社員が、カウチの上で秘書をひざに乗せていた。ダンスフロアは人であふれかえり、一流企業のイベントというより、学生の社交パーティのような様相を呈していった。

「もっと楽しめよ、シスター・ジェイミー」ジェリーが薄笑いを浮かべながら言った。彼は私たちのテーブルの横のダンスフロアで踊っていた。腰を動かしながらアシスタントの女性と踊っている。ジェリーが彼女の胸の谷間をのぞきこむと、彼女は楽しそうに笑った。ジェリーの両手は彼女のお尻にあてがわれている。彼がお尻をぎゅっとつかむと、指にはまっている結婚指輪が、バンドの照明を反射してきらりと光るのが見えた。私は彼の奥さんのことを考えた。きっと今ごろ４人の子どもを寝かしつけている最中だろう。私は彼に向かってグラスを掲げ、軽く微笑んだ。どうりで、このパーティには配偶者や恋人が招待されていないわけだ。いったいここはどういう世界なのだろう。

私は面食らっていたが、同時に魅了されてもいたと認めなくてはいけないだろう。ブロードウェイのお芝居を観ているかのように、周りのものをじっくりと観察した。高価なジュエリー、毛皮のコート、バーでの飲み比べ、酔った人たちのけたたましい笑い声。次は何が起こるだろう？　私は会場を歩きまわり、そこで繰り広げられている様々なドラマを、様々な角度から目にした。

夜も更けてきたころ、会場の奥までぶらぶらと歩いていって市街を見下ろした。これほど高いビルに上ったのは初めてだ。思わず息を呑んだ。着陸間際の飛行機から見える景色のようだった。下に見える通りを動きまわっている小さな小さなタクシーや人影を見ていたら、子どものころに持っていたドールハウスの、小さなおもちゃを思い出した。

ここにいるゴールドマンの神たちは、世界の頂点から小さな人影を見下ろしている。いま私がここにいるということは、私も彼らの仲間ということなのだろうか。

「ぜったい来てね、ジェイミー。約束したでしょ？」姉のジャニンが電話の向こうで言った。ホリデー・パーティの翌日の朝6時、私は会社の自分の席にいた。トレーディング・フロアの奥にある窓から外を眺めると、空はまだ真っ暗だった。私と同じように朝型人間の姉が、今晩の予定を確認するために電話をかけてきたのだ。今晩は姉の会社のホリデー・パーティに一緒に行く約束をしていた。

「わかってる。でも、すごく疲れてるんだ」数週間前に約束したときは行きたいと思っていたのだが、昨晩のパーティで疲れ果てていた。

「ねえ、お願い」姉が同情を誘うような声で言った。「みんなにあなたを紹介したいの」ジャニンは小さな会社で管理職をしているのだが、その会社でホリデー・パーティが開かれるのはこれが初めてだ。友人や家族を連れてきていいと言われているらしい。こんなに楽しそうな姉の声を聞くのは久しぶりだ。

「わかった。行くよ」私は同意した。

その晩のパーティは、ニュージャージー州のクラークにある、メソジスト教会の地下で開かれた。私は疲れを振り払って、姉と一緒に教会の裏手にある重厚な鉄のドアを開け、金属製の階段を下りていった。クリーム色にぬられた両側の壁には水あかがついていてカビくさい。壁に貼ってある日曜学校や祈禱《きとう》会やバザーのポスターは、すりきれてめくれあがっていた。廊下にはサビが浮いた移動式のコートかけが並んでいて、到着した客たちが脱いだコートを自分でかけていく。昨晩、ニューヨークでいちばん高いビルの上にいた私が、今日はニュージャージーの地下にいる。もちろん自分でコートをかけることくらいできる。

大きな多目的室がパーティ会場だった。どんと置かれた大きな丸いテーブルには、赤と緑のチェック柄のビニール製テーブルクロスがかけられ、周りにはパイプ椅子が並べられていた。ビュッフェには、ソーセージとピーマンの料理、ベイクド・ズィティ【訳注：マカロニのようなパスタにソースをかけたオーブン料理】、トスサラダ【訳注：あらかじめドレッシングを混ぜてあるサラダ】が並んでいた。料理は赤いプラスチック製のお皿に取り、緑のプラスチック製のフォークで食べる。部屋の奥には即席のダンスフロアがあって、DJが曲をかけている。部屋の隅に置いてあるプラスチックでできたゴミ箱は、ビールやソーダの缶、ワインのボトルでいっぱいだった。

その場に足を踏み入れると、ふっと肩の力が抜けた。このパーティ会場で知っているのは姉しかいないが、毎年恒例の家族の集まりを思い出し、居心地の良さを感じた。私はまるで履きなれた靴を履くように、親しみやすく飾り気のないこの場に、するりと入っていった。

パーティの始めには社長が挨拶をし、社員たちに労《ねぎら》いの言葉を述べた。社長がホリデーシーズンのボーナスとして全員に100ドルのビザ・ギフト・カードを進呈すると言うと、部屋は歓声と笑い声に包まれた。拍手が沸きおこるなか、私は彼らのことを気の毒に思っていた。たった100ドルで何が買えるというのだろう。

いけない！　これでは職場にいるジェリーと同じではないか！　そう考えてギョッとした。100ドルのボーナスと8万ドルのボーナス。その格差に私は恥じ入った。でもその奥には、自分のボーナスの額に興奮し、いい気になっている自分がいた。どうして恥ずかしいと思うのだろう。それでいて、得意げな気持ちになるとは。

姉はとても楽しそうで、私を同僚に紹介してまわった。みんなとても堅実な人で、気楽に会話ができた。慌ててプレゼントを買いに走った話などが話題の中心だった。彼らが買ったのはロレックスの腕時計やポルシェではなく、セーターや写真立てだ。

パーティの途中、姉が私を部屋の隅に引っぱっていった。姉は酔っぱらっているのか赤いハイヒールの足元がふらついていて、グラスからドリンクが床にこぼれるのを見てはクスクスと笑っている。そして、私の耳元に顔を寄せてささやいた。「あなたに会わせたい人がいるんだ」人のあいだを縫うようにして姉に引っぱられていくと、そこに彼がいた。私はドキッとした。ノースリーブの黒のワンピースが急にきつく感じられ、真珠のチョーカーで息が詰まりそうな気がした。その人は180センチ以上ありそうなほど背が高く、ハンサムだった。いや、ハンサムというより美しかった。男性を美しいと思ったのは初めてだ。明るいブロンドの髪、大きなブルーの瞳。笑うと目がキラキラと輝いて、両頬にエクボができる。彼は手を差しだして私と握手をした。手が震えていることに気づかれませんように、と祈った。

「ジェイミー、こちらはダン」姉が言った。

姉の得意げな笑顔を見て、今日はこのために呼ばれたのだと気づいた。ダンが私を見てがっかりしていないだろうかと、彼の表情を探った。いつまでたっても自分が背中に装具をつけた変な人のような気がしてしまう。

姉はそのまま私たちふたりを見ていたが、しばらくするとダンが姉に目くばせをして、もう向こうへ行っていいよと手を振った。姉は私たちから離れていったが、きっとニヤニヤしていることだろう。

「ジャニンから、妹を連れてくるかもしれないと聞いていたんだ」ダンが言った。「会えて嬉しいよ」ダンはもう一度、微笑んだ。ああ、またあのエクボだ。ダンは顔を赤らめている。ひょっとして彼も緊張しているのだろうか。そう思うと少し心がほぐれて笑顔になれた。「私もお会いできて嬉しいです」

それから私たちは、出身地や、学校や、家族のことなどを話した。彼はとても大らかな人だった。キラキラした目、優しそうな目じり、そして何でも受け入れてくれそうな表情。彼は私をまっすぐに見つめたまま、しばらく目をそらさない。そして、完璧なタイミングで相づちを打ったり、微笑んだりしてくれる。興味深く話を聞いてくれるものだから、口からぽんぽんと言葉が飛びだした。自分が何の遠慮や不安もなく話をしていることに驚いた。職場にいるアナリストたちと話すときとはまったく違う。自分のことを話しても、気まずい思いをしたり恥ずかしく感じたりすることがない。大学生のとき以来、同じ年頃の人と話していてこんな気分になったのは初めてだ。張りつめていた神経がふっとゆるみ、言葉があとからあとから出てきた。これまでのことを話し尽くすと、こんどは仕事の話になった。

「どんな仕事をしてるの？」ダンが訊いた。私たちはパーティ会場の真ん中あたり、ダンスフロアの端にいた。楽しかった気分は水をかけられた炎みたいに消え去った。自分がどんな仕事をしているか認めたくない。お高くとまったウォール街の同僚たちと同じだと思われたくない。私のことを誤解されたくない。大音量で流れる音楽の振動が、床から黒いハイヒールを通って足首にまで伝わってきた。「ゴールドマン・サックスに勤めてるの」私は言った。

彼を見つめながら、ゆっくりと白ワインを飲んだ。彼は頭を横に傾けて、好奇心たっぷりに目を輝かせた。私は歯を食いしばって、私への評価がガラガラと崩れ去るのを覚悟した。「ごめん、聞いたことがないな」彼が言った。「どんな会社なの？」

ワインが喉を焼くようにすべり落ちていった。安堵感と羞恥心が入り混じった気持ちになった。誰もがゴールドマンを知っていると思いこんでいたなんて、どれだけうぬぼれているのだろう。でも、まったく知らない人がいるというのも新鮮だった。

「インベストメント・バンクよ」

「へえ、かっこいいね。仕事は気に入ってる？」とてもシンプルな、飾り気のない質問だった。もう何か月も働いているが、誰からもされたことがない質問だ。少しのあいだ答えを考えてみたが、簡単には答えられない。曖昧に返すしかないと思い、肩をすくめながら言った。「まあまあ、ってとこかな」

1時間以上もしゃべっていたが、話題は尽きそうになかった。そこへ、姉の同僚がやってきた。私の耳元で、姉が助けを呼んでいると知らせてくれた。ゴールドマンのパーティと同じでお酒がたっぷりとあるので、きっと飲みすぎてしまったのだろう。姉は年じゅうダイエットをしていて、いつも空きっ腹の状態で一晩じゅう飲んでいる。

ダンから離れて洗面所に行くと、姉が膝をついてしゃがみこんでいた。赤いハイヒールを横に脱ぎすて、便座の両端をつかんで嘔吐していた。吐瀉物《としゃぶつ》が周りに飛び散っている。姉がアルコールと胆汁を吐いているあいだ、汗まみれの顔にはりついた髪の毛を後ろでおさえてやった。こちらまで吐き気がしてきたが、なんとかこらえた。すっかり吐きおわると、姉は泣きはじめた。タイルの床にすすり泣く声が反響する。

「もう帰りたい。恥ずかしくてたまらない」姉が便器に顔をつっこんだまま言った。しわがれた、かすれたような声だった。ここまで運転してきてくれたのは姉だったし、私はこの辺りのことはよく知らない（当時はいまのようにＧＰＳが簡単に使える時代ではなかった）。どうやって家に帰ればいいのだろう。「ちょっと待ってて」私は言った。

パーティ会場に走って戻ると、ダンがさっきと同じ場所にいた。「姉が具合悪くなっちゃって、もう帰らないとならないの。家に帰るのにハイウェイに乗りたいんだけど、どっちに行ったら乗れる？」

ダンは私を見つめたまま、がっかりしたように目じりと口の端を下げた。「もう帰っちゃうなんて残念だな。駐車場で待ってて。車を取ってくるから。ぼくが先導してあげるよ」

姉のところへ戻って汚れをきれいに拭いてあげたあと、車まで連れていった。姉は後部座席に這うようにして乗りこむと、体を丸めてすぐに眠ってしまった。運転席に乗りこむとダンが近づいてきたので、車の窓を下ろした。

「ハイウェイはこの道をちょっと行ったところにある」彼は後部座席のジャニンをちらりと見なが

ら言った。「でも、ちょっとややこしいから、ぼくの車についてきて」

「ありがとう。ご覧のとおり、ジャニンはもう夢の中よ」

ふたりで笑いあったあと窓を閉めようとすると、ダンが両手で制したので、窓を閉める手を止めた。

魅力的で素敵な男性が、どうやら私のことを気に入ってくれたようだ。電話をかけてもいいかと訊いてきた。ブルーの瞳は期待に満ちあふれ、頬はピンクに染まっている。

「ええ、もちろん」私は微笑んだ。

彼はこちらに向かって微笑み返すと、自分の車に乗りこんだ。空から粉雪が舞い降りてくるなか、彼は私をハイウェイまで先導してくれた。全身が高揚感に包まれた。まるで誰かが冷たくて暗い私の体の奥まで行って、ブレーカーのスイッチを入れたかのようだった。こんなにわくわくした気持ちになったのは、いつ以来だろう。寒い冬の夜、車を運転していた私の体はじんわりと暖かくなり、満面に笑みが広がっていた。

第4章　1セント硬貨

年が明けると、ほかの部署のヴァイス・プレジデント、モリー・プロヴェンザノという女性が、私のメンターになってくれることになった。ゴールドマン・サックス・女性社員ネットワークを通じてお願いしていたのだ。ある日のお昼すぎ、モリーがロビーでお茶をしないかと誘ってくれたので、いまからちょっと席をはずすとブライアンに告げた。

「ほら来た。恒例のメンタリング！」聞き耳をたてていたジェリーが言った。「女性だけの特権ってやつ？　おれたちにはそんなのないのに」

「じゃあ、きみがぼくのメンターになってくれよ、ジェリー」ヴィトが両手を合わせてお願いのポーズをしながら言った。高校生が大げさな演技でロミオ役を演じるときのように、目をパチパチさせている。

「いいとも、若者よ」ジェリーが言った。「成功するコツを教えてやろう」ふたりがワッと笑い声をあげながらハイタッチを交わしている横で、私は両手をぎゅっと握りしめた。

ロビーでモリーを待ちながら、話が合う相手だといいなと考えていた。ゴールドマンでやっていくには信頼できるアドバイザーが必要だ。これまでうまくやってこられたし、仕事の基本的なことなら自信をもって取り組めるようになってきてはいるが、人間関係や社内力学のこととなると、まるでわからない。

「あなたがジェイミーね？」モリーがロビーを突っ切ってこちらに歩いてきた。彼女が微笑むと、濃い紫色の口紅をぬった口元から真っ白な歯がのぞいた。茶色のウェービーヘアは短く切りそろえられている。黒のスーツにオーソドックスな白のブラウスを着ていたが、アクセサリーがとても目立っていた。大きなルビーやダイヤモンドが、首、手首、耳元で光っている。

アクセサリーをたくさん身につけるタイプの人だったが、私とは共通点も多かった。彼女もゴールドマンに来てから日が浅く、私が入社する1年ほど前に、競合他社から転職してきたのだという。自宅はニュージャージー州にあって、私の両親の家と数マイルしか離れていない。電車よりフェリーを使ったほうが通勤に便利だとも教えてくれた。片道30分は節約できるという。とても堅実な人で、私と同じイタリア系のアメリカ人だった。海鮮料理の話や、休日になると家族でペストリー【訳注：焼菓子の一種】をつくる話などで盛り上がった。とても打ち解けた会話ができ、時間は瞬く間に過ぎていった。コーヒーを飲みおわると、私たちはエレベーターに向かった。

「ウォール街でやっていくのは大変よね」モリーが言った。「とくに働きはじめのころは。これからも連絡を取り合いましょう。あなたの成功を後押ししたい」

「ええ、ぜひ」

そう言って別れた。私はとても心が軽くなったのを感じていた。やっと友だちができた。ウォール街というクレイジーな世界を生き抜くのに手を貸してくれそうな友だちが。

毎日の仕事も少しずつよくなっていった。新しいアナリストがチームに加わり、データ入力の仕事をその人に引き継げることになった。おかげで、同僚とその顧客をサポートするだけではなく、初めて自分の顧客をもつことができた。毎日決まりきった管理業務をこなすのではなく、頭を使って仕事をするチャンスがやっとめぐってきたのだ。

「これがきみの顧客リストだ」ブライアンが一枚の紙を私の机の上に置いて言った。「よろしくな」初めて学校に行った日のように、私は興奮していた。チャンスだけが広がっている、まっさらな世界。私は顧客名と現在の残高をざっと確認していった。ゴールドマンが借りている株の時価総額が書かれている。でも、名前も聞いたことがない会社がほとんどで、取引実績も少ない会社ばかりだった。だが裏を返せば、これは私にとってチャンスだ。これからいい関係を築いて、ヘッジファンドが欲しがっている株を借りられるようになるかもしれない。もう私は最優秀助演女優ではない。主役として前に出るときがきた。新しい役についたのだ。顧客の前では、私がゴールドマン・サックスの顔になる。さっそくリストに書いてある企業に順番に電話をかけて自己紹介をし、新しい仮面をかぶった。いまや私は〝ゴールドマンのジェイミー〟だ。

最初から大口の顧客を持たせてもらえないことはわかっていた。それで何も文句はない。私はロング・ターム・グリーディー（長期にわたって貪欲に仕事ができる人）になりたいと思っていた。これは研修で教わった言葉だ。キャリアは短距離走ではなくマラソンだ、とも教わった。だからまずは、この顧客たちから最大の利益を得られるように集中しよう。そうすれば私の名前を知ってもらえるようになり、将来もっと大口の顧客とビジネスをするチャンスがめぐってくるかもしれない。

私の新しい顧客は、主に個人向けの業務を行う、地方の小さなリテール銀行がほとんどだった。

オレゴン州、ミネソタ州、オハイオ州など、地域もバラバラ。そこで働いている人たちは、ジェリーやヴィトが担当しているニューヨークやシカゴやサンフランシスコの人たちのように、いかつくて威圧感のある4番打者という感じではなかった。私とよく似たタイプの人たちで、とてもいい関係を築くことができた。頻繁に電話で話をしていたので、話題はビジネスにとどまらず、日常の出来事、趣味、家族のことにまで広がった。一日じゅう彼らと話をして、株を借りたり手数料の交渉をしたりしていたので、同僚のことよりも顧客のほうをよく知っているような気にもなった。

顧客の中にはゴールドマンとの取引実績はあったものの、私が担当するまで株を貸すビジネスについては詳しく知らない顧客も多かった。ゴールドマンにトレーディングを任せてはいたが、株式を貸すビジネスはしたことがないらしかった。そこで、簡単なプレゼンテーションをして仕組みを説明した。彼らはすでに株を保有しているので、この取引にかかるリスクは低い。私たちがその株を借りてヘッジファンドに貸すだけのことだ。そして彼らのもとには手数料が入る。現物株の値上がりや配当金で得る利益よりも、ずっと多くの利益が得られる。つまりウィンウィンの取引だ。彼らがすることは何もなく、私に株を貸してくれるだけで収入が得られる。結局、多くの顧客と株を借りる契約を結ぶことができた。

私のような新参者にとって、彼らは初めての顧客として最適だった。これまで誰も注目していなかった先なので、ポテンシャルしかなかった。毎日、朝早くオフィスに行っては彼らの保有株――貸してもらえる株――を確認した。土や岩の中からダイヤモンドを掘りだすようなものだった。

ある朝、ヴィトが私の背後に立って言った。「どうしてこんな顧客にこだわってるんだ？　どうってことのない会社じゃないか。ぼくたちが必要としてる株数の穴埋めにもならない。そんな客に時間をかけたって、じゅうぶんな利益は出ないぞ」私は軽く微笑みながら彼を見て、肩をすくめた。ヴィトなんかに構っている暇はない。私が何を言っても、どうせ聞く耳はもたないだろうし。

ジェリーやヴィトをはじめとする男性陣は、投資信託や年金基金（〝大きなクジラ〟と呼んでいる）など大口の顧客を相手にしている。これらは持ち高が大きい、つまり株を多く保有している。たしかに彼の言うとおり、私が担当している小口の顧客は、どの株もそれほど保有していない。でも、一株一株集めていけば、手に入りづらい株もそれなりの数になる。子どものころから、小銭は貯めておきなさいと祖母に言われていたのを思い出した。「1セント硬貨にだって価値があるんだよ」祖母はよく言ったものだ。「価値がないなんて思っちゃいけない。1セント硬貨だって100枚集まれば1ドルになるんだから」

この取引でほかと差をつけるには、ふたつのことが必要になる。ヘッジファンドが欲しがっている株を探してきて空売りさせること、そして彼らに空売りをさせつづけることだ。彼らは割高だと感じる株を空売りしたいと考える。あるいは、裁定取引の一環として空売りしたいと考える。でも、その株を見つけてくることは非常に難しい。当時、たとえば大手エネルギー会社のエンロンや、オンライン小売業者のオーバーストック・ドット・コムなどの株の取引は〝混みあっていた〟。つまり、どのファンドもその銘柄を空売りしたいと考え、どのブローカーもその株を借りたがっていた。でも、借りてこられる株はそう多くはない。そういう状況では一株一株の存在が重要になってくる。ヘッジファンドが取引する株の単位は大きいが、祖母に言われて1セント硬貨を貯めていったように、私はひとつひとつ株を集めていった。そのうちそれが大きな違いを生み出すことを願って。

ある朝、私が顧客の保有株数を調べていたとき、ジャッキーという女性から電話がかかってきた。彼女は私と同じくらいの年齢で、アイオワ州にある小さな銀行に勤めている。この数か月、会話を重ねるうちに、ふたりとも読書が好きだということがわかり、住んでいる場所は遠く離れていたものの、ふたりで小さな読書会を続けていた。「あなたが探してるものを持ってる」彼女が歌うように言った。「株の受取書をもらったばかりだから、まだうちの保有株式として載せてないの。私の大事なゴールドマンのジェイミーに、その株をぜんぶ貸したいと思って」興奮しすぎて叫びたいくらいだった。この株を借りることができれば大成功だ。多くのヘッジファンドが欲しがっているものを、ゴールドマンのために手に入れることができる。しかも、ゴールドマンのほかの社員や、ウォール街のほかのブローカーにではなく、この私のためにジャッキーがそれを取っておいてくれたなんて、ますます嬉しかった。

「ラーノート・アンド・ハウスピーの株を手に入れたのは誰だ?」数時間後、マイクが大声で言った。オフィスの入口に立ったまま、トレーディング・フロアを見わたしている。目を細め、まるでミステリーを解明しようとする探偵のような表情だ。電話が鳴りつづけていたが、トレーダーたちはおしゃべりをやめ、今月、最も手に入りにくいオランダの電気通信事業者の株を手に入れたのは誰なのかと、周りに目を走らせた。この会社が利益を水増ししているという噂が市場で広がり、株価が急落していた。ヘッジファンドはこの会社の株式を空売りしたがっていたものの、ここ数日、誰もその株を借りてくることができていなかった。誰も。でも、私が手に入れた。これでヘッジファンドも空売りができる。首元が熱くなり、その熱が顔まで広がった。私は手を挙げて言った。

「私です」

みんなの目が一斉にこちらを向く。私の頬がまるで信号機のように赤くなった。マイクは相好を崩してこちらに歩いてくると、私の背中を叩いた。強く。「よくやった。どこから手に入れたんだ？」

「担当している小さな会社のものを集めたんです」

「みんな、きみを見習わないといけないようだな」マイクはフロア全体にざっと目を走らせながら、周りに聞こえるように言った。「きみにはハングリー精神と根性がある。気に入ったよ」ジェリーとヴィトが目を丸くするのが見えた。彼らをイラつかせることができて、少しだけ胸のすく思いがした。

私は小さな顧客の特性を引きだすことに力を入れ、それを楽しんだ。何もないところから何かをつくりだし、これまで誰からも注目されず見過ごされていた企業に収益をもたらすことにワクワクした。ゴールドマン・サックスの顔として顧客と仕事をするのが好きだったし、彼らからアドバイスや情報を求められるのも好きだった。まだ23歳ながら、ゴールドマンのジェイミーは頭も切れるし経験も豊富だった。そういう自分に酔っていた。

数か月たったころ、私は自分の顧客から得た収益をレポートにまとめた。マイクは自分のオフィスに私を呼び入れ、レポートに目を通した。「これらの顧客がこんなに収益をもたらしてくれるとは思いもしなかったよ」その言葉に私は思わず笑顔になった。「きみが担当したからだろうな」彼はそう付け加えた。

「それはどうかわかりません。これまで時間を割く人がいなかっただけですよ」余計なことを言わなければよかった。どうして素直に自分の功績を認められないのだろう。ときどき思う。うぬぼれの強い同僚の男性たちのように、自分のことが大好きで、誉め言葉を素直に受けとることができて、周りに自分の成功を吹聴できる人になれたらいいのに、と。でも、そんなふうには育てられてこなかった。私の家では自慢するより謙遜することのほうが尊いとされてきた。でも、ここゴールドマンでは、それではやっていけない。マイクは笑いながら首を振った。

「いやいや、ジェイミー。きみの力だ。きみはカメレオンみたいな人だな。誰とでもうまく話せるし、どこに行ってもその場になじめる。田舎の小さな銀行でも、ニューヨークの大企業でも。こういう小さな企業に時間を割く人はあまりいないが、きみはそこにポテンシャルを感じて、いい関係を築いたわけだ。それが差を生み出したんだな」私は顔が真っ赤になり、体が宙に浮いたような心地になった。ドアを出るときも体がふわふわとしていた。何かをうまくやって誰かに感心してもらえるのは、とくにゴールドマン・サックスのパートナーに感心してもらえるのは、なによりも嬉しいことだった。

＊　＊　＊

この1年、海外転勤になったソフィアとは連絡が途絶えていたが、ミシェルとは連絡を取りあっていた。ある晩、ミシェルと地元のバーで夕食をとりながら、職場での出来事などを話していた。

「この仕事、想像してたのと違ってた」彼女がため息をついた。「私には合わない場所みたい」私たちはバーの隅にある薄暗い席に座っていた。テーブルに置いてあるキャンドルが、ミシェルの青い瞳と長いブロンドの髪を照らしている。

「どういう意味？」〝選ばれし人〟の彼女がそんなふうに感じていることに驚いた。

「型にはめられてるみたいな気がして。同じ部署の男どもは私のことをコンパニオンか何かだと思ってる。ブロンドでおつむの弱いコネ入社の女、ってね。私にはほかに何も取り柄がないみたいに。まともに相手もしてくれないし、難しい仕事もさせてもらえない。だから、ほとんど何も学べてない」

悲しそうな彼女の目を見て、私は顔を曇らせた。また、レッテルのことが頭をよぎった。ここにいるのは〝シスター・ジェイミー〟と〝おつむの弱いミシェル〟。なんて画一的な定義なのだろう。決まった役割に人を押しこめる、ほとんど根拠のないレッテル。私はメリッサと話したときのことを思い出した。ゴールドマンにいる女性のほとんどは、こうして押しつけられた役割が不愉快でたまらないはずだ。

「だから、大学院に戻ろうかと思ってる」ミシェルが打ち明けてくれた。「自分を定義しなおすためにね」

でも、そんなふうにミシェルを定義したのは彼女自身ではない。ゴールドマンが勝手に定義しただけだ。

その後も、こうした〝慰労会〟をたびたび経験することになった。ゴールドマンの女性が退職する前に、よく一緒に食事をした。ある女性は、キャリアを積めそうな仕事はすべて男性に割り振られてしまうので、自分にはチャンスがめぐってきそうにないと言っていた。会社の価値観が自分とは合わないと言っていた女性もいた。上司を見ていても、ああなりたいとは思えない、と。あからさまなジョークを口にする、がさつな男性社員の前で「きみには大口の顧客を担当する力量はない」と言われた女性もいた。まるで、ゴールドマンの女性には賞味期限があるかのようだった。男性のように長期間勤めて成功するのは無理だと言われている気がした。

当時の私は、女性に押しつけられた画一的な役割に対して違和感を覚えていたが――多様性の欠如したマッチョな世界で、つねに異邦人のような気持ちでいた――その気持ちを押し殺して、１年目に自分がここで成し遂げたことだけを考えるようにしていた。成長して強くもなった。男子学生の社交クラブのような世界に飛びこみ、しだいにうぶな面を失っていった。職場でからかわれたり、あからさまなジョークを言われたりしても、それほど気にならなくなっていった。自分は仕事ができることもわかったし、成功することで満足感を得るようになっていった。刺激的な毎日があっという間に過ぎていき、気がついたら一日が終わっていた。私ならできる。株のことなど何も知らなかったこの私が、ここをウォール街で最も競争力の高い企業にしているのだ。そう思っていた。

でも、長時間労働はきつかった。私はつねに疲れきって、ストレスを抱えていた。週末になると、忙しい平日には考えないようにしていたことが頭に浮かんだ。優秀なトレーダーでいることは楽しかったが、トレーディングを楽しめない自分がいた。私はフラワーチャイルド【訳注：ベトナム戦争を背景に１９６０年代から１９７０年代にかけてムーブメントを起こしたヒッピーのこと。平和と愛を象徴する花で身体を飾っていた】のような気分だった。私が望んでいたのは世界をよりよい場所にすることであって、金持ちをもっと金持ちにすることではない。ソーシャル・ワーカーになりたいという気持ちがよみがえってきた。あのとき両親の反対を押しきる勇気があったらどうなっていただろう。もっと幸せだったろうか。仕事に対する情熱があれば、収入が少なくても平気だったろうか。そんなことを考えては、いまの仕事があることに感謝できない自分を責めた。そうやっていつも複雑な気持ちを抱え、疲れきっていた。

たしかに、私ならここでやっていける。でも問題は、自分がそうしたいかどうかだった。

第5章　祖父と祖母

周りの人たちは私の生活と仕事を見て、何かしら口をはさんできた。両親も、きょうだいも、友だちも、向かいに住んでいる女性でさえも。でも、ダンだけは違った。私たちは姉の会社のクリスマス・パーティのあとすぐに付き合いはじめ、彼はたちまち私の親友になった。彼は自分の意見を押しつけるような人ではない。解決策を示すのではなく、じっくりと話を聞いてくれる。私が仕事のグチをこぼしていると、ちょうどいいところで相づちを打ち、一緒に顔をしかめてくれる。そしていつだって、自分の直感を信じるといい、と言ってくれる。そんな人は彼以外にいなかった。

ある晩、高校時代の友だち、マディとリリーに会っていた。ゴールドマンに対するふたりの見解ははっきりしていた。

「辞めたほうがいい」シャルドネのグラスを私に手渡しながらマディが言った。彼女が手首につけているブレスレットがジャランと鳴る。「人生は短いんだから、不幸になってる暇はないよ。クオリティ・オブ・ライフを考えな。やりたいことをやって、夢を追いかけるべきだよ」

マディは通勤に1時間もかけるのが嫌で、ちょうど転職したところだった。片道30分の時間を取り戻すために、収入が減るほうを選んだのだ。私には彼女の決断は理解できない。時間のために収入を犠牲にするとは、なんとのんきなのだろう。マディも裕福な家の出ではない。私と同じように貧しい家で育ってきたし、そう多く稼いでいたわけでもないのに。彼女の両親はどう思っただろう。うちの家族なら〝クオリティ・オブ・ライフ〟や〝夢を追いかける〟などという言葉は、まず使わない。

「ジェイミー、あなたを雇ってくれる会社はきっとほかにもある」マディが続ける。「私もちょうど前の仕事を辞めて、新しい仕事を見つけたところなの。ゴールドマン以外にも会社はたくさんあるんだよ」

「私はまだ経験が浅いから、きっと需要はないよ」私は言った。「いったいどこが雇ってくれる？私のアピールポイントはゴールドマンに勤めてるってことだけだよ」

リリーが黒縁メガネの向こうからじっと私を見た。「悪くとらないでほしいんだけど」リリーが言う。「あんたはあの会社に操られてるんだよ。ゴールドマンの名前がなければ自分なんて何者でもない、って信じこまされてるだけ。そんなの不健康だよ。辞めたほうがいい」

リリーの言うことはよくわかる。でも、彼女のアドバイスを聞く気はない。彼女は裕福な家の出身だし、いまだに家族に面倒を見てもらっている。私の立場になったら、きっと同じようには考えないはずだ。

それに、家族のこともある。

「お前がいくら稼いだか、みんなに話したらどうだ？」ボーナス日の少しあと、家族で日曜の夕食を楽しんでいるときに父が言った。祖母、両親、兄、姉と一緒にテーブルを囲んでいるときだった。どれだけもらったか家族の前で言うのは嫌だった。なにせ額が多すぎる。チョコレートだって甘すぎると歯にしみる。

「教えろよ」兄のトニーがせかした。「いいじゃないか」

私はごくりと唾を飲みこんで言った。「今年の年収は17万5千ドル」息が詰まるような心地がした。自分の口からこんな言葉が出るのが嫌だ。悪いことをしているような気分になる。まだまだ未熟な私が、家族の中でいちばん稼いでいるなんて。トニーは目を丸くして私を見つめ、フォークをぼとりとマッシュポテトの上に落とした。トニーは私の兄さんだ。自転車の乗り方や生き方は兄さんから教わった。いつも私にアドバイスをくれるし、私より10年長く生きているからこそ知っている知恵も分けてくれる。兄さんからこんな目で見られたのは初めてだ。私は嬉しいような、怖いような、悲しいような、複雑な気分だった。憧れていた人から憧れのまなざしで見られるようになったら、いったいこれから誰を目標にしていけばいいのだろう。

「こんなことを言って気休めになるかどうかわからないけど……」私は口ごもりながら言った。「この仕事、あまり好きじゃないんだ」

兄は鼻で笑いながら目を丸くした。「ジェイミー、仕事なんだから楽しくなくて当然だよ。仕事が好きなやつなんていない。お金のために仕事をすればいいじゃないか。そのお金で人生を楽しめばいいんだよ」

「そうだね」私は言った。それが人生というものなのだろうか。稼げるだけ稼いで人生を楽しめばいいのだろうか。でも、働いてばかりで楽しむ時間がない場合はどうしたらいいのだろう。まるで、うまくいかない取引のようだ。私はトレーダーなのだから、取引ならうまくできるはずなのに。

「よく聞け」兄がフォークで私を指しながら言った。「会社を辞めようとか、馬鹿なことを考えるんじゃないぞ。そんなに給料のいい仕事、やりたくてもやれないやつが、どれほどいると思う？俺だってお前の代わりにやりたいくらいだよ」

「ジェイミー」その場をおさめようと、父が穏やかな声で言った。「いまの仕事が好きじゃないのはわかる。でも、お金があればいい暮らしができる」

父の言うとおりだ。毎日、ジョルダッシュ【訳注：アメリカのカジュアルファッションブランド】の服をつくっている工場の前を通るときに、車から見える光景を思い出した。これから始まるシフトに備えて、コンクリートでできた2階建ての工場に向かう人々。ランチが入った紙袋を手に、誰もが背中を丸めてうつむきながら歩いている。彼らは懸命に働いても、最低賃金しかもらえない。私が自分の選んだ道に疑問をもっているなどと言おうものなら、きっと頭をはたかれるだろう。私は自分の将来と家族の生活を変えられるほどの給料をもらっている。年々、年老いていく両親を援助してあげることもできる。これまで私にしてくれたことに対する、最低限の恩返しだ。何度も病院に連れていってもらったし、高額な脊椎の手術や治療やリハビリも受けさせてもらった。両親には恩がある。それに、私もいつか自分の家族をもちたいと思っている。そのときには、両親のように苦労することなく、子どもに必要なことを迷わずやらせてあげたい。人生は短距離走ではなくマラソンのようなものだというのなら、前半はちょっと我慢して頑張り、レースの後半に楽な思いをしたっていいのかもしれない。

母は貧しい家の出身で、お金がもたらしてくれる安心感に何よりも重きを置いているし、父は母にも増してお金を大事なものと考えている。父の父、つまり私の祖父はイタリアからの移民だった。服の仕立屋として成功し、6人家族をニュージャージー州のニューワークにある小さなアパートから、郊外にある庭つきの一戸建てに住まわせることができるまでになった。貧しい過去を振り捨て、チャンスあふれる土地で一旗あげたのだ。だが残念なことに、それは長くは続かなかった。仕事がうまくいかなくなり、生活費がかさんでいった。祖父は収入が入ってくることを見越してお金を遣ったが、その収入が入ってくることはなかった。ローンの返済、光熱費、食費、服代の支出に追われ、祖父はその責任から逃れられる唯一の方法をとった――自殺だ。未亡人となった祖母と、当時10歳だった私の父を含む子どもたちは、ニューワークにある小さなアパートに戻った。まるでお金や祖父など最初からいなかったかのように。私が5歳のときに亡くなった父の母は、シンデレラの物語とは反対に、裕福な生活から一転して、残りの人生をメイドとして働かざるを得なくなった。父にとって、お金を得ることは安定した生活を送れるかどうかの問題ではない。生死をも分ける問題なのだ。

父は残念な判決を言い渡す裁判官のように私を見た。「大変だろうが、文句を言わずに頑張ることだ。感謝の心も忘れるなよ」

文句を言わない、頑張る、感謝する、痛みをこらえる。うちの家族ではお馴染みの言葉だ。脊椎の手術のあとも、おまじないのように何度も言われた。両親は私に向かってそう言うことで、自分たちにも言い聞かせていたのだろう。愛する人が痛い思いをしているのを見ることほど、つらいものはない。だから、そういう言葉で自分たちを鼓舞し、私を強い子に育てようとしたのだと思う。

これまでずっと、私にとって家族は追い風のようなものだった。私を支え、背中を押してくれる存在だった。でも、いったい私は何に向かって進んでいたのだろう。これまで両親のアドバイスに従ってきた。感謝もしてきた。文句も言わずに頑張ってきた。でも、そうしてたどり着いたのは、望んでもいない場所だった。私は末っ子で、家族にとって最後の望みだった。私は家族の最高傑作だった。家族が自分の好きなことを書きこめるキャンバスだった。そうして、私という人間は塗りつぶされてしまった。

その晩の夕食の席で、祖母は何も言わなかった。でも祖母は、私が働きはじめた初日から、ゴールドマンの本質を見抜いていた。ゴールドマンの面接で数学の問題をしくじった次の日に、仕事をもらえることになったと報告したときの祖母の反応は、いまでも忘れられない。ファミリールームに駆けこんで、新しい毛布を編んでいた祖母に報告したときのことだ。

「どうしてそんな会社で働きたいんだい？　面接で会った人は意地悪で無礼な人に思えるけどね」

「でもね、おばあちゃん。誰もが働きたがっている会社が、私を選んでくれたんだよ。お給料もすごくいいんだから」

祖母は編み物の手を止めて私を見た。「そりゃあ、お給料はいいだろう。でも、そのぶん犠牲にするものがあるんじゃないのかねえ」

＊　＊　＊

この日の夕食から数か月たったころ、祖母の具合はしだいに悪くなっていった。90歳をとうに過ぎており、2階の自室まで階段を上がるのにも息をきらすような状態だった。両親は病院で使うようなベッドを買い、祖母はファミリールームで寝起きするようになった。私は祖母と仲が良かった。私の人生にはいつも祖母がいた。祖母は私が母のお腹にいるときに両親の家に越してきて以来、ずっと私の面倒をみてくれていた。幼いころはもちろん、大学生になってからも、怖い夢を見るたびに祖母のベッドにもぐりこんだものだ。そう、健康で立派な大人が、体の小さなおばあさんのベッドに庇護《ひご》を求めてもぐりこんでいたのだ。体は小さかったが、祖母の強さが私の恐怖心をかき消してくれた。祖母は、握っていると精神が安定する毛布のような存在だった。その毛布を編み出しているのは、祖母の知識と自信と知恵だった。

私は祖母のベッドの隣にあるカウチで寝起きするようになった。祖母が編んだ毛布にくるまると、彼女の化粧品の香りがした。「おやすみ、おばあちゃん」毛布の優しい肌ざわりを感じながら、祖母の胸が上下するのを眺めた。祖母がいなくなり、このベッドがなくなったときのことを想像すると、胸がつぶれる思いがする。「おやすみ、ジェイミー」祖母が言った。

数週間後、祖母は呼吸が乱れがちになり、入院することになった。私も荷づくりを手伝った。「何があっても、私がお前のことをどんなに愛しているか忘れないでいておくれよ」祖母が言った。私と祖母はファミリールームにあるベッドの上に並んで腰かけていた。隣には聖ユダのキャンドルが灯っていた。私はシミだらけの祖母の手をとった。手首は腫れていて、血管が青く浮き出ている。私はその温かな手の感触を忘れまいとした。祖母のシワだらけの頰を涙が伝っていく。私は祖母の手にキスをし、祖母の膝に頭をのせた。祖母は私の髪を手ですきながら、イタリアの子守歌を歌ってくれた。何十年と聞いてきた声で。「いつでも自分の幸せを考えるんだよ」祖母が言った。「何よりもそれが大事だ」

祖母が入院した日の夜は眠れなかった。夜が明けると、私はパニックに陥った。仕事に行きたくない。祖母と一緒にいたい。でも、有給を取るには理由を告げなくてはならない。死期が近づいている祖母と一緒にいたいという理由で休みを取るのは、きっと無理だろう。私はモリーに電話をした。ここ数か月、モリーは私にとってメンター以上の存在になっていた。友だちだった。「迷うことはない」モリーが言った。「病院に行きなさい」職場の人にもらったアドバイスの中で、最高のアドバイスだった。

病院に着くと、祖母の容態は悪化していて、もう意識がなかった。私は一晩じゅうベッドの傍《かたわ》らに座って祖母の手を握っていたが、しだいに祖母は衰弱していった。時間がたつにつれ呼吸が遅くなり、肌は青白くなり、唇が乾いていった。死なないでほしい、ずっと一緒にいてほしい。私が祖母の分まで呼吸ができたらいいのに。私はベッドサイドモニターに表示されている心拍数をじっと見つめた。祖母の手はどんどん冷たくなっていく。そして夜の９時、ピーという途切れのない高音が部屋に鳴り響いた。

家に帰ろうと病院のロビーに向かった。泣くまいとしたが体が震えてしかたない。涙があふれて頬を伝っていった。誰かが私の名前を呼んだ。声がしたほうを見ると、ダンが病院の入口にいた。グレーのパーカーにジーンズという恰好で、ポケットに手を突っこんで立っている。

「会いにいかなくちゃと思って」ダンが言った。「おばあさんのこと、残念だった」彼の青白い顔を、涙が流れていった。祖母が亡くなってすぐ、ダンには連絡をしていた。電話を終えたあとすぐに病院に向かってくれたのだろう。私は彼の腕の中に飛びこんで泣いた。お互いに口にしたことはなかったけれど、私は彼を愛しているし、彼も私を愛してくれている。祖母が自分の代わりにと、彼を私の元へ差し向けてくれたのかもしれない。

次の日の朝、胸に重苦しい悲しみを抱えたまま、仕事に行く準備をした。一晩じゅう泣いていたせいで目が腫れている。外に停めてある車まで歩いていると、ほかの車がアイドリングしている音が聞こえてきた。朝早い時間で日もまだ昇っておらず、真夜中のように真っ暗だった。この辺りでこの時間に起きている人は見たことがない。いぶかしげに思いながら車に向かって歩いていくと、ダンが自分の車の前に立っているのが見えた。運転手用の帽子をかぶり、「フィオーレ」と書かれたボードを掲げている。まるでゴールドマンの運転手のようだ。

「ここで何してるの？」車のヘッドライトで彼の顔が浮かびあがった。昼間のように目をシャキッと開いている。信じられない。昨日、遅くまで何時間も話を聞いてもらっていたのに。

「今日はきみのために何か素敵なことをしたいんだ。ほら、乗って。フェリー乗り場まで送っていくよ」彼はいつもの優しい笑顔を見せた。やわらかく口角の上がった唇、エクボが浮かんだ頰。私は車に乗りこみ、彼にキスをした。

「ねえ、ちょっと待って」彼が車を出すときに、私の車が停まっているのが見えた。「帰りはどうすればいいわけ？」

「大丈夫、帰りも送るよ。疲れてるだろうから、ちょっと寝てるといい」ダンが言った。

彼が運転に集中しているあいだ、私は彼の横顔を見ていた。感謝の気持ちで胸がいっぱいだった。本当のことを言うと、今日一日をうまく乗り切れる気がしていなかった。つねに〝オン〟の状態でいなくてはならないのだから。運転に注意して仕事に行き、緊張感をもって顧客との取引にあたり、職場の人間関係にも配慮しなくてはならない。ミスは許されないし、休む時間もない。でも、ダンの隣で〝オフ〟の状態でいると、安心することができた。

祖母は初めて会ったときから、ダンのことをよくわかっていたようだった。ある晩、両親が彼を夕食に招いたことがあった。私が彼を迎えいれるために玄関に行くと、母と祖母もついてきた。ドアを開けると、ダンが三つの花束を持って立っていた。私たちにひとつずつ持ってきてくれたのだ。私が思わず顔を赤らめる横で、母はほうっと吐息をもらし、祖母は入れ歯をきらりと光らせてにっこりと笑った。母がダンの手を引いてファミリールームに連れていくと、祖母は片手を私の背中に添えながら手を握って言った。「彼が気に入ったよ。優しそうな人だし、笑顔もいい」

祖母は、いつも自分の幸せを考えなさいと言ってくれた。ダンと一緒にいることが、祖母の言うとおり、自分の幸せなのだとわかっていた。

第6章　灰色の世界（2001年9月）

「いまの何？」爆発音が聞こえて、トレーディング・フロア全体が揺れたように感じた。電気がチカチカと点滅し、顧客と話していた電話が切れた。自席から、ガラスの壁で仕切られた会議室のほうを見た。床から天井まである窓は北の方角に面していて、私たちがいる48階からは、さえぎるものもなくワールド・トレード・センターが見える。タワーのひとつが燃えていた。雲ひとつなかった9月の青空が、いまや煙で灰色にけぶっている。

社員たちは会議室に駆けこんで窓にはりつき、呆然とその火事を見つめた。窓がまるで映画のスクリーンのようだった。現実とは思えない。会議室のテレビから大きな音が聞こえてきて、アナウンサーのトム・ブロコーが、民間航空機がタワーに衝突したと告げていた。誰かのすすり泣く声が聞こえてきたので振り向いた。

新しいトレーディング・アシスタントのリアが、会議室の外の床に座りこみ、膝を抱えて泣いていた。カールした赤毛が紫色のブラウスにバサッとかかっている。私は膝をついて彼女の肩に手をかけた。

「リア、大丈夫？」彼女からふわっとバニラの香りがした。

「父がノース・タワーで働いてるんです。99階で」彼女の言葉を聞いて息が詰まった。

「ああ、リア。なんてこと……」ぎゅっと抱きしめると、彼女の震えが伝わってきた。「ご家族には連絡したの？」

ゆがんだ唇が震えている。「怖くてできません」

私は立ち上がって手を差しだした。「さあ、行こう。お母さんに電話してみよう」

彼女は私のあとについてきた。トレーディング・フロアのいちばん端にあるリアの席まで行くと、彼女はヘッドセットをつけ、私は隣に座った。ここからは西の方角が見える。自由の女神が太陽に照らされていた。とても現実とは思えなかった。ここからの眺めを見ていたら、悪いことが起こっているなんてとても思えない。

でも、そのときそれが見えた。頭を振って、これは私の想像にすぎないと思おうとした。きっとただの悪い夢で、そのうち目が覚めるだろうと。でも、見えた。窓のすぐ外に、飛行機が。こんなに低い高度を飛んでいるなんておかしい。通り過ぎざまにユナイテッド航空のエンブレムが見えた。その光景は、私の頭の中の論理や秩序を吹きとばした。飛行機は北の方角にあるワールド・トレード・センターに向かっている。会議室に駆けこむと悲鳴が聞こえた。飛行機はタワーに向かって飛んでいき、サウス・タワーに突っこんだ。

私はショックで言葉を失った。一言も発することができなかった。もはや現実とは思えない。そよ風に舞う羽根のように体がふわふわした。これは事故ではない。操縦ミスなどではなく、計画されたものだ。

リアのほうに目をやると、フロアを走って出ていくのが見えた。オフィスで爆弾が爆発したかのように、その場は混沌として恐怖であふれかえった。いつもはしっかりしている同僚たちが、まるで野生動物のように泣き叫びながらフロアを走りまわっている。私は自分の席に行って母とダンに電話をかけた。ふたりとも、お願いだから早く家に帰ってきて、と言った。

壁についている緊急用のスピーカーから割れた声が聞こえてきた。「こちらはセキュリティ部門です。このビルは安全です。いまいる場所で待機していてください」トレーディング・デスクは大混乱に陥っていた。席についている人はほとんどおらず、誰も座っていない椅子が部屋の中央に散乱している。すでに会社を出た人もいるし、何人かで身を寄せあっている人たちもいた。ゴミ箱が倒れ、朝食のゴミが床に散乱している。あちこちで携帯電話が振動したり鳴ったりしている。上司のマイクが、オフィスの入口からみんなに呼びかけた。彼の声はいつもの火曜日の朝と変わらず冷静で落ち着いていたが、足元を見ると靴を履いておらず、真っ赤な靴下が見えた。まるでウィングチップの革靴を磨いてもらっている最中のように。「みんな、落ち着け。チームミーティングをするぞ」

私は席についてひとつ深呼吸をし、唇を嚙んだ。このままここにいたくない。でも、退社するには許可をもらわなくてはいけない気がした。私はとんだ臆病者だ。この期におよんで自分のために行動することができないなんて。自分の身の安全が気がかりなくせに、それと同じくらいゴールドマンから叱責されることを怖れていた。

そのとき、モリーから電話が来た。「よく聞いて。荷物をまとめて、いますぐ家に帰りなさい。マイクには何も言わなくていいから。早く行って」彼女は私が聞きたかった言葉を言ってくれた。

それでも決心がつかなかった。

「でも、あとで問題になったら困る」そう言いながら涙があふれてきた。本当はいますぐにここを出たい。でも、外にあるものを目にするのが怖いという気持ちもあった。ただただ、この悪夢から目覚めたかった。

「ジェイミー、私を信じて。あなたがいまここを出ることで何か問題が起こったら、私がその責任をとるから」

私は受話器を置いた。周りのみんなが不安そうにしているなか、自分のとるべき行動がわかったことに安堵した。自分の荷物をつかみ、誰にも気づかれませんようにと願いながらエレベーターに向かった。階段を使うことも考えた。でも、階段だと50階分降りなければならないが、エレベーターならあっという間だ。それで決心がついた。エレベーターが来たら、それに乗ろう。高層階から抜けだして、このビルを出て、地面に足を下ろそう。エレベーターに乗りこむとき、心臓の音が聞こえそうなくらい動悸がしていた。エレベーターに乗っていたのは、私ともうひとりだけだった。おそらく受付の女性だと思う。彼女は下に着くまでずっと頭を手で抱えて泣いていたから、本当に彼女かどうかは確かめられなかった。

外は異世界のようだった。あんなに晴れていた空が、いまや灰色にけぶり、細かな灰が宙を舞っている。紙類が空から降ってきた。原形をとどめているものもあれば、ビリビリに破れているものもある。署名済みの紙もあった。パレードの紙吹雪に異常が起きたかのようだった。化学消防車のにおいや、ゴムや金属が燃えるにおいがする。ダンと母に電話をかけようとしたが、携帯はつながらない。街角にある公衆電話には、一ブロック向こうまで長い列ができていた。人々が叫び声やうめき声をあげながら通りを走っていく。まるで連続殺人鬼や野獣に追われている、ホラー映画のエキストラのようだった。

これまではダウンタウンにある摩天楼を見ると、守られていると感じたし、力が湧いてきたものだが、いまは動物園の動物のように檻に閉じこめられている気がする。息が詰まりそうだ。川に向かった。できるだけ空が広く見えるところに行かなくては。また飛行機が来ないかどうか、見ていないといけない。

フェリーのターミナルに向かって走った。汗がしたたり落ちる。ターミナルの近くまで行くと通路が人で混みあってきたので、走るのをやめて歩きながら腕時計を確認した。ニュージャージー行きのフェリーがもうすぐ着くはずだ。なんとかそれに乗りたい。乗り場まで来て足を止めた。こんなに混んでいるのは見たことがない。マンハッタンにいる人全員が、ひとつのボートに乗りたがっているかのようだった。

ほかの選択肢を急いで考えた。フェリーに乗れなかったら、どうやって家に帰ればいいだろう。ニュージャージーまで泳げるだろうか？　結局、ジャージー・シティ行きのフェリーに乗るための長い列に並ぶことにした。あまりにも混みあっていて、人の上に人が乗っているような状態だった。隣の列ではホーボーケン行きのフェリーの乗船が始まり、もう満員だと告げられた男性が甲板員ともめていた。見ていると、その男性は甲板員を突き飛ばし、甲板員は金属の階段に倒れこんだ。男性は甲板員をまるで切り取られたチケットのように踏みつけて、フェリーに乗りこんでいった。

呼吸が浅く速くなってきた。携帯をつかんでダンに電話しようとしたが、まだつながらない。前に並んでいる人の数を数え、これから来るフェリーの定員数はどれくらいだろうと考え、どうか乗れますようにと願った。

フェリーへの乗船が始まり、乗りこみ口にいた甲板員が乗客を数えるカウンターをカチカチと押している。私は前に進みながら、もう少しでニュージャージーに帰れると思い、一歩ごとにリラックスしていった。ところが、私がフェリーに足をかけたとたん、甲板員が手を広げた。「すみません、定員に達しました」がっくりとうなだれ、最後まで残っていた力がするすると抜けていった。ニューヨークから抜けだしたい。安全な場所に行きたい。家に帰りたい。

「冗談じゃない」私の後ろに並んでいた男性が言った。男性の温かい息が私の耳にかかる。「まだスペースはあるじゃないか。もっと乗せろよ」私は体を縮こまらせた。喧嘩に巻きこまれたくはない。振り返ったとたん、ハッとした。その男性は、灰の中を引きずり回されたかのような姿だった。どんよりした青い瞳以外、全身灰だらけだ。『メリー・ポピンズ』に出てくる煙突掃除人のバートを思い出した。ここにたどり着くまでに、どれだけ大変な思いをしたのだろう。

「ついてきな」男性はそう言うと私の手をつかみ、甲板員の横を通り過ぎてフェリーに乗りこんだ。そのとたん、フェリーが栈橋《さんばし》を離れた。甲板員は私たちをねめつけたあと、降参とばかりに両手を上にあげてうめき声をもらした。男性は私の手を引いて階段を上り、オープンデッキに出た。私はただ男性の手を握っていた。誰とも知らない、灰だらけの男性の手を。その手を離したくなかった。

ニュージャージーに着くまでのあいだ、私たちは横に並んで黙ったまま、手すりに寄りかかっていた。立ち並ぶビル群から目が離せなかった。マンハッタンの先端を回りこむとき、あのタワーが真正面に見えた。上から何かが落ちていくのが見えた。初めはそれが何かわからなかった。だが、荒れ狂う波に襲われたかのような衝撃とともに気づいた。それは人だった。あのビルにいる人たちはどれほど怖い思いをしていることだろう。炎と煙に包まれて、息もできず、視界もさえぎられ、きっと何も考えられない状態だろう。彼らはたまたまあそこにいたことで、悲惨な状況に巻きこまれてしまったのだ。もし私が〈ウィンドウズ・オン・ザ・ワールド〉で顧客と朝食をとっていたら、もしあのタワーに入っているブローカーと仕事をしていたら、私も巻きこまれていたはずだ。胃がムカムカしてきたので口を押さえたが、気づいたら前かがみになって嘔吐していた。吐瀉物が辺り一面に飛び散る。私のスニーカー、男性のローファー、そして白い甲板にも。私が朝食の中身を吐いているあいだ、隣にいた男性は私の背中をさすってくれた。腐ったミルクと、煙のにおいがした。

ニュージャージーで下船したあと、フェリーが遠ざかるのを見ていた。埠頭《ふとう》でさっきの男性を探したが、男性も、そのほかの乗客もすでにいなくなっていた。埠頭のへりに座り、足を川のほうへ下ろした。安心感と恐怖と悲しみで胸がいっぱいだった。とそのとき、大きな悲鳴のようなものが聞こえた。生き残ろうと必死に闘っている傷だらけの野生動物のような叫び。その声が耳を貫き、脳を揺さぶった。次の瞬間、その声が自分から出ていることに気づいた。

私は何かに追われるように自分の車に向かって走った。どうやって運転して家までたどり着いたのかは思い出せない。覚えているのは、ファミリールームのカウチに座って体を丸め、クリーム色の壁を見つめていたことだけだ。テレビが「9月11日の事件」を伝え、電話が鳴り、母がお願いだから何か食べて、と言うのが聞こえた。だが、私はただ壁を見つめ、窓枠から天井まで続いている割れ目を見ていた。あんな割れ目があったことに初めて気づいた。昼も夜もそれだけを見ていたので、その割れ目のエキスパートになった。割れ目がどこで広くなり、どこで狭まっているか知ったし、壁板がむき出しになっている箇所も、天井までいったところで割れ目が終わっていることも知った。それからの数日間、上からも下からもその割れ目に目を走らせ、自分のことよりも割れ目のことのほうをよく知っているのではないかと思えるほど、見つめつづけた。

＊　＊　＊

その週は株式市場が休場となった。これほど長期間、取引が行われないのは歴史上初めてのことだ。仕事に行かなくてもよくなり、ファミリールームのカウチが私の避難所になった。毎日、体を揺らしながら壁を見つめた。

母は私の様子を見にきては食べ物や飲み物を勧め、話をしようとした。でも、何も食べたくないし、話もしたくなかった。何もしたくなかった。ダンは仕事の帰りに立ち寄ってくれ、隣に座って私を抱きしめてくれた。私を救うために投げられた、ライフジャケットのように。

「話なら聞くよ」彼が言ってくれたが、私は身をこわばらせた。私の沈黙は、船底に空いた穴に詰めたガムのようなものだった。それを取り去ってしまったら、水底に沈んで死んでしまうだろう。

「話せない。いまはまだ」

眠るのが怖くなった。夜になると恐怖が押し寄せてくる。ガラスの破片が体じゅうに刺さったままオフィスの窓から飛び出し、血だらけで下まで落ちて死ぬ夢。嫌なにおいのするガスで窒息しそうになり、首をかきむしる夢。炎に包まれて体に火がつき、それを消そうとして港から水面に飛びこむ夢。夜中に飛び起きるとびっしょりと冷や汗をかいていて、夜尿でもしてしまったのかと思うほどだった。

ある朝、母が私の部屋に入ってきた。私はまだベッドの中にいて、起きあがれない状態だった。「誰かに話をしたほうがいい」母が言った。腰に手を当てて私を見下ろしている。玉ねぎのようなにおいがした。それが自分の体から立ちのぼっているにおいだと気づいた。「今日、タフト先生に予約をとっておいたよ」

タフト先生というのは私のかかりつけの女性の内科医で、子どものころから知っている。風邪をひいたときなど体の具合が悪いときにかかっていたが、こんな症状でかかったことはない。母の目の下にはクマができていて、顔色も悪かった。ひどい気分でいるのは私だけではないのだと気づいた。「わかった」私は言った。

予約の時間に病院に行き、先生の向かい側に座った。目がチカチカしそうな花柄の壁紙が一面に張られ、スパイシーなポプリの香りがする。私はすぐに頭が痛くなった。

「気分はどう?」タフト先生が言った。先生はゴーストでも見たかのように、目を大きく見開いた。私の表情には生気がなく、笑顔をつくる力もなかった。「よくありません」

先生は下唇を噛んだ。自分の専門ではない病気に私がかかっているとでもいうように。「何があったのか話してみて」先生にうながされた。

私は自分が目にした光景を、一場面ずつ話した。胸にしまっておこうと思ったのに、言葉があとからあとから出てきた。タフト先生はティッシュの箱を私に渡し、前に身を乗りだしながら、ドキュメンタリー番組『60ミニッツ』のインタビュアーのように私を見ていた。私が話し終えると先生は目をふせ、口を真一文字に結んだ。そして私をハグしてくれた。先生のことはずっと昔から知っているが、こんなことをしてくれたのは初めてだ。

「処方箋を出しておくわね」先生が言った。「きっと楽になるから。とくに仕事に復帰したての時期は飲んでおいたほうがいい」分厚い処方箋の用紙の束に、先生がペンを走らせる音が聞こえた。どんな薬を処方してくれるのだろう。記憶を消してくれる薬などあるのだろうか。

「少しずつ回復していけばいいから。どうやったら不安なく仕事に戻れるか、考えてみるといいと思う」

私はわけのわからないまま先生を見つめた。不安なく仕事に戻れる方法なんてない。「わかりました」私は答えた。

処方してもらった薬を持って帰り、封を開けた。どうかよくなりますように。ボトルにはザナックス【訳注：不安障害とパニック発作の治療に用いられる薬】が入っていた。これまで聞いたことがない薬だ。

１錠を口に入れてそのまま飲みこみ、舌の上で苦味を感じながら時間がたつのを待った。30分後、魔法が起こった。体と心がやわらぎ、気分が落ち着いた。とげとげした体が紙やすりをかけられたようになめらかになり、ガラスの破片が取りのぞかれたような感じがした。

タフト先生のアドバイスを思い出し、どうやったら不安がなくなるかを考えた。ひとつだけ思いついたのは、最悪の場合の備えをしておくことだった。

ダンと私はガスマスクを手に入れるために、2時間かけてニューヨーク州の北部まで行った。地元のミリタリーショップでは売り切れていたからだ。ほかにも消火用ブランケットを一式買った。ビルから飛び降りなければならない事態に備えて一般向けのパラシュートも探したが、見つからなかった。そもそも、そんなものが存在するのだろうか。もしないなら、すぐに誰かがつくるだろうと思った。

仕事に戻る前の晩、モリーに電話をかけた。彼女は9月11日に私が無事に家に着いたことは知っていたが、それ以来連絡を取っていなかった。

「戻れるかな」私は言った。ザナックスのおかげで、動悸がすることもなくなったし、落ち着いてスムーズに話すこともできるようになっていた。でも彼女の声を聞いたら、ニューヨークと職場のことを思い出してしまった。薬を飲み、緊急用の道具をそろえても、復帰できるかどうか不安だった。

「物事には反応するんじゃなくて、対応していくことが大事だよ」彼女が言った。「反応っていうのは、闘争・逃走反応みたいに条件反射的なもの。対応っていうのは、よく考えて、これから先の行動を決めることだよ」私は彼女に仕事を辞めろと言ってほしかった。仕事に戻りたくないと思っていたから。

「仕事に戻ったほうがいいとか、辞めたほうがいいとか、そういうことを言ってるんじゃない」彼女が続けた。「戻れるかどうか試してみればいいって言ってるの。辞めてしまったら、もう終わりだから。ゴールドマンを辞められるのは一度きり」

電話を切ったあと、ベッドに腰かけていた私の頭の中には彼女の言葉がこだましていた。ゴールドマンを辞められるのは一度きり。キャリアを続けていく中で、この言葉はその後、何度も頭によみがえることになる。

将来、自分の人生を振り返り、仕事を辞めたのは怖かったからだと認めるところなど想像もできない。うちの家族の方針に反する。私はつねに、恐怖や不安に負けるな、そんなものに振り回されるなと教わってきた。子どものころに体の問題を抱えているときも、大学入試のことで不安になっているときも、飛行機に乗るのが怖いときでも、しっかりと困難に立ち向かえと言われてきた。怖くても後ろに引き下がらなかったし、勇敢で強くあろうとしたし、そうありたいと強く願った。今回の出来事で自分の人生を狂わされたくはない。簡単に辞めてしまいたくはない。

次の朝、私は仕事に行くために着替え、ベッドルームの鏡を見た。映っているのは私。でも、以前の私とは違った。輝きもなく、穴が開いてクシャクシャになった使い古しのアルミホイルのようだった。ガスマスクと消火用のブランケットを仕事用の鞄に詰め、口を合わせてジッパーをしめた。コーヒーでザナックスを流しこみ、ロウアー・マンハッタンに向かった。ロザリオを手に握りしめながら。ゴールドマンを辞められるのは一度きり。そう自分に言い聞かせた。その日は今日じゃない。

ニュージャージーの埠頭でフェリーを待っていると、かつてタワーがあったところにぽっかりと空間が広がり、煙がくすぶっているのが見えた。空のかたちがすっかり変わってしまい、まるで前歯の抜けた子どものようだった。ニューヨークに着くと空気はむっとしていて、灰の中で呼吸をしているような感じだった。嫌なにおいがするので、軍で使うようなガスマスクに手をのばした。でも、誰もマスクをしていないので、なんだか自分が馬鹿みたいに思える。どのみち、このマスクは化学兵器用のものだから、フィルターを無駄にするのはやめておこう。代わりに、買っておいた普通のマスクを取り出した。病院で医者がつけているようなものだ。でも、まったく役にたたず、数分もすると頭痛がしてきた。

街角という街角に大きな装甲車両が停まっていて、横には武装した兵士が立っていた。ニュースで見た戦時下の中東を思い出した。兵士たちはバッキンガム宮殿を警護する衛兵のように身じろぎもせず、私などいないかのように私の背後を見つめている。どの兵士もマシンガンを持ち、弾帯を身につけていた。

仕事に戻れば日常が戻ってくるものと期待していた。現実は想像していたほど悪くないことを願っていた。だが、目にしたダウンタウンの状況は、私の悪夢が非論理的でも大げさでもなかったことを物語っていた。様々な物を準備したが、少しも役立ちそうにない。

オフィスにいる人たちは変わらないようでいて、やはり以前とは違っていた。からかいあったり笑いあったりする声も聞こえず、活気がなかった。みんな、できるだけ早く仕事を終わらせ、そそくさと帰る。ロウアー・マンハッタンにいると悪いことが起こりそう、とでもいうように。9月11日には3千人近い人が亡くなったが、そんな悲劇の中でもいくつか奇跡があった。リアの父親は、その朝、薬局に寄って薬を取ってきてほしいと母親から頼まれていたためにタワーに着くのが遅れ、死を免《まぬが》れたそうだ。それでも、その日以降、リアが仕事に戻ってくることはなかった。ほかにも、そういう人が大勢いた。

最初の数日は神経が過敏になっていた。上の階で誰かがオフィス家具を動かしただけの音が、爆発音に聞こえた。誰かのランチから嗅ぎなれないにおいが漂ってくると、化学兵器ではないかと思った。ビルから吐きだされる排煙を見れば、大量破壊兵器ではないかと疑った。フェリーの乗客が大きな鞄を持っていれば、中には爆弾が入っていて、私を粉々にしようとしているのかもしれないと思った。まるでふたつの仕事をフルタイムでしているようなものだった。ひとつはいつもの仕事、もうひとつはテロ攻撃の犠牲者になることを心配する仕事だ。

それからの数か月は、ザナックスを血中に流しこみ、重苦しい気持ちを背負ったまま、なんとか過ごした。ダンが私にとって唯一の光で、金曜の夜に会えるのが楽しみだった。疲れきって彼の家に行くと、中華料理のテイクアウトとコメディー映画で、私を元気にしてくれた。

ある晩、ダンの家の台所でお皿を洗いながら窓の外を見ていた。真っ暗な冬空に、雪が降りしきっていた。最後のお皿を洗いおわり、布巾を置こうと振り向くと、ダンが目の前で片膝をついていた。

「あの日、きみを失うところだった」彼が言った。「それでわかったんだ。ぼくはきみなしでは生きていけない」彼のブルーの瞳が輝いていた。９月11日の事件がどれほど彼に影響を与えていたか、この瞬間まで気づかなかった。彼が黒いベルベットの箱を開けると、中には一粒ダイヤの指輪が入っていた。

「結婚してください」彼が言った。

9月11日のことがあるまでは、こんな場面を100万回も想像していた。だが、あの日以降、想像したことはなかった。楽しいことを考えることができなくなっていた。でも、チャーミングなエクボを浮かべ、眉毛をくいと上げているダンの顔を見たら、それがすべて変わった。「はい」大きな声で返事をした。「もちろんよ！」

第7章　カウントダウン（2006年）

「3分、待つんだって」ダンが言った。彼は説明書を手にしたまま、スティック状の検査薬の前でウロウロしている私を見た。「タイマーかけてくれる？」彼に向かって言った。私たちは手をつないで、バスルームの洗面台の前に立った。クリーム色をしたタイルの床の冷たい感触が素足に伝わってくる。この取るに足らない白いプラスチックの棒に、貴重な答えが隠れているのだ。ダンが腕時計でセットしたタイマーが鳴った。「あなたが見て。私はとても見られない」ダンは手をのばしてスティックをつかむと、それを手の平でひっくり返してから、こちらを見た。私は息を詰めて、彼のブルーの瞳の表情を読もうとした。彼の顔に大きな笑みが広がった。

自分の家族ができるのだ。でも、気持ちはまるで次々と味が変化していくキャンディのようだった。何層にも重なった嬉しいという気持ちの上に、怖いという思いが幾重《いくえ》にも重なっている。ダンとのあいだに子どもをもつことを考えると、陽だまりにいるような気持ちになったが、自分の体のことが心配だった。子どものころに何度も撮った脊椎のレントゲンが、卵子に悪影響を及ぼしていないだろうか。背中に挿入したロッド（金属の棒）が、お腹の中にいる子どもの成長を阻害しないだろうか。胸椎を矯正している体は、ひとりの人間を安全に産みだせるほど強いだろうか。仕事のことも心配だった。自由に使える時間はほとんどない。ゴールドマンで働きながら母親になることが可能なのかどうか、わからなかった。私の部署で子どもをもっている女性はほとんどいない。それには何か理由があるのだろうか。

数週間後、私たちは超音波検査を受けにいった。赤ちゃんの姿が画面に映るのが待ちきれなかった。検査で撮ってもらう写真は、買ったばかりの妊娠日記に貼るつもりだ。検査室に入ると、私は診察用のガウンを身につけ、心をはずませながら紙が敷いてある内診台に上がった。

「いよいよね」腕に鳥肌がたった。検査室は涼しくて、消毒用アルコールのにおいがする。

「夢みたいだ」ダンがそう言って微笑んだ。まもなくギャビーという名の超音波検査士が入ってきた。満面に笑みを浮かべた彼女の両頰には、指も埋まりそうなくらい大きなエクボが浮かんでいる。

「赤ちゃんの様子を見てみましょう」ギャビーが言った。私は体をずらして左右にある台に脚をかけた。

「最初、ちょっと圧迫感がありますからね」ギャビーはそう言うと、膣内に入れる超音波機器を手に取った。私はうなずいてダンの手を握った。超音波機器の感触に思わず歯を食いしばったが、目は大きく見開いて画面を見つめた。画像は粗くて、ケーブルテレビができる前の深夜テレビのようだったが、音はまるで音楽のようだった。ドクドクドクという音を聞いていたら、涙があふれてきた。「赤ちゃんの心音です」ギャビーが言った。ダンが私の手をぎゅっと握りしめる。自分の体が命を育めているとわかり、安心感が押し寄せた。

検査室を出ようとすると、ギャビーが私たちを呼びとめた。「お帰りになる前に、コーエン先生からお話があるそうです」コーエン先生というのは画像診断医の責任者だ。画像診断医と会わなくてはいけないとは知らなかった。コーエン先生のオフィスはジメジメしてカビくさく、古い木製のパネルがあって薄暗かった。1975年にタイムスリップしたかのようだ。先生は机の前に座っていて、私たちは向かい側に腰を下ろした。私は超音波写真を握ったままだ。

「あなたの超音波検査の結果ですが」先生はそう言って、壁にかかっている画面を示した。私たちの小さな赤ちゃんの姿が見える。「画像を見るかぎり、今回はあきらめたほうがいいかもしれません」画像から目をそらすことができなかった。先生の顔を見るのが怖い。

気づくと、12歳のころに戻っていた。デラウェアの病院で超音波検査の写真ではなくレントゲン写真を見ていた。「これ以上、私たちにできることはありません」整形外科医のシェファー先生が言った。「すぐに手術をしないと、脊椎が心臓を突き破ってジェイミーは命を落とすでしょう」母の泣き叫ぶ声が聞こえた。口をぎゅっと引き結ぶと、歯列矯正装置が口の内側の肉に食いこんだ。その手術が成功してからずいぶんたつのに、いまだに自分には欠陥があるという思いを拭えないでいる。

「どういう意味でしょうか」ダンの声で我に返った。「心音もちゃんと聞こえました」彼の声はかすれていた。

「ええ。心音は聞こえました。ですが、胎児はほとんど発育していません。奇跡でも起こらないかぎり、妊娠の継続は難しいでしょう」

私たちは車に乗りこんだ。泣きじゃくる私をダンが抱きしめてくれる。コーエン先生から体の内側に時限爆弾を仕込まれたみたいだった。私たちの赤ちゃんが亡くなるまでのカウントダウン。痛みや不快感を覚えるたびに、これは終わりの始まりではないかと恐れながら時を過ごした。そして、なんとか生き延びてくれますようにと祈った。コーエン先生の悲観的な言葉が頭から離れなかったけれど。

数週間後、朝起きてトイレに行くと、下着に血がついていた。もう一度、超音波検査をすることになり、ダンと私はすぐに検査室へ通された。

部屋には消毒薬のにおいと希望のにおいが混在していた。頭上にあるスピーカーからは水流音が聞こえてくる。超音波検査士が入ってきて検査が始まった。検査士は画面に集中しているが、その画面は私たちには見えないように向こう側に向けてある。ダンと私は押し黙っていた。検査士が超音波機器を引き抜いた。

「赤ちゃんは大丈夫でしょうか？」私が訊くと、ダンが私の手を握りしめた。口をぐっと引き結び、首元にすじが浮き出ている。検査台の足元にいる検査士が持っている機器には血がついていた。

「残念ですが、心音は確認できません」彼女が言った。

その後のことは、あまり覚えていない。私は従業員用のエレベーターに乗せられて病院を出た。あまりに激しく泣いていたので、待合室にいる何の問題もない妊婦たちを動揺させてはいけないと思われたのだ。

その日は木曜日で、次の日に搔爬《そうは》法による手術（子宮内容物を除去する外来手術）をすることになった。土日に休める時間がとれるのは幸いだった。ブライアンにメールを送り、医学的な理由で数日休むことになるとマイクに伝えてもらうようお願いした。詳しいことは書かなかった。でも、噂は広まるだろう。結婚したばかりの若い女性が病欠するとなれば、当然〝生殖に関する問題〟だと思われる。

家に帰ると、這うようにカウチまで行った。テレビに目を向けたが、まったく上の空だった。これは、私が母親の器ではないというメッセージなのかもしれない。それとも、仕事に集中するべきだというメッセージだろうか。仕事なら得意だから。ザナックスを飲もうと家じゅう探すと、化粧台のいちばん下の引き出しにあった。最後にこれを飲んだのがいつだったかは思い出せない。昔の友だちに会ったような気分。1錠を口に放りこんで、眠りについた。

月曜日に職場に戻ると、マイクから話があるというメールが来ていた。病欠の件ではないことを祈る。マイクは会議用テーブルの前に座っていたので、私もノートとペンを持って席についた。

「いいニュースだ」彼が満面の笑みで言った。まるで今日が私の誕生日で、特大のプレゼントを進呈するかのような笑顔だった。「機関投資家チームのマネージャーに、君を推そうと思ってる」私は口をあんぐりと開け、目を見開いた。あまりの驚きに言葉も出てこない。

「ヒグス、きみにも運が向いてきたようだな」マイクが言った。ヒグスというのは、私が結婚したあとにマイクがつけてくれたニックネームだ。「これが昇進の第一歩だ」マイクは厳しいことで有名で、めったに人を褒めることはない。私は思わず笑顔になり、お腹の中が興奮でいっぱいになった。お腹の中にいるのが赤ちゃんだったらよかったのに、とも思ったが、それでも昇進させてもらえるなんてすごいことだ。

「エリックに下についてもらうつもりだ。まだ本人には伝えてないがね」マイクが言った。私は困惑して眉根を寄せた。エリックはもう何年もそのチームでマネージャーをしていて、主《ぬし》のような存在だ。彼はもっと上のポジションに昇格したとばかり思っていた。

「エリックのことを心配しているようだが」マイクが言った。「彼は出世にはそれほど興味がないようだ、と言っておこう」マイクはかすかに口角を上げた。微笑んだというほどではなく、絵本に出てくるグリンチのように意地悪そうに口元をゆがめただけだ。「子どものTボール・チームを指導するために早く退社するようになったときから、彼はマネージャーの器ではないと思っていた」

なるほど。どうりで、ここには働きながら子育てをしている女性が少ないわけだ。ほんの一瞬、妊娠していなくてよかったという思いが頭をかすめたが、そのゆがんだ思いに思わず目頭が熱くなり、吐き気がこみあげてきた。

「エリックを放り出すわけにはいかないがね」マイクが続けた。「あいつのゴルフ人脈は失うわけにはいかないからな」マイクは頭の後ろで腕を組みながら椅子の上で背をそらし、豊かな茶色の髪を指ですいた。彼の肩ごしに、ゴルフ場の写真が飾ってあるのが見えた。エリックには、ハーバードでGPA４・０を取っていた人にも勝る点がある。ゴルフの腕前は確かで、コネティカットのアマチュア大会で優勝したこともあるのだ。世界じゅうのプロゴルファーにコネがあり、マイクが頼めばいつでもゴルフをセッティングしてくれる。マイクが笑うと、大きなお腹がぶるぶると揺れた。

「エリックのことはうまく扱えるよな？」マイクが言った。「あまり協力的じゃないかもしれないが」まるでエリックが調教する必要のある野生馬のような口ぶりだ。

「はい。大丈夫です」私は答えた。

「きみには目いっぱい働いてもらわないと困る」彼が言った。「個人的なことに気をとられないように。いいね？」彼の大きな茶色の瞳が私のお腹のあたりを見つめていた。私の子宮にメッセージを送ろうとしているかのようだった。私はお腹を手で覆いたい衝動にかられた。子宮などここにありませんとでもいうように。マイクの視線から守ろうとするかのように。そして、失ったものの痛みを和らげるように。

「ええ。わかっています」私は答えた。

「今晩、顧客のイベントに参加してほしいんだ。色々な人に会えるからね。エリックも行くことになってるが、自分が降格されることをまだ知らない。そこのところは、よろしく頼むよ」

その晩、私は大きなホテルで行われた業界全体のイベントに出席した。何百という顧客が来ていた。私は今後ゴールドマンの同じチームで働くことになる人たちと一緒に出席していたのだが、まだ誰もそのことを知らない。バーテンダーがラストオーダーだと告げると、エリックはみんなのためにビールを何十杯も注文した。私はワインを数杯だけにしておいた。これくらいなら酔うこともなく、社交に勤《いそ》しむことができる。マイクを含め、ほとんどの人は帰ってしまった。残っているのはダイニングルームのテーブルにいる、ゴールドマンの人ばかりだった。

私の隣に座っていたエリックが、次々とビールをショットガンで飲みはじめた。大学のパーティ以来、こんな光景は初めて見た。缶の底に穴をあけ、そこに直接口をつけて一気に流しこむ。喉ぼとけさえ動かない。

照明が明るくなった。そろそろ帰ってくれというスタッフからの合図だ。部屋のあちこちにあるスピーカーからバックグラウンドミュージックが流れてくる。エリックは最後の缶を飲み終えると、唇をなめながら血走った目で私を見た。彼は私の膝をなでながら、キスをしようと身をかがめてきた。

「もう帰りましょう」私はぎこちない声で歌うように言いながら、彼を優しく押し返した。テーブルを見まわしたが、ありがたいことに、みんな酔っていてこちらのことには気づいていない。

「いいじゃないか、ジェイミー」エリックが呂律の回らない口で言った。「ずっときみのことが気になってたんだ。今夜はここに部屋をとろう」彼が笑うと、不揃いで黄ばんだ歯が見えた。嫌な顔を見せないようにしなくては。

「ごめんなさい、エリック。それは無理です。私はそろそろ帰ります」エリックがまた私の膝をきつくつかみ、彼の爪が肉に食いこんだ。私はハッと息を呑んだ。

「もう一度よーく考えたほうがいいぞ」彼が言った。

私はさっと立ち上がって彼の手を振り払い、歩いてその場を後にした。顔をぴしゃりと叩いてやりたかったが、騒ぎを起こしたくはない。昇進する前なのだし。誰にも挨拶をしなかった。私たちのやりとりが誰にも見られていないことを願いながら、外で待っていたタウンカーに乗りこみ、急いでその場を去った。家に着くまでのあいだ、先ほどの出来事を思い返した。信じられない。これからエリックに私の下で働いてもらうなんて、さらに気まずい。彼が酔っていて何も覚えていないことを祈るばかりだ。私は誰にも何も言うつもりはない。エリックのことはうまく扱うとマイクに言ったし、そうするつもりだ。これは彼の愚かな過ち。私が自分の上司だと知ったら、きっと彼もそう思うことだろう。

次の日の朝、マイクがエリックを自分のオフィスに呼んだ。ガラスの壁の向こうに、エリックの顔が見える。マイクから降格のことが告げられた瞬間もわかった。エリックの生白い顔が真っ赤になるのが見えたから。

その後、私が昇進したというニュースは瞬く間に広がった。おめでとうと言ってくれる人や、祝福の握手をしてくれる人はなく、ねめつけるような視線だけを感じた。みんなの目に映る私の姿は、いままでとは別人のようだった。もう裏でコツコツと努力をしているシスター・ジェイミーではない。いまや最前列の真ん中にいる存在。マネージャーであり、周りが脅威を覚える存在だ。

その日の遅く、コーヒーをつぎに給湯室に行った。すると、ヴィトとジェリーが隅のほうで、紙コップを手にヒソヒソと話をしていた。私が入っていくと、ふたりが顔をあげた。

「おめでとう」私の足元を見つめたまま、ジェリーがもごもごと言った。まるで母親に怒られた息子のような口ぶりだ。

「ありがとう」私は答えたが、彼はそそくさと給湯室を出ていってしまったので、こちらの声が聞こえていたかどうかはわからない。

ヴィトはそのままそこに残っていた。コーヒーをついでいると、彼からのにらみつけるような視線を痛いほど感じた。「マネージャーにふさわしいのはジェリーだ。お前じゃない」彼が言った。コーヒーの入ったカップから指先に熱が伝わってくる。ニヤリとしたヴィトの顔にこのコーヒーをぶちまけてやれたら、どんなにいいだろうか。「お前がマネージャーになれたのは、女だからだ」

彼が言った。

こちらが反応する前に、彼は歩いて出ていってしまった。でも、いったい何を言い返せばよかったのだろう。コーヒーを一口飲むと、熱い液体が喉を焼くようにすべり落ちていった。ヴィトの言うとおりなのだろうか。私がマネージャーになれたのは、クォータ制【訳注：人種や性別などを基準に一定の比率で人数を割り当てる制度】のおかげなのだろうか。でも、そんな疑問に惑わされるのはやめた。ヴィトやジェリーをはじめとする男性陣は、ずっと私を蹴落とそうとしてきた。私がマネージャーになって自分よりも格上になったものだから、嫉妬しているのだろう。昇進した理由が何であれ、私がこの役職にふさわしいことを見せてやる。

次の日、私はチームメンバーのひとりひとりと面談をすることにした。エリックから始めることにした。さっさと済ませてしまいたい。彼は頭にきているはずだ。チームを統括する立場だったのが、自分の半分ほどの年齢の女の下で働かなくてはいけなくなったのだから。しかも、相手は口説くのに失敗したばかりの女性。私たちは会議室の大きな木製のテーブルをはさんで座った。

「時間を割いてくれてありがとう、エリック」笑顔で言ったものの、胃がムカムカしていた。お願いだから、バーでの出来事を持ちださないでほしい。

「言いにくいだろうから、こっちから言ってやる」彼が言った。「仕事を辞めるわけにはいかない。だから仕事はちゃんとやるし、ルールにも従う」私はうなずいて、少し気が楽になった。エリックも私を困らせたいわけではないのだろう。彼の顔は青白く、目が落ちくぼんでいた。マイクは私に運が向いてきたと言っていた。いっぽうエリックの運は、あきらかに下がっていた。同情で心が痛んだ。「言っとくが、みんな俺の味方だから。俺たちはお前を助けるつもりはない」

エリックはドアを叩きつけるように閉めて会議室を出ていった。振動で壁が揺れた。ガラスの壁の向こうを見ると、誰も近くにいないようで安心した。私はテーブルに突っ伏した。ほてった顔に木の冷たい感触が心地いい。みんな彼の味方か。チームのメンバーは、ほとんどが私より年上の男性だ。エリックはもう上司ではないものの、彼らはエリックへの忠誠心を忘れないだろう。周りから敵視されるなかで、どうやって仕事をしていけばいいのだろう。私の下で働きたくない人たちを、どうやって統括したらいいのだろう。こんな状況で、成功をおさめるなんてできるだろうか。私がクォーターバックならば、エリックはレシーバーだ。ただし、エリックはユニフォームを着てフィールドにはいても、何もしてくれないだろう。私が投げたボールをキャッチして、走って、タッチダウンを決めてくれることはない。

マイクは私のチームの業績と収益性で、私を評価することになる。マネージャーとしての仕事はこれが初めてだ。しっかりと職務を遂行して、私ならうまくやれるとマイクに思ってもらえなければ、これから先、好機や昇進に恵まれることはない。

次の面談までのあいだに、心を落ち着けようとした。たぶん、エリックが言ったことは口先だけの脅しだろう。ほかのメンバーはそのうち味方に引き入れることができるはずだ。チームメンバーのひとり、クリスが会議室に入ってきてテーブルについた。茶色の髪は薄くなっていて、目の周りにはシワが寄っている。そのときに気づいた。私はエリックよりも若いというだけではなく、このチームでいちばんの若手なのだった。

「クリス、あなたと一緒に働けるのが楽しみです」私はとっておきの笑顔を見せた。笑顔でいれば、さっきの面談よりもうまくいくはずだとでもいうように。クリスが私を見た。茶色の目を怒らせ、口を真一文字に結んでいる。「エリックとはもう話したんだな」彼が言った。「それじゃあ、私がどちらの味方かは、もうわかっているだろう」

私は唇を強く噛み、オフィスのカーペットにめりこむくらい足の指にぎゅっと力を入れた。ひどい言葉に負けてなるものか。「ええ、たしかにエリックとはもう話しました」背すじを伸ばしながら言った。「でも、私はあなたの話を聞きたいの。私たちの仕事をもっとよくするために、何かいい考えはありますか？」クリスは無表情のまま、鼻の周りのソバカスだけが赤くなった。

「あんたがうちのマネージャーだとしても、私はエリックのために働くつもりだ」クリスが言った。抑揚のない声で、まるでエリックがプログラミングしたロボットのようだった。会議室には時計のカチカチという音しか聞こえなくなった。この静寂が彼の内側に染みわたり、頑《かたく》なな心を和らげてくれるといいのに。「もういいですかね？」彼が肩をすくめた。

「ええ」やわらかく応じた。

彼が出ていくと、涙がにじんだ。うまくやってみせますとマイクに言ったのに、みんなから敵視されたらもう終わりだ。ショックで呆然としていたが、ノックの音で我に返った。チームの若手、ピートだった。彼は部屋に入ってくると、腰も下ろさないうちから話しはじめた。

「いやあ、あなたの下で働けるなんて嬉しいです」その言葉どおり、明るい笑顔だった。私は思わず隠しカメラを探しそうになった。イタズラをしかけられているに違いない。「ショットガンでいかに上手くビールを飲めるかではなくて、仕事の面で僕を評価してくれそうですから」

私の困惑した表情を見てとったのか、ピートが続けた。「エリックの下で働くのはそんな感じなんで。評価されるポイントはフットボールの知識と酒の強さだけなんですよ」

私は笑いながら椅子の背に寄りかかった。「私はそんなことはないから安心して」

「ほかにもあるんです」ピートが身を乗りだして言った。秘密を打ち明けるかのように。「このチームはエリックのシンパが集まってるロッカールームみたいに思えるでしょう？ でもなかには、プロ意識の高い人と仕事をして変化を生み出せることを嬉しく思ってる人もいるんですよ」私は安堵のあまり大きく息を吐いた。この新しいチームには希望もありそうだ。

「それを聞いて安心した。あなたのことを話してくれる？」

「はい。僕は3年前からここで働いてます。ノートルダム大学を卒業したあとすぐにです」ピートは童顔だが豊かな髪には白いものが交じっているので、もっと歳が上だと思っていた。「まだ小さい息子がひとりいまして、もうひとりの息子がもうすぐ生まれる予定です」思わず眉が吊り上がった。こんなに若いのにもう子どもがいるなんて。ピートは手を持ち上げると、左手の薬指を示した。

「大学時代の恋人と結婚したんです。そのあとすぐに子どもができたもので」

「あら、それは素敵ね」そう答えたが、嫉妬心で胸がちくりとした。

「言っておきますが、僕は仕事ができますよ。めちゃくちゃ働きます。でも、ゴールドマンにずっといるつもりはないんです」

ほらきた、と思った。父親のお金でヘッジファンドを立ち上げようと思ってる、とでも言うのだろう。

「僕はずっとスクールカウンセラーになりたかったんです」彼が言った。「でも、どうしてもここでもらえる給料が必要で。いつかはここを辞めてインディアナに帰って、自分の夢を叶えたいと思ってます」これ以上の驚きがあるだろうか。私と同じように、金融にそれほど興味のない人間がこの会社にいるとは。それだけでなく、新しい上司にそのことを告げる勇気があるとは。

「そうなんだ」私は言った。

「それには、ここでもっと働いてお金を貯めないと。子どもを育てるにはお金がかかりますからね。だから、すぐには辞めません」

それからしばらく話をしたあと、ピートは自分の席に戻り、私は次の面談に備えた。ピートの言葉を聞いて私の心に火がついた。あまりに長いあいだ火が消えていて、ほとんど忘れかけていた。人生で何か意味のあることをするのは、いまからでも遅くはないかもしれない。家族と夕飯を食べていたときのことを思い返した。人生は短距離走ではなくマラソンのようなものだと思っていたときのことを。私はまだ30歳だ。ピートのように、レースの前半はゴールドマンで頑張り、後半に意味のある第2幕を始めればいいのかもしれない。

メンターのモリーは会社を辞めてフロリダに帰ったところだ。彼女が私にゴールドマンでの働き方を教えてくれた。彼女には感謝している。でも、ピートのような人と出会えたのは幸いだった。私とよく似ていて、いつかもっと意味のあることをしたいと考えている。

最初の数か月、マネージャーの役割はとても大変だった。でも、ピートが助けてくれたおかげでうまくいった。エリック、クリス、そのほか多くのメンバーは必要最低限の仕事しかしてくれなかったが、私とピートは仕事を進めるために残業をした。私がクォーターバックで、そのほかのチームメンバーもフィールドにはいるものの、実際に動いているのはピートと私だけ、という状態だった。私がパスを出すとピートがフィールドを駆けあがり、タッチダウンに必要なすべてのことをやってくれる。そのあいだ、ほかのプレーヤーは腕を組んだままその場に立ち、空を見つめている。ピートと私は新しいテクノロジーを開発し、ワークフローを見直し、顧客と強い関係を築いていった。ピートはただの部下ではなく、私の右腕であり、親しい友人になった。

ある晩、私たちは遅くまで残ってビジネスの提案書を作成していた。「聞いてほしいことがあるの」私は言った。ふたりで肩を並べて、コンピュータ画面に映っているスプレッドシートを確認していたときのことだ。ピートに初めて会った日から言いたくてしかたなかったのだが、ゴールドマンの壁の中で私の本心を誰かに言うのは怖かった。ピートが良識と忠誠心のある人かどうかを見極める必要もあった。でもこれまで私と一緒に遅くまで働いてきてくれた姿を見て、彼なら間違いないと思えた。ピートは信頼のおける人物だ。自分の価値観や仕事への夢を話しても大丈夫だと思えたのは、彼が初めてだ。ピートの夢は私の夢とよく似ていたから。不利益をこうむることを恐れて、これまでは誰にも話せなかった。なにしろ、この職場で大事にされる価値観はマイクの価値観なのだ。机の上は空になったチップスの袋や炭酸飲料の缶でいっぱいだった。「私も、いつかゴールドマンを辞めようと思ってる」私はそう打ち明けた。「ずっと、ソーシャル・ワーカーになりたかったの」

ピートはこちらを向いて満面の笑みを見せた。「素晴らしい！」彼が声を上げた。「そう聞いても少しも驚きませんよ。だってほら、ぼくらはウォール街にいるようなタイプじゃないですからね」

「明らかにそういうタイプじゃないわね」私も同意した。その瞬間、大志という見えない接着剤で、ピートとの絆が結ばれたのを感じた。

「約束しましょうよ」彼が提案した。「ここでの仕事をこなして、できるだけお金を貯めたら、ここを辞めて好きなことをやりましょう」彼が手を差し出してきたので、私は笑顔で握手をした。彼がダイエットコークの缶を手に取り、私も自分の缶を手に持った。

「いつかゴールドマンから自由になれる日に。乾杯！」ふたりで缶をカチンと合わせた。

「自由になれる日に。乾杯！」私も言った。

この約束は、いい加減な気持ちでしたわけではない。ふたりとも本気だった。それからの数週間、私たちはエクセルで、ファイナンシャル・ゴールを達成するまでの計画表をつくった。名づけて「自由のためのスプレッドシート」。住宅ローンや退職後に備えて、いつまでにいくら貯めればいいかを計算してある。自分たちの夢を後押ししてくれるものが欲しかったのだ。それに、このスプレッドシートを見れば、自分たちがどれほど努力したか、どれだけ進歩があったかが目に見えてわかる。これが、毎日の仕事を頑張る原動力になった。目指すべきゴールがある、一緒に頑張れるパートナーがいると思うと、心が弾んだ。

数か月後、私の電話が絶えず鳴るようになった。顧客からではない。エリックの奥さんのダナからだった。彼女には一度だけ会ったことがある。エリックとディナーに行く前に会社に立ち寄った奥さんと、楽しく会話をさせてもらったことがあった。

「ジェイミー、ダナです。助けてほしいことがあるの」最初に電話をかけてきたとき、彼女はそう言ってすすり泣いた。向こうにいるエリックを見ると、クリスと談笑しているところだった。「どうしたの?」私はそう尋ねながら、電話がプライベートになっていることを確かめた。オフィスにある電話は、回線がオープンになっていると誰でもいつでも電話の会話に加わることができるようになっている。

ダナは、エリックが顧客と不倫をしているのだと言った。相手はシカゴのパトリオット銀行で働いている、大学を卒業したばかりの子だという。別に驚かなかった。デスクで噂を聞いたことがある。ふたりの関係は公然の秘密だった。ピートでさえ、シカゴへの出張中に、ふたりがホテルの同じ部屋に入っていくのを見たことがあるという。顧客と恋愛関係になることは会社の方針に反するが、確証がないかぎり、マイクに告げるのは不適切だろうと思っていた。

「お願い、助けて」ダナが言った。「あなたしかお願いできる人がいない。彼は認めようとしないから証拠が必要なの。もう気が狂いそう」電話の向こうで赤ん坊が泣いているのが聞こえた。ダナとエリックにはまだ幼い子どもがふたりいて、ダナは最近、3人目の子を流産したばかりだと聞いている。そのことが私の心の琴線に触れた。でも、いったいどうすればいいのだろう。私の部下である彼女の夫を監視しろと?　この件に首を突っこみたくはないが、電話の向こうでダナが泣いているのに、電話を切るわけにもいかない。とにかく彼女の話を聞いて慰めた。

その後、ダナは頻繁に電話をかけてくるようになった。一日4、5回に及ぶこともあり、私の仕事にも支障が出はじめた。電話をかけてくるたびにヒステリックになっていき、呂律もよく回らなくなっていく。酔っぱらっているようで、彼女と子どもたちのことが心配になった。

1週間たったころ、この混乱に対処しきれなくなり、私はマイクのところへ行って事の次第を話した。聞いたことを詳しく話しているうちに、まるで自分が関わっているような気がしてきて罪悪感さえ覚え、顔が赤くなった。以前、エリックのことはうまくやるとマイクに言ったものの、エリックの不貞の仲裁をすることになるとは思いもよらなかった。ダナは気の毒でならないが、こんなゴタゴタに巻きこまれたくなかった。新しくマネージャーになったばかりだというのに。マイクが私を見た。腕を組んで目を吊り上げている。「彼を辞めさせるわけにはいかない」マイクが言った。「だが、自分の妻くらいきちんと管理しておけと言うことはできる。きみは彼をその顧客からはずしてくれ。利益相反が起きると困るからな。だが、不倫の件には触れなくていい」

その関係を絶たなければ解雇すると言われて当然だと思うが、エリックがそう言われることはなさそうだった。うちの部門の人事担当者に報告してしかるべきだが、マイクはそうするつもりもなさそうだ。そのかわり、マイクが直接エリックと話をしたようだ（私の推測だけれど）。ダナがぱたりと電話をかけてこなくなった。私は胸をなでおろしたが、ダナと子どもたちのことは心配だった。その日の午後、市場が引けると、私はエリックをオフィスに呼んで顧客の割り振りについて話し、パトリオット銀行の担当をはずれてもらいたいと告げた。ややこしい話は一日の終わりにするほうがいいと、ゴールドマンで学んできた。相手が怒りだして騒動になっても、周りに見られることはないからだ。

「私はこのチームに来てからまだ日が浅いので、顧客の担当を入れ替えることにしました」私は説明した。エリックだけをパトリオット銀行からはずすというあからさまなことはしたくなかったので、すべての担当を入れ替えたのだ。会議用テーブルの前に並んで座り、新しい顧客担当リストを説明していった。エリックには最も大きな企業を担当してもらうことにしてある。そう、たしかに彼はパトリオット銀行からははずれるが、その代わりに、同じくらい大きな顧客の担当になるのだ。

エリックは顧客担当リストを眺めると、口をきゅっと引き結び、用紙をクシャッと丸めて私に投げつけた。闘争・逃走反応から、私は立ち上がってドアの方へ向かった。だが、エリックは私をつかまえると壁に押しつけ、あごを手で押さえつけた。「いったい何様のつもりだ?」エリックが私に向かって怒鳴った。彼の唾が私の鼻や頬にかかる。「その顔を八つ裂きにしてやろうか」彼の湿った唇からよだれが垂れ、あごを伝っていく。顔は真っ赤だ。私の心臓はエリックにも聞こえそうなほど激しく鼓動を打った。吊るされるように壁に押しつけられ、つま先はほとんど床についていなかった。息ができなくなり顔から血の気が引いていった。このままでは気を失ってしまう。エリックは私をこの場で殺しかねないほど、狂暴な目つきをしていた。

落ち着いて。彼が聞きたがっている言葉を言えば、きっと離してくれる。私は彼を見て唇を震わせながら、かすれた声で言った。

「わかった、エリック。あなたがこんなに気分を害するとは思わなかった」私は冷静に言った。「もう一度よく考えて、ほかの案を考えてみるから」

彼は目を大きく開いて私を見たあと、冷静さを取り戻した。鎮静剤でも打たれたみたいに、まったくの別人になった。まるでここが映画の撮影現場で、たったいま監督が「カット！」と叫んだかのように。彼は私を床に下ろすと、くるりと向きを変えてドアを開け、エレベーターのほうへ歩いていった。

私は自分の机に戻って荷物を手にした。周りに誰もいなくてよかった。家に向かう途中、私の体は震えていた。ジャージー・シティに置いてある車までたどり着くと、ダンに電話をかけ、ワッと泣きながら一部始終を話した。

ダンとそのことについて長い時間話をしたが、次にどうすべきなのかはわからなかった。ゴールドマンは周りに波風をたてたり、騒動を起こしたりするような〝トラブルメーカー〟を好まない。ひたすら下を向いて会社のために稼いでくれる社員を好んでいる。それに、エリックはゴルフを通じて会社の上層部にも顔がきく。言った言わないの水掛け論になれば、私が不利になるに決まっている。エリックのことはうまく扱えるとマイクに宣言したものの、こんな暴行までされては、うまく切り抜けられるかわからない。エリックのひどい振る舞いで全身を穢《けが》されたような気持ちになった。でも、その日の終わりには、声をあげなければならないと腹をくくった。

次の日、エリックがトレーディング・フロアに入ってくるところを目にした。笑顔で通路を歩きながら、男性陣とハイタッチを交わしている。まるで何事もなかったかのように。いっぽうの私は、震える指でマイクに話したいことがあるとメールを打っていた。

「それは大変だったな」事の次第を話すとマイクが言った。「うちには、そういう振る舞いについて訴える手段はある。だが、言っとくが、私はエリックを解雇するつもりはない。だから、彼のことを人事部に報告したあと、彼と仕事をするうえで支障が出ないかどうか、よく考えたほうがいい」マイクは小鼻をふくらませ、銀縁眼鏡の向こうから私を見つめた。それから身を乗りだして、両手を机に置いた。「こうしよう。私が彼をパトリオット銀行の担当からはずす。きみは何も言わなくていい。どうだ？」マイクの言葉の意味がじわじわとわかってくるにつれ、胃がキュッとなった。彼の口にはかすかな笑みが広がっている。これは交渉の余地がない取引だという意味だ。ショックだったが、それほど驚いていない自分もいた。マイクはいかにも私に選択肢があるかのような口ぶりだが、私に選択肢がないことはお互いにわかっている。

私はすぐにでも人事部に電話をかけたかったが、自分がそうすることはないだろうとわかっていた。そんなことをすれば私のキャリアは終わりだ。そんなリスクを負ってまで、エリックやマイクの振る舞いを明るみに出す価値はない。この役職を手に入れたばかりなのだ。忘れてはいけない。ゴールドマンを辞められるのは一度きり。9月11日のテロ事件のあとの痛手も乗り越えてきたのだ。エリックの脅威だって乗り越えられるはず。私は苦々しい気持ちを飲みこんだ。

「わかりました」私は答えた。

その後、エリックとの騒動は落ち着いた。彼はパトリオット銀行をはずれることを受け入れたようだった。その件についてはお互いに触れることもなく、簡潔でプロフェッショナルな会話をした。優れた俳優のように、ふたりとも何事もなかったかのように装って。

数か月後、ボーナス日がやってきた。いまはマネージャーなので、金額を聞くのが楽しみだった。マイクの部屋に行くと、彼が言った。「ジェイミー、きみのボーナスは１００パーセントアップだ。

去年は50万ドルだったが今年は100万ドルだ」

鳥肌がたった。ボーナスが2倍？　この私に100万ドルを支払うというのだ。100万ドルという大金を。言葉が出てこなかった。宝くじにでも当たったみたいに。ウォール街に勤めている人の給料がいいことは知っていた。でも、7桁とは！　私は驚きで口をあんぐりと開けたまま、その場で固まった。マイクは腹を抱えて笑っている。ヘッドランプに照らされたシカのような私の反応を見て楽しんでいるようだ。「おめでとう、ジェイミー」

心を落ち着けている暇はない。マネージャーとして、今度は私がチームのメンバーにボーナス額を伝えなくてはいけない。新参のマネージャーなので、ボーナス額を決める話し合いには参加していない。だから、彼らの金額がいくらなのか、これから初めて目にすることになる。マイクは紙の束を私に渡した。それぞれのボーナスが記入された紙が、ひとりにつき1枚ある。それを私が彼らに知らせる。

すぐに気づいたのは、チームにいる男性のボーナスと私のボーナスとの差だ。私はマネージャーだ。昇進できたのは高いパフォーマンスを評価してもらえたからだ。でも、マネージャーになる前は、クリスたち男性陣は私の同僚だった。それなのに、クリスは昨年、ボーナスとして70万ドルももらっていたのだ。ゴールドマンでは、男性のほうが女性よりも多く給料をもらっているという噂は聞いたことがあった。たったいま、その証拠を目にした。いちばん給料の安い人でも、世界平均から見たらかなりの高額なのにもかかわらず、この格差に私は猛烈に腹が立った。

最後に部屋に入ってきたのはエリックだった。彼の用紙を手に取る。金額を見て驚いた。読みあげるときに、思わず声が詰まりそうになった。
「エリック、あなたの今年のボーナスは11パーセントアップです。去年が90万ドルで、今年は99万9千999ドル」エリックはかすかに笑ってうなずくと、まるでスターバックスでラテを受けとるかのように、軽く礼を言って出ていった。100万ドルに1ドル足りないことなど、気にも留めていないようだった。続いてマイクが部屋を出ていき、私は静かなオフィスにひとり残された。いまや、すべてがはっきりした。

新しいチームをうまくまとめ、新しい顧客を獲得し、手数料収入を20パーセント増やし、新しいワークフローを開発して時間を節約し、チームの生産性をアップさせ、エリックの問題をうまくおさめることができたから、これほど高額なボーナスがもらえたのだと言えればよかったのだが、そうではなかった。顧客と不倫をし、上司に狼藉を働いたあのエリックに、100万ドルのボーナスを払いたかったからなのだ。彼のボーナス額に合わせるためだけに、私のボーナスを増額したのだ。そして、部下の給料を上司と同額にするわけにはいかないので、彼のボーナスは1ドル引いた金額にしたというわけだ。

私はボーナス額に興奮すると同時に憤慨していた。私へのボーナスは、トップクラスの実力をもつゴルファーのキャリアを傷つけないようにするための口止め料だとしか思えなかった。あんなにひどい振る舞いをしたというのに。週末の趣味が、給料にも影響を及ぼすなんて信じられなかった。

第8章　マイクのカルチャー

毎日、原子を分裂させるような難しい作業をトレーディング・フロアでしているわけではないものの、ゴールドマンで昇進していくと、それなりのスキルというものが必要になってくる。毎朝6時には出勤し、ヘッジファンドが次に狙いそうな株を予測するためニュースに目を通す。そのあとチームメンバーとともに、顧客の保有株式を調べる。借りられそうな株をどれくらい保有しているか調べて、必要な株数を確実に借りられるようにする。そして、双方をつなぐ。つまり、私たちが借りた株をヘッジファンドに貸すのだ。各取引にかかる手数料の差額（スプレッドと呼ばれる）が私たちの利益になる。一度の株の貸付けで私たちが受けとる手数料はそう多くはないが、すべての取引をトータルすると何十億ドルもの収益になり、それが積み重なっていく。私はこうした取引を一日じゅうしている。席から離れるのは食事や水分を摂るときと、トイレに行くときだけだ。顧客と食事をするとき以外は、朝食も昼食も自分の席で食べる。市場が引けたあとは、オペレーション部門に連絡をして、すべての取引が成立しているか確認する。つまり、予定どおり顧客から株式を受けとったかどうかを確かめる。それが終わると、次の日の仕事の準備を少ししておく。

夜はほぼ毎日、顧客と夕飯を食べにいったり飲みにいったりする。機関投資家といい関係を築くことは、私たちのビジネスにとって欠かせないからだ。機関投資家が株を貸す先をお気に入りのブローカーにすることはときどきあるが、もっと多いのは、ステーキのディナーや高級ワインでもてなしてくれたところに貸すというパターンだ。顧客とのディナーのことを〝株のためのステーキ〟などと言ったものだ。ワインとディナーでもてなした次の日の朝に、こちらが望んでいる以上の株を貸してくれることもあった。家に帰るころには深夜の12時をまわっているが、朝の４時半には起き、また同じような一日を始める。初めは株で稼いだスプレッドと、顧客とのあいだに築いた良好な関係に対して給料をもらっているのだと思っていたが、しだいに、過酷な生活と職場での不愉快な出来事への対価だと感じるようになっていった。さしずめ〝危険手当〟だ。

年に一度のボーナスが出た次の日の朝、マイクがバナナを入れたバスケットを持って私のチームのところへやって来た。彼は妙に優しげな笑顔を浮かべながら、バナナをひとりひとりに配って歩いた。受け取った人たちはマイクにぎこちない笑みを返し、とまどった表情で互いに視線を交わした。なぜこんなものをくれるのか、あえて尋ねる者はいなかったが、これがたんなる親切心からでないことは誰もがわかっていた。

最後のバナナを私に手渡したマイクは、バナナから手を離さないまま私を見た。「忘れるといけないと思ってね」チームのみんなに聞こえるようにマイクが言う。「私の辞書によると、お前たちはサルだ。サルのくせに給料をもらいすぎだがな。私にはいつでもお前たちを取り替える権限があるのを忘れるな。いまはそうやって私の国の一等地に腰を下ろしているが、そこを追い払われないように気をつけろよ。つねに前の日よりも高いパフォーマンスを期待されていることを忘れるな。ラッキーなのはお前たちを雇ったゴールドマンじゃない。ゴールドマンに雇われているお前たちがラッキーなんだ。ゴールドマンの名前がなければ、お前たちなど何者でもない」

そう言うと、マイクはチームの面々にざっと目を走らせた。マイクの周りで、みんなが気をつけの姿勢で立っている。まるで彼が陸軍の大将で、私たちはライフルの代わりにバナナを持って戦いに向かう歩兵のようだった。

私たちは前年度の働きに対して、会社の利益への貢献度に応じた額のボーナスを受け取ったばかりだ。私たちに支払う金額を決めたのはマイクなのに、その1週間後の今日、まるで高い買い物をした人が後悔するかのように、彼は私たちがボーナスをもらいすぎていると言ったのだ。私たちにインポスター症候群【訳注：自分を必要以上に過小評価してしまう心理状態】になれと言っているようなものだ。士気を高め、ボーナスで労ったあとは、私たちを過小評価し、おとしめ、ボーナスをもらえたのはただの幸運にすぎず、自分の実力や成果のおかげではないと知らしめる必要があるということらしい。新しい年度が始まると、ゴールドマンにおける私たちの価値はいったんゼロに戻される。またスタートラインから頑張らなくてはならない。私たちの口座には何百万ドルという金額が振りこまれたばかりなのに、マイクは私たちのことを無能だとみなし、それを私たちにも知らしめようとする。どれほど働こうと、どれだけ株を調達しようと、会社のためにどれほど稼ごうと関係ない。私たちを雇うことができたゴールドマンがラッキーなのではない。ゴールドマンに雇ってもらえている私たちがラッキーなのだ。

ゴールドマンには〝社内カルチャーの担い手〟がいるという話をよく聞く。彼らは何十年も前の経営陣によって練られたビジネス方針を堅持している。14の項目からなる方針には、正直さ、誠実さ、チームワークなどに焦点を置いた素晴らしい言葉が含まれている。本来、ゴールドマンの実力主義の世界では、こういうカルチャーこそ大切にされなくてはならない。だが、マイクの世界では、まず彼に認識される必要がある。そのためには、会社のカルチャーではなく、マイクのカルチャーを担わなくてはならない。このふたつはまったく異なるにもかかわらず。マイクのように考え、行動し、マイクのようにあらねばならない。彼のお気に入りのスポーツチームの動向をチェックし、バーボンを愛飲し、セーリングを楽しまなくてはならない。誰よりも早く出社し、誰よりも遅くまで残っていなくてはならない。本当なら早く家に帰って家族との時間を楽しめるときでも、夜遅くまで忙しいふりをしなくてはならない。マイクのような外見、話し方、考え方、振る舞い方をしようとしない社員がいるチームは脇へ追いやられる。マイクに認められないので、彼らの業績が認められることもない。

自分にはトレーディング・デスクにいる価値がないのではないかと恐れながら毎日を過ごした。毎日、自分の居場所を確保するために職場に向かった。いまはマネージャーという立場だし、これまでの経験があるにもかかわらず、毎日、ゴールドマンに自分の居場所を確保するための面接を受けているような気分だった。催眠状態で〝ハーメルンの笛吹き男〟についていく子どものように、マイクについていった。マイクは音楽を奏でる代わりに、給料と地位と成功を保証してくれる。私はしだいにマイクの価値観を受け入れ、必要だと思ったときには、彼のカルチャーというプールの中に足先をひたすようになった。もちろん、どっぷりとつかったわけではない。ある部署の女性は、（マイクとよく似た）パートナーと同じタイプのポルシェを買ったそうだ。週末にパートナーとレースをするためにはそこまでにはならなかった。それでも、プレーオフシーズンになると、グリーンベイ・パッカーズの試合をチェックしたし、バーボンウィスキーのパピー・ヴァン・ウィンクルがどれほど貴重で高価なものなのかも学んだ。夫のダンが子どものころ、しょっちゅうセーリングをしていたので助かった。彼から教わった用語や豆知識を、マイクとの会話に生かすことができた。私は残業の女王になり、本当ならもっと早く家に帰れるようなときでも、つねにデスクにはりついていた。マイクの目にはいつでも私の姿が映っていたはずだ。

マイクは誰がいつ出社していつ帰るのか、すべて監視していた。朝と夕方、彼は私たちを見張るかのようにデスクの周りを歩き、全員の動きをチェックする。天候の悪い日、とくに吹雪の日は彼にとってお楽しみの時間だ。入口に立って見張っているので、電車の遅延や渋滞で遅れてきた者は、真っ先に彼の顔を目にすることになる。「おはよう、雪の妖精くん」彼が大声で言ったあと拍手をすると、周りの社員も加わってスタンディングオベーションをする。私も立ち上がって拍手をするものの、内心では、たったいま入ってきた愚か者を気の毒に思いつつ、私でなくてよかったという気持ちになるのだった。

それでも、私は何よりもマイクのカルチャーの担い手だった。どれほど馬鹿らしく思えようと、彼のルールが浸透するように苦心した。

部下のニックという男性が、午後4時に市場が引けるとすぐに、子どもに会うために退社するようになった。最近離婚して子どもと一緒に暮らせないので、少しでも子どもに会いたいのだという。ちょうど人事考課の時期だった。年に一度、仕事を評価し、その結果でボーナス額が決まる。私はニックのことが心配だった。退社時間のせいで、彼の評価やボーナス額に影響が出てほしくない。「あなたが早く帰るのを、マイクも気づいてる」ニックのデスクまで行って伝えた。ちょうど市場の引けを知らせるベルが鳴り、ニックがコンピュータの電源を落としているところだった。「もっと残業したほうがいい。ボーナスに響くから」

ニックは口をきゅっと結んで小鼻をふくらませながら、こちらを見た。私だってマイクのメッセンジャーになどなりたくない。ニックは私のチームの中で、最も生産性が高い社員だ。ヘッジファンドからも機関投資家からも気に入られている。彼の取引はまったく問題ないし、彼が稼ぐスプレッドも多い。彼が何時に帰ろうと私はまったく気にならないが、そんなことは関係ない。マイクが気にしているのだから。

「子どもと会うためなら、ボーナスなんてどうでもいいですよ」ニックが椅子を蹴立てて立ち上がり、その勢いで椅子が後ろのデスクにぶつかった。彼はそのまま歩いて出ていった。酔っぱらった人を車で帰してしまったときのような、嫌な気分になった。このままでは大きな事故になるとわかっていながら止めることができない、というような。

数週間後、マイクにオフィスに呼ばれ、一緒にボーナス額の確認をすることになった。彼から全員のボーナス額が書かれた紙を渡された。

「ニックの金額がおかしくないですか？」私は言った。「低すぎます。ほかのメンバーと同じくらいにすべきです」ほかのメンバーは10パーセントアップなのに、ニックは20パーセントのダウンだった。今年度のうちのチームの実績はとてもよかった。それぞれのトレーダーの名前の横には、生産性を表す数字が書かれている。株を借りた先に支払う手数料と、株をヘッジファンドに貸付けるときの手数料との差であるスプレッドの平均額が書かれている。ニックはチームの中で、スプレッドの平均額が最も高い。つまり、収益に最も貢献したということだ。

「あいつはパートタイムの従業員だ」マイクが冷たく言い放った。「フルタイムで働きはじめたら満額払うよ。いまだって払いすぎてるくらいなんだから、あいつが辞めることはないだろう」マイクはこちらを見て答えを待っているが、私は何も言わずにただ彼を見つめていた。「あいつは辞めないよ」マイクが言った。「ゴールドマン・サックスの肩書がなければ、何者でもないんだからな」

私は用紙に書かれたニックの金額を見ながら頭をめぐらせた。本来なら、私はマネージャーとしてチームのメンバーを擁護し、彼らのために闘わなくてはならないのだろう。その場に静寂が満ちた。

「君はこの件で私に歯向かうつもりか？」マイクがあからさまに訊いてきた。銀縁眼鏡の奥の目がこちらを見つめている。目に怒りを宿らせて、私をねめつけてくる。勝てない闘いに挑むことは私の仕事ではない。結局のところ、私のボーナス額を計算しているのもマイクなのだ。胃がキリキリと痛んだ。

「いいえ。そんなつもりはありません」私は答えた。

その日、ニックにボーナス額を伝えたが、うまくはいかなかった。金額を伝えると、彼は乱暴にドアを閉めて出ていった。あまりに大きな音がしたので、席にいた全員に聞こえたと思う。金額を決めたのはマイクだし、その権限があるのもマイクだが、ニックに責められるのは私だ。私はただのメッセンジャーだが、そんなことは彼には関係ない。数週間後、マイクが私をオフィスに呼んで、ニックはどうしているかと訊いてきた。

「問題ありません」私は答えた。「でも、ボーナス額にはまだ不満があるようです」

「まだわからないのか、ジェイミー。ニックはここを辞めなかった。過小評価されていると思いながらも、まだここにいる。ということはつまり、あれでもじゅうぶん過大な報酬だということだ。言ったとおりだったろう？　あいつは私たちのものだ。あいつのボーナスが浮いた分は、ピートやきみに回せるじゃないか」

私はげんなりした。たしかに、この仕事の報酬には満足しているが、仕事のせいで自分がゆがむのは嫌だった。ニックがマイクのものだとしたら、私もマイクのものだろう。ここを辞められる気がしないのだから。もちろん、ピートも私もいい給料が欲しかったが、それは自分たちが稼いだからだ。ニックが負けて私たちが勝つというようなゼロサムゲームにはしたくない。でもマイクにとっては、それもこれもただのゲームでしかない。私たちは彼のチェス盤の上の駒にすぎない。彼は私たちが互いに闘うのを楽しみ、私たちの命と生活をもてあそんでいるのだ。

＊　＊　＊

次の春、マイクにオフィスに呼ばれた。「人事部から、夏のインターン・プログラムを取り仕切ってくれそうな、前途有望なヴァイス・プレジデントを紹介してくれと言われていてね」彼が言った。「きみを推そうと思ってる。私に後悔させるなよ。いいか？　きみは私の代理のようなものだ。私の顔に泥をぬらないでくれよ」

私は満面の笑みを見せた。私はヴァイス・プレジデントだったが、これはそれほどたいした地位ではない。ゴールドマンで6年以上働いていれば、誰もがその肩書になる。ほとんどの人は、その地位どまり。ずっとヴァイス・プレジデントのままだ。ゴールドマンには何千人とヴァイス・プレジデントがいる。選ばれた少数者、およそ8パーセントの社員だけがマネージング・ディレクター（MD）になれる。今回のことは、いつかその地位に昇格させる社員の候補に私の名前が入っていることを意味する。実力を示すチャンスだ。

「後悔はさせません」私は答えた。

インターン・プログラムの初日、私は200人の有望な大学生たちの前で開会の挨拶をした。この大きな会議室は、ゴールドマンで働きはじめた初日に、私がレポートを発表した部屋だ。学生たちをざっと見わたした。みんなやる気に満ちあふれている。新しいスーツを着てぴかぴかの靴を履き、目を大きく見開いて満面に笑みを浮かべている。まるで私がウォール街で成功するための秘密の暗号を話しているかのように、私の一言一句に熱心に耳を傾けている。自分を誇らしく感じずにはいられなかった。自分が有能なロールモデルのような気分になった。

トム・ホワイトのことを思い出した。研修を受けていたときに、とどろくような声で私を縮みあがらせた、あの背の高い男性。自分でも驚いたのだが、私はトムがあのときやっていたのと同じことをインターン生に対してやっていた。それが彼らのためだ、ゴールドマンの非情なカルチャーを教えることが私の責務なのだ、と自分に言い聞かせた。そうでなければ、ゴールドマンで生き残ることなどできない。自分がこの役回りを楽しんでさえいることに気づいた。私が部屋に入りドアを閉めるのを、彼らが怖れの色をにじませながら見ていることに、少しばかり興奮を覚えた。所属部門のパートナーにサインしてもらった、遅刻を詫びる用紙を集めるときも、少しの同情も感じなかった。ポンドとドルの交換レートを知らなかったことを理由に、泣いているインターン生をオープン・ミーティングから締め出したときも、少しも悪いとは思わなかった。

毎晩、交流会に出かける前に、私はインターン生のひとりひとりと面談をして、ゴールドマンに正規雇用されるように、彼らのパフォーマンスへのフィードバックとアドバイスを行った。

「転換社債チームの人が、あなたのことを評価してたわよ」スタンフォード大学のインターン生パティに向かって言った。「でも、そのマニキュアはいただけないわね。ここはゴールドマン・サックス。ナイトクラブじゃない」私の声が耳に届くと、彼女は顔をサーッと赤くして、机の上に置いていた両手を膝の上に乗せた。胃が締めつけられるような気持ちになったが、彼女が身を縮こまらせるのを見て、私は背筋を伸ばした。

まだ私にも思考力は残っている。マニキュアの色と、ゴールドマン・サックスで成功するだけの知能や能力を彼女がもっているかどうかは、なんの関係もない。トムの欺瞞《ぎまん》に満ちた言動を、どうして真似しようなどと思ったのだろう。まったく意味もなく、生産的でもないのに。プログラムの初日から最終日までずっと、自分の言動に嫌悪感を覚えていたが、正しいことを言っているのだという気持ちもあった。こうした振る舞いをする自分に嫌気がさすのと同じくらい、これはインターン生のためになるのだと思っていた。厳しい愛情がなければ、彼らはゴールドマンでやっていけないだろう。校庭でずっといじめられていた子が、今度は自分がいじめる側に回ったかのように、私はゴールドマン・サックス内のいじめのサイクルにはまっていた。正直に言うと、今度はオープン・ミーティングで違う側——力がある側——にいることが、心地よくもあった。

マイクからは、毎日インターン生の様子を簡単に知らせてほしいと言われていた。とくに、最も頭が切れるのは誰か、最も飲みこみがよさそうなのは誰かを、彼は知りたがっていた。それを知っていれば、彼らを自分の部署に引き入れることができる。私がブリーダーのように育てた人材の中から、マイクが選ぶのだ。

「ミドルベリー大学のタミーはいいと思います」私は言った。「ビジネスに関する知識はあまりないようですが、とても聡明でポテンシャルがあります。彼女とはずいぶんやり取りをしました」マイクのオフィスの会議用テーブルで、インターン生をランク付けした用紙を見ながら言った。マイクはその用紙を私に投げつけると言った。「そのマザー・テレサみたいな考えはやめろ。ここにはサメがウヨウヨいるんだ。食うか食われるかの世界だ。生き残らせようと思って手を貸しすぎるなよ。手を貸さなければ、こっちに食らいついてくるだろう。弱いやつは雇う前に取り除いておくのが大事だ」

今度はマザー・テレサか、と思わず笑ってしまった。少なくともシスター・ジェイミーからは昇格したわけだ。タミーはとても優秀な候補者だ。自分の若いころを思い出す。ここに来たばかりのときはウォール街のことをまったく知らなかったが、私が推薦した本をすべて読み、どんどん知識を吸収していった。私は彼女を雇ってうちのチームに入れたかったが、はたしてそれが彼女にとっていちばんいいことなのかどうかは、わからない。彼女ならゴールドマンで成功すると思うが、たんに自分に似た人物に近くにいてほしいだけなのかもしれない。苦しい毎日のなかで、たんに仲間が欲しいだけなのかもしれない。

タミーはかつての私のように純真に見えたし、きっと私と同じようにこの会社に入るだろうと思っていた。だが、彼女は私が思っていたより、よく物をわかっている人だった。プログラムの最終日、彼女が私のところへ挨拶をしにやってきた。「この夏はあなたから多くのことを学ばせていただきました。色々と支えていただいて、とても感謝しています」

私は笑顔を抑えるのに必死だった。来週には、彼女のもとに採用の連絡がいくはずだ。いますぐにでも伝えたかったが、ルールに反するので、それはできない。

「いちばんの学びは――」彼女が続ける。「自分はウォール街に向いてないとわかったことです。ロースクールに願書を出そうと思ってます」

私はショックを隠しきれなかった。すると、彼女が続けて言った。「自分は金融にあまり興味がないとわかったんです。ずっと、場違いなところにいる感じがしていました」電話がしきりに鳴り、ジェリーとヴィトとエリックがやわらかい素材でできたフットボールを互いに投げ合いながら笑っている。私はただうなずいて、タミーをぎゅっと抱きしめることしかできなかった。彼女にとってはそのほうがいい。でも、私の胸は嫉妬でうずいていた。賢い彼女は、手遅れになる前にそのことを学んだのだ。

第9章　ウォール街の失墜（2008年）

　ダンと私は、まだ子どもをもつことをあきらめてはいなかった。でも、マネージャーの仕事はプレッシャーが大きく、また流産してしまうのではないかと不安だった。それに、もうすぐ人事考課の季節だ。マネージング・ディレクターに昇格するチャンスが巡ってくるかもしれない。マイクが私のお腹を見つめながら「プライベートなことに気を取られないように」と警告してきたときのことを思い出した。仕事を休まなくてはならない事情を抱えるわけにはいかない。けれど、私はただ、妊娠して健やかな赤ちゃんを産みたいだけなのだ。それ以外のことに気を取られている暇はない。そこで、ダンと私は産婦人科医にアポをとり、どんな選択肢があるか相談にのってもらうことにした。

「流産を防ぐためには、どうすればいいでしょうか？」ドレーク先生に尋ねた。最近、通うようになった産婦人科医だ。診察室に座ると、先生はカルテを手にしたまま私に目を向けた。分厚い黒縁眼鏡のレンズの奥にブラウンの瞳が見える。

「健康な妊娠には、健康な卵子と健康な精子が欠かせません」彼女が言った。「絶対とは言えませんが、体外受精にすれば、受精卵をうまく育てられると思いますよ」

　体外受精の話はよく聞く。何度も注射を打ったり、治療を受けたり、血液検査を受けたりしてお金がかかると。ベッドではなくラボで赤ちゃんをつくるなんて、無機質で不自然なことに思えた。でも、キャリアや私の精神状態を考えると、流産を防げる方法があるなら、それをやらない手はない。じつはゴールドマンもそれを望んでいることがわかった。私が入っている高水準の健康保険では、8回分の体外受精が全額カバーされている。病院の会計係からは、これほどカバー範囲の広い保険は見たことがないと言われた。ゴールドマン流の、迅速に母になる方法とでも言ったらいいだろうか。ビジネスと同じように、究極の効率性を求めた方法だ。

だから、体外受精を試すのは当然のことに思えた。キャリアを考えながら家族をもつタイミングを選べるし、流産のリスクも減るうえに、コストもかからない。しかも、クリニックは朝の5時からやっている。検査と治療を受けてからでも、会社の始業時間には間に合う。

幸い、1回目で妊娠することができた。しかも双子を。

妊娠するのは楽しかった。医者に行くたびに順調な発育ぶりを聞けるなんて信じられなかった。子どものころに問題を抱えていたこの体がふたりの人間を育めていると知り、安堵とともに感謝の気持ちでいっぱいになった。

だが、妊娠が順調に継続していたいっぽう、市場は堅調とは言えなかった。

2008年は年頭から厳しい状況が続き、失業率も跳ねあがった。3月には同業他社のベアー・スターンズに連邦準備制度理事会が介入する事態となった。ベアー社は多額の不動産担保証券や不良資産を抱えていて、その価値が大幅に下落していたのだ。しかも、ベアー社はそれをレバレッジで購入していた。幸い、5月になると市場が反発し、私たちは胸をなでおろすことができた。

ところが、夏になると、ファニーメイ（連邦住宅抵当公庫）とフレディマック（連邦住宅抵当貸付公社）の株価が下落しはじめた。住宅ローンが主な業務だったため、住宅価格の急落により収益源がなくなったのだ。結局、５００億ドル近い損失を出して資本準備金にまで手をつけざるを得なくなり、資金繰りが悪化した。住宅市場の崩壊を恐れた米政府は、ファニーメイとフレディマックの管理に乗りだし、新たに設立した米連邦住宅金融庁の監督下に置いた。ダウ平均株価は下がりつづけ、誰もが市場を注視していた。

ある朝、自分の席にいるとマイクの声が聞こえた。「ヒグス、すぐに私のオフィスに来てくれ！」顔を真っ赤にしてドア口に立ちはだかっている。私は目を丸くしてピートのほうを見た。まだ妊娠５か月だが、ふたりもお腹にいるので、見た目も気持ちもまるで臨月だ。双子の妊娠という高リスクを抱えながら市場を注視しなくてはならず、いまにも倒れそうだった。

「落ち着いて」ピートが声に出さずに言ってくれた。私はノートとペンを持って、ゆっくりとマイクのオフィスに向かった。

マイクはこちらに背を向けて、ＣＮＢＣのニュースとブルームバーグの端末を凝視していた。しきりに、こめかみをさすっている。

「リクイディティについて問い合わせの電話が相次いでいる」彼が言った。「いくつか約定をまとめなくてはならない。しかも早急に」ファニーメイやフレディマックと同様に、世界じゅうの金融システムでリクイディティ――つまり現金――の確保が急務となっていた。住宅ローンのポートフォリオが崩れ、どこの投資銀行も資金繰りを懸念していた。基本的に私たちのビジネスはヘッジファンドが空売りしたい株を借りてくることだが、帳簿上の株、つまり様々な顧客がもっているロングポジションから貸し出すこともある。その場合、担保として現金を預かる。ゴールドマンは現金を確保する必要があるため、大量の株をブローカーに貸して現金を確保するという使命が、私たちのチームに課された。

「わかりました。取りかかります」責任の重さを感じながら部屋を出た。マイクは私のチームを頼りにしている。会社全体から頼りにされている気分だ。席に戻ると、チームの面々の視線が集まった。私からの情報と指示を待っているのだ。ここは腕の見せどころだ。大きな挑戦だが、この状況を楽しんでいる自分もいた。部隊を率いて戦地に赴《おもむ》く軍曹のように、私は彼らに戦略を伝え、仕事を割り振った。それから全員で仕事にとりかかり、機関投資家に電話をかけはじめた。数日後には大量の株の貸付けをまとめ、担保として現金を確保することができた。

貸付けをしても、仕事はそこで終わりではない。値洗いをして契約を維持する必要がある。値洗いとは貸付けた株を時価で再評価して、受けとる担保の額を調整することだ。貸付けが行われると、その日の株価に応じた金額を担保として受けとる。たとえば価格が20ドルの株を貸付けるときは、約20ドルの現金を受けとる。だが、株価は変動する。株価の上下に合わせて、現金を追加で受け取ったり返したりする必要がある。その夏の市場は変動が激しく、取引中の株の値も乱高下したので、私たちは毎日のように貸付けに見合った現金を維持できるようにしなくてはならなかった。毎朝4時15分には家を出て車で会社に行き、5時には席についた。会社を出るのは、たいてい夕食時をだいぶ過ぎてからだった。

「ジェイミー、こんな生活を続けてたら、お腹の子によくないよ」ある朝、目覚まし時計が鳴るとダンが言った。私はベッドの中で重力に抵抗し、疲労と闘いながら起き上がろうとした。ダンの言うことはもっともだ。でも、どうしようもない。仕事をしなくてはならない。ここ何十年もウォール街が経験したことのない危機のときこそ、周りと差をつけるチャンスなのだ。マイクは私を頼りにしてくれている。ここで失敗したらキャリアに響くかもしれない。でも、成功しようとするあまり、妊娠に悪影響が出るのも怖かった。私はなんとかベッドから抜けだした。

「ダン、わかってる」深くため息をつきながら言った。「わかってるから」

9月半ば、リーマン・ブラザーズが破綻した。次の日には、連邦準備制度理事会が大手保険会社AIGの救済を発表した。それからの数週間、多くの企業が短期的に資金を置いているマネー・マーケット・ファンドで、2千億ドル近い損失が出た。

誰もが、次に破綻するのはゴールドマンかもしれないと恐れながら日々を送った。うちのチームもやるべき仕事をやったが、私にコントロールできるのはそれしかなかった。ガラス張りのオフィスの中にいるパートナーたちを見て、その身ぶりから必死に話の内容を読みとろうとした。彼らが微笑んだり笑ったりしているのが見えると、胸の中でそっと感謝の祈りを捧げた。

結局、ゴールドマン・サックスはその激動の年を乗り越えた。だが、残念なことに、多くの同僚が去ることになった。秋になると、私を含むマネージャーたちがマイクのオフィスに呼ばれた。私たちは楕円形をしたクルミ材のテーブルの周りに座り、息を詰めてマイクを見た。

「コストの削減が必要だ」彼が言った。「よって、これから第1回のレイオフを行う」

紙が1枚ずつ配られた。私たちの部署にいる200人の中から20人がリストアップされていて、それぞれの給料、直近の評価スコアが記入されている。「業績の悪い社員のリストだ」マイクが言った。「この中からまずは4人選ぶ」

マーチ・マッドネス【訳注：全米大学体育協会が主催する男子バスケットボールのトーナメント】の対戦のように、彼らはひとりひとり比較検討され分析される。ただし最後の4人に選ばれたとしても、全米チャンピオンになれるわけではない。解雇されるだけだ。初めに議論の対象になったのはカイルだ。図らずも、このフロアにいる数少ない黒人のひとりだった。

「彼には手出しできない」マイクが肩をすくめた。「〝ステータス〟があるからな」彼が指を引用符の形にしながら言った。

「あいつはオレオ【訳注：白人のような振る舞いをする黒人を揶揄《やゆ》する俗語】ですしね」ヘッジファンド・チームのマネージャー、ジャックが言うと、笑い声があがった。

内心、嫌気がさした。私は採用にも関わっているので、ゴールドマンが歴史ある黒人大学でも採用活動をしていることを知っている。経営陣が優先事項としてあげているのが、黒人、先住民、有色人種を新入社員として雇うことだ。実際、私がゴールドマンを辞めたあとの2019年には、新入社員の25パーセントを黒人やヒスパニック系、あるいはラテン系にするという目標が掲げられた。[*1]だが、振り返ってみると、私がゴールドマンにいた20年のあいだで一緒に働いたことのある黒人、先住民、有色人種の数は、片手で足りるほどだった。様々な人種の社員を雇っても、その多くが辞めていった。この職場環境を考えれば、別に驚くことではない。

LGBTQ+の人たちについても状況は同じだ。[*2] 2019年現在でもまだ会社は数値目標を掲げておらず、〝多様性を高める方法を模索している〟段階だ。私はマネージャーという立場で、会社の方針を推し進める役回りだったので、LGBTQ+への支援を示すために机の上に置く、三角ポップを渡された。でも、それを机の上に置いた初日から、誰かにいたずらされるようになった。倒されたり、パソコンの後ろに隠されたり、机の引き出しに突っこまれたりした。隠すだけで、けっして持ち去りはしない。証拠はないが、犯人はジェリーとヴィトだと思う。三角ポップを受けとった数日後、全社員にLGBTQ+感受性訓練を受けることが義務づけられた。ミーティングに向かう途中、ふたりの男性が前を歩いていた。ゲイに関するジョークをしきりに言い合っている。ゲイを中傷する内容ばかりだ。ゴールドマンで働いていた当時、LGBTQ+だと打ち明けてくれた人はひとりもいなかった。職場で公にする人はいなかったが、なかにはLGBTQ+の人もいたことだろう。大勢いたかもしれない。狭量で時代遅れな同僚のせいで、口をつぐむしかなかったのだろう。

レイオフの人選も続いていた。リストに書かれた人の中からふたりまで絞りこんだ。ベンとジョスリンだ。ベンは30代半ばで、ヴァイス・プレジデントになってからもう長い。ブライアンの下で働いていて、子どもがふたりいる。ジョスリンはジュニア・アソシエイト。20代半ばで独身、私の部下だ。評価スコアはベンよりジョスリンのほうが上だが、給料はベンのほうがかなり高かった。私から見れば、答えは明白だった。お腹の中の双子が強く膀胱《ぼうこう》を蹴とばしてくる。尿漏れの心配をしながら言った。

「辞めてもらうのはベンですね」

ジェームズが首を振った。「いや、ジョスリンだ」彼があざけるように言う。「ベンには専業主婦の奥さんと、ふたりの子どもがいるんだ。ジョスリンは独身だから、養わなくちゃならない家族はいない」

私は驚きで目を見開き、口をあんぐりと開けた。ゴールドマンは常日頃、実力主義の会社だと宣伝している。成功するも失敗するも個人の実力しだいで、既婚未婚、子どもの有無は関係ないと謳っている。私はテーブルを囲んでいる面子《メンツ》をざっと見た。私を除いて全員が男性。みんな無表情のままマイクを見つめている。

「きみの言うとおりだ、ジェームズ」マイクがうなずいた。「養う家族がいる社員をクビにするわけにはいかない。ジョスリンに辞めてもらう。ミーティングはこれで終わり。ご苦労さん」あっさりそう言うと、マイクは立ち上がって部屋を出ていった。ほかのみんなも急ぎ足で後を追い、自分の席に戻っていった。トイレに行きたかったが、立ち上がれなかった。いま起こったことが理解できなかった。もっと食い下がらなかった自分にも腹が立ったが、どのみちマイクは自分がしたいようにしかしないだろう。ニックの給料の件を思い出した。私がどんなにマイクに異を唱えても、何の効果もなかった。マイクがこうと決めたら、それが翻《ひるがえ》ることはないのだ。懸念を伝えることはできても、彼が考えを変えることはない。反論すれば彼を怒らせることになり、私が新たなターゲットになるだけだ。マイクとはいい関係のままでいたい。そうすれば、この仕事を続けられる。だから、何も言わないことにした。そんな自分に嫌気がさしたけれど。

もしジョスリンに養わなくてはならない子どもがいたらどうしていただろうと考えたが、答えはすでにわかっている。新入社員の半分は女性で、会社も女性の昇格に力を入れているものの、2020年の時点で女性のマネージング・ディレクターはわずか25パーセント、女性のパートナーは18パーセントにとどまっている。[*3] ゴールドマンで長期間働いている女性が少ないことを知っても驚かない。会社がつねに男性を擁護しているからだ。トイレに行くと、ジョスリンが洗面台のところに立っていた。私たちは笑みを交わし、軽くおしゃべりをした。妊娠しているせいもあるが、もうひとつの現実を思うと胸やけがした――彼女に解雇を告げなくてはならない。

1週間後、レイオフを実行した。面談はフロアの奥にある会議室で行うことになっていた。トレーディング・デスクからは離れた場所で、エレベーターのすぐ隣にある部屋だ。相手がヒステリーを起こしそうな面談には、プライバシーが保護されるこの部屋が最適だ。それにエレベーターが近くにあるので、警備員がすぐに被害者をビルの外に連れ出すこともできる。

机の上の電話が鳴った。「きみの出番だ」マイクが言った。彼は件《くだん》の会議室にいる。私がジョスリンを会議室まで連れて行くことになっていた。レイオフが行われるという噂が広まっていて、その朝は全員がピリピリしていた。私は電話を切ってジョスリンを見た。パソコンでニュースを読んでいるようだ。みんなの視線が、歩くハリケーンと化した私に集まる。ジョスリンの席まで行き、彼女の肩をポンポンと叩いた。彼女はがっくりと肩を落とした。何も言われなくてもわかったようだ。この日、肩を叩かれることが意味するものはひとつしかない。私を見上げた彼女の目には、すでに涙がにじんでいた。

「仕事中にごめんなさいね」私は言った。「ちょっと来てくれる?」

トレーディング・フロアから会議室までの長い通路を歩いていると、映画『グリーンマイル』を思い出した。刑務所にいる死刑囚を描いた1990年代の映画だ。隣を歩いているジョスリンは必死に涙をこらえているようだった。「この会社が理解できません」彼女が言った。私は何も言わなかった。裏の事情はすべて知っているが、それを言うわけにはいかない。

それからの数か月、さらにレイオフが行われた。自分の席で仕事をしている社員のところへ、マイクのアシスタントがおもむろにやって来ては、彼らの荷物を段ボール箱に詰めていった。

その時期、私は祖母がよく口にしていた言葉を思い出していた。「お金を貯める方法はふたつ。節約することと、稼ぐこと」厳しい状況に置かれていたこのころ、ゴールドマンは社員の数を減らすことで節約していたわけだ。次は、もっと稼ぐ番だ。

ヘッジファンドに空売りをさせたあと、空売りをさせつづけるのが私の仕事のひとつだ。つまり、ヘッジファンドが空売りしたがっている株は必ず借りてこなくてはならない。見返りとして、ヘッジファンドからその取引の市場価値に応じた手数料を受けとる。手に入れるのが難しい株であればあるほど手数料も高くなる。どれほど高い手数料であろうと顧客は払ってくれるだろう。空売り手数料の市場というものはなく、株価のように相場を参照することはできない。最初の取引のときにブローカーが手数料を提示するが、その値は日々変わる。

私はヘッジファンドから受けとる手数料をチェックし、必要に応じて調整しなくてはならなかった。市場価格が最も高い株の空売りには、マイクも関わってきた。手数料の増減が、会社の利益に大きな影響を与えるからだ。

「この手数料を200ベーシスポイント上げろ」ある日の午後、空売りのレポートを読んでいたマイクが私に指示を出した。レポートには最大手のヘッジファンドが空売りしている株の銘柄が書かれている。彼はいくつかの株に赤い丸印をつけたレポートを、私に投げてよこした。ほとんどの株には、すでに2桁の手数料を設定してあったが――20パーセントや30パーセント――あと2パーセント上げろというのだ。

「ですが、つい最近、値上げしたばかりです」私は言った。別に違法ではないが、やり過ぎだと思った。これらの株から得られるスプレッドはすでにじゅうぶん高額だし、前の日に手数料を変更したばかりだ。高い手数料を設定しているのはうちだけではなく、ウォール街全体がそうだった。ビジネスをするうえでのコストには違いないが、間違っていると感じた。ヘッジファンドはにっちもさっちもいかなくなるだろう。彼らに残された選択肢は売りポジションを解消すること、つまり空売りをやめることだが、それまでにたいした儲けが出ていなければ、空売りをしつづけたいと考えるはずだ。自分たちはそこにつけこんでいるような気がしてならなかった。厳しい市場環境を乗り越えたいま、私たちは利益をあげなくてはならないというプレッシャーにさらされている。そうなるとヘッジファンドになす術《すべ》はない。

「ああ、たしかに値上げしたばかりだ。だが、うちとの取引をやめるわけがないだろう?」彼はにやりと笑った。赤みの差した両頬は、よく熟したリンゴのようだ。ヘッジファンドはつねに空売りの手数料について文句を言っていたが、欲しい株を手に入れるにはゴールドマンに頼るしかないと思っていることは、マイクもわかっている。

「ええ、それはないでしょうね」私も同意した。「うちとの取引はやめないでしょう」空売りをする株を見つける手立てがほかにないので、このまま取引を続けて手数料を払うしかないのだ。レポートを眺めながら気が沈んだ。マイクに給料を減額されても、ニックが会社を辞めなかったときのことを思い出した。ニックはここから抜けだせなかった。それは私も同じだ。ここがどれほど有害な場所かわかっていながら、ここを去ることはできないと感じている。すっかりゴールドマンの世界にからめとられていた。自分のアイデンティティも、ゴールドマンと切り離すことはできなかった。電話をとるときは「ゴールドマン、ジェイミーです」と答えるし、顧客には「ゴールドマンのジェイミー」と認識されている。まるでゴールドマンというのが私のファミリーネームであるかのように。さしずめマイクが私の父親で、私は家業を辞めることができない子ども、といったところだろうか。理由は異なれど、私は自分がヘッジファンドと同じ立場にいると感じていた。

いっぽう、私が株を借りている機関投資家の多くは、それほど市場に精通しているわけではなかった。自分が保有している株がどれほど貴重なものなのか、その株をどれほどみんなが手に入れたがっているのか、知らないことも多かった。私たちがヘッジファンドへの貸付手数料を値上げしたように、その株を貸す際の手数料を値上げできることも知らなかった。私は規模の小さな顧客といい関係を築いていたので、彼らは自分たちが貸付ける株の手数料が適切かどうか、私なら教えてくれると思っていたことだろう。それでも、貴重な株を貸してくれた年金基金や投資信託会社は、市場が混乱するなか、顧客のために利益をあげられたことを喜んでいたと思う。

「この株がどれほど貴重なものか、教えたりするんじゃないぞ」ある日の朝、マイクが私に言った。手に入れにくい株を、ある小規模の顧客が保有していることがわかったと、マイクに報告したところだった。「その株ならどれほどの手数料が取れるのか知らなかったとしても、それは向こうの責任だ」結局、私はその株を借り、本来あるべき手数料よりもずっと少ない金額しか払わずにすんだ。こうしたやり方は後ろ暗く感じられ、妊娠による胸やけがさらにひどくなった。

2008年に緊急経済安定化法（たんに金融救済法とも呼ばれる）が議会を通過すると、この業界の評価は地に落ちた。2008年はバーニー・マドフのスキャンダル【訳注：アメリカ史上最大規模の投資詐欺事件】で幕を閉じ、ウォール街への風当たりはかつてないほど強くなった。全国で抗議運動が起こり、ゴールドマンの正面玄関前で行われたものもあった。こうした抗議運動が、後年「ウォール街を占拠せよ」運動につながっていった。

ある日、市場が引けたあと、ピートと私はコーヒーを飲みに外に出たのだが、そのときに初めて抗議運動を目の当たりにした。彼らは「ゴールドマン・サックス」と叫びながら、手書きのプラカードを私たちのほうへ突き出してきた。「YOU GOT BAILED OUT, WE GOT SOLD OUT!（金融は救済され、私たちは見捨てられた！）」「SATAN CONTROLS WALL STREET（ウォール街を支配しているのは悪魔だ）」と書かれている。通りを渡り終えるころ、ようやく事態を肌で感じた。「ゴールドマンに勤めてるっていうだけで僕を判断しないでほしいな」注文したコーヒーを待ちながら、ピートが言った。「みんな、いままでとは違う目で僕を見るんですよ。ゴールドマンに勤めてるなんて、きっとひどい奴に違いないって。僕はあの人たちとは違うのに。あそこにいる人たちの価値観は、ぼくのとは違う。でも、給料がいいから。世界経済が崩壊して、家を失ったり破産したりする人たちがいるいま、ゴールドマンを辞めるわけにはいかない」

　でも、同僚の多くは、自分がウォール街の一員であることに浮かれていた。ある男性社員はハロウィンの日に、〝99％〟の人が抗議運動をしているなかを、〝1％〟と書かれた牛乳パックの仮装をして、肩をそびやかしながら歩いてきた【訳注：アメリカの富を1％の富裕層が独占しているという現状に抗議するため、「ウォール街を占拠せよ」運動では「私たちは99％だ」というスローガンが掲げられた】。ビルに入ってくるまでにボコボコにされればよかったのに、と思ったが、トレーディング・デスクについた彼は、傷ひとつ負っていなかった。家に帰って着替えてこい、と彼に言えるような良識をもった人が人事部にいたのは幸いだったが、それもトレーディング・フロアにスタンディングオベーションで迎え入れられた後のことだった。

　私は混乱していた。同僚よりも、抗議運動をしている人たちのほうに親近感を覚える。この業界をかばうこともできなかった――自分たちのビジネスには懐疑的だったし、嫌悪感すら抱くこともあった。けれど、私はその一員なのだ。それに、不安もあった。金融界は崩壊しつつあり、失業率は跳ね上がり、周りには家をなくした人が大勢いる。私の懐に入ってくるお金と、私だけが頼りのお腹の子どものことを考えると、怖くてここを辞めることはできなかった。

第10章　昇格試験

双子のアビーとベスは満40週で生まれた。健康な赤ちゃんだった。双子の妊娠とそのリスクについて書かれた本をずっと読んでいたので、何の合併症もなく生まれてきたことが信じられなかった。NICU（新生児集中治療室）のお世話にならずにすんだことに、とにかく感謝した。

最初の数週間は、ダンと私がこの世に生み出したものに、ただただ驚嘆していた。ふたりはとても小さく、子どものころに持っていた人形のようだった。手指や足先はとても繊細だった。何時間でも抱っこして眺めていられたが、どこか具合の悪いところがあるのに私が気づいてやれていないのではないかと、不安にもなった。双子というのは何かと問題があったり、発育の遅れがあったりするという話はよく読んだし、幼いころはその兆候が分かりづらいものだとも書かれていた。私はふたりを鷹のように観察し、睡眠パターンや、うんちやおしっこの回数や、飲んだ母乳の量などを記録した。

「ジェイミー。ふたりは大丈夫だ。どこも問題ないよ。ちょっとリラックスしたほうがいい」脊椎が曲がっていないか確認しようと、何度もアビーの背中をさすっている私を見て、ダンが言った。生まれたばかりで脊椎側弯症が見つかることがあるのかどうかは知らない。ただ、私の両親のように打ちひしがれることがないよう、心構えをしておきたかった。

命を救うために脊椎の手術を受けなくてはいけないと言われたのは12歳のときだった。デラウェア州にある病院からニュージャージー州の自宅まで戻るとき、運転する父の隣で、母はもらったばかりの診断書を見つめていた。

「ウォークマンでも聞いてなさい」母に言われた。「気がまぎれるわよ」私が座っていた後部座席には、父が吸っているセーラムのタバコと、芳香剤のウィンターグリーンの香りが染みついていた。私はヘッドフォンをつけたが、音楽はかけなかった。代わりに、身を乗りだして両親の会話を聞こうとした。

「なんとかなるわ、トニー」母が言った。「保険がきくから」

私は父の後頭部を見つめた。陽に焼けて真っ黒になったクビの後ろが、カッと赤くなった。「わかってるよ、アンジー。でも、これからが大変だ。自己負担額だけで数千ドルだぞ。手術やそのあとは、仕事も休まなくちゃならん。収入がなくなるうえに、食事代やホテル代もかかる。手術が終わってもリハビリが必要だろう。費用はかさむいっぽうだ。それに、トニーとジャニンの大学の授業料もある」

私は体を丸めて、黄褐色のビロードのクッションに染みついた煙のにおいをかいだ。「脊椎の手術なんだぞ」父がさらに言った。「扁桃腺をとる手術とはわけが違う」

両親はただアメリカン・ドリームを追い求めていた人ではない。ふたりの存在こそがアメリカン・ドリームだった。自力で稼いで大学を卒業し、懸命に仕事をして、貧しい家の生まれにもかかわらず、自分の家族を貧困から抜けださせた。ところが、悪いDNAのせいで私の脊椎が曲がり、全財産を失うかもしれない事態に陥ったのだ。

アビーとベスを眺めていると、両親がどんな犠牲を払ってきたのか、なぜ犠牲を払うことができたのか、しみじみとわかった。目の前にいる赤ん坊は壊れそうなほどか弱く、誰かに依存しないと生きていけない存在で、こちらを無条件に信じている。ふたりを守るためなら私はどんなことだってするし、どんな世話でもしてあげるつもりだ。言いたいことを飲みこみ、ゴールドマンで働きつづけることも厭《いと》わない。

ダンと私は「自由のためのスプレッドシート」を見直した。頑張って貯金してきたが、これでもまだ足りないかもしれないと不安になった。そこで、もっと貯められるようにスプレッドシートに修正を加え、目標額をさらに上げ、達成時期を後ろにずらした。ゴールドマンでの勝負から降りてしまうのが怖かった。ずっと、これは二度とないチャンスだと言われてきた。これほど稼げるところはほかにない、ゴールドマンを辞められるのは一度きり、ゴールドマンの名前がなければ私など何者でもない、と言われてきた。そうしているうちに、これらの言葉を信じこむようになり、足がすくんで辞められなくなった。辞めたら後悔するに違いないと思って。そこへ家族への責務――娘たちを養う責務――が新しく加わり、私自身の興味や夢は二の次になった。

4か月の家族休暇中も、ほとんどの日はマイクと仕事の電話をしていた。家族休暇中は仕事から〝離れる〟という会社の方針は、たんなる建前だった。娘が生まれたからといって金融危機が去るわけでもない。だから、パソコンで仕事をし、電話会議をし、毎日のようにピートと仕事の打ち合わせをした。自分の仕事と地位を守りたいなら、そうしなくてはならないと思っていた。ほかの女性もそうしていた。出産の最中に会社から電話がかかってきた女性や、出産後わずか数週間で、帝王切開の傷もまだ治っていないのに復帰した女性もいた。彼女たちはそうしたくてしていたわけではない。そうしなくてはならないと思っていたのだ。だから上司に、大丈夫です、と言ったのだ。それに、私の上司はあのマイクだ。マイクは毎日1時間早く退社するニックのことをパートタイマーと呼び、ボーナスを減らした。1年の3分の1を家族休暇に使った私のことを、彼はどう思うだろう。

職場復帰に向けてまず重要だったのは、娘たちの面倒を見てくれる人を探すことだった。ダンはITビジネスを始めたばかりで無理だったが、私の母がちょうど退職したところだったので、娘たちの面倒を見ると申し出てくれた。母にはもちろん報酬を払った。ベビーシッターを雇えるだけのお金も稼いでいたし、退職した母もお金が必要だった。それに、私自身も母が働いているあいだ、祖母に面倒を見てもらっていた。祖母は私にとって誰よりも大切な存在だった。だから、母が私の娘の面倒を見てくれることを、自然に受け入れることができた。娘たちを置いて仕事に行きたくはないが、母がしっかり守ってくれるなら安心だ。

次に大切にしたのは母乳育児だ。産んだ初日から、母乳で育てたいと思っていた。ゴールドマンには搾乳ができるフロアがあって、病院で使っているような搾乳ポンプや、プライベートロッカーや、立派なキッチンがあり、年中無休で相談にのってくれる母乳コンサルタントが常駐している。娘たちに会えなくて寂しかったが、搾乳していると娘たちとのつながりを感じることができた。

職場復帰する数日前、マイクから電話がかかってきた。「人事部から連絡があって、搾乳室への登録がすんだそうだ。ただ、それが問題なんだ」彼が言った。「きみはマネージング・ディレクターになるつもりはないのか？　そのつもりがあるなら、職場では搾乳するんじゃなくて仕事をしてもらわないと困る」私はファミリールームのカウチに座ったまま、隣に置いてあるベビーベッドで眠る娘たちを見つめた。とても疲れていて、一緒にベビーベッドにもぐりこんで眠りたいくらいだった。私のポジションを狙っている人がたくさんいることを忘れてはいけない。私は唇を噛みながらそう自分に言い聞かせた。「ええ、もちろんです。マネージング・ディレクターを目指してます」

「できるだけ早く家に帰りたいんだろう？」マイクが言った。「平日を搾乳に費やしたら、その分、帰る時間が遅くなる。娘たちにも会えないぞ」たしかに、彼の言うとおりだ。仕事が少ない日でも、夜7時までに家に帰れることはない。搾乳している時間の埋め合わせをしようと思ったら、帰宅は8時を過ぎてしまうだろう。つまり、平日は娘たちが起きている時間には家に帰れないということだ。私はガラスの扉を見つめたまま、何も言えなかった。

皮肉なのは、人事部がマイクに連絡をしたのは、マイクが私の母乳育児を支援できるようにという配慮からだったと思われることだ。だが、それは逆効果だった。電話やEメールを使えば、母乳育児をしていても高い生産性を保てると思っていたので、マイクから電話で言われたことには腹が立った。理屈や常識ではなく、ゴールドマンの価値観だけで母乳育児の可否が決められてしまったからだ。ガラスの壁で仕切られたオフィスにいる男性陣と価値観が同じなら、それでもいいだろう。だが、違うものを求めているなら、よく考えたほうがいい。高価な革靴を磨いてもらうために席をはずのものは価値のある努力。でも、乳飲み子に母乳を与えるのは、同じように価値があることとはみなされていない。オフィスにいる男性たちは、古い男社会の価値観に必死にしがみついている。彼らが権力を握っているかぎり、私のような考えをもっている女性が、あの場所で成功するチャンスはこないだろう。

「いいな？」マイクが言った。「母乳はなしだ」

涙で視界がぼやけた。「わかりました。母乳はやめます」

私は搾乳のための道具をすべてゴミ袋に突っこみ、地下室に押しこんだ。粉ミルクを買い、ミルクをつくりながら泣いた。職場復帰をする前から、もう育児に失敗している。働く目的は娘たちを養うため、と自分に言い聞かせた。養うために必要なのはボーナスであって母乳ではない、と。

私が家族休暇を取っているあいだに、職場では変化があった。経営陣が金融危機のときのマイクの働きを評価し、彼をもっと上の、幅広い部署を取り仕切る役職に昇格させていた。マイクは自分の下で働かせるマネージング・ディレクターを数人雇った。その中に、シカゴ出身のリッチという男性がいた。いまや私の上司はこのふたりになった。そのリッチが部署の再編成をし、ジェリーとヴィトもようやくマネージャーになれた。

職場復帰の初日は、新入社員のような気分だった。私はさながら〝ゴールドマンのワーキング・マザー〟のロールモデルだった。磁石に吸い寄せられるように、若い女性社員が私のところにメンターになってほしいと言いに来た。モリーと初めて会ったときのことを思い返すと、いまや自分が彼女の立場になったことが信じられなかった。受けた恩を次の人に送る機会がやってきた。

彼女たちからは、様々な質問をされた。「どうやったら昇進できますか？」「難しい上司にはどうやって対応すればいいでしょうか？」「同僚から抜きんでるためにはどうしたらいいですか？」「仕事と家庭の両立はどうすればできますか？」そのうち、彼女たちとも親しくなった。ゴールドマン女子クラブの後輩とでもいった感じだ。彼女たちに道を示したり、この環境でやっていく方法を教えたり、自分がしてきた失敗や発見の話をしてあげたりするのは、とても楽しかった。彼女たちの助けになってあげているときが、一日のなかで最も充実している時間だった。それもそのはず。私の仕事のなかで、唯一ソーシャル・ワークに似ている活動だったからだ。

職場復帰をしてから数か月後、〝メンタリング〟という言葉がゴールドマンで流行《はや》りはじめた。みんなメンターをもっていたようだったし、マイクも私たちの部署で正式なメンタリング・プログラムを立ち上げた。メンタリングに興味を示すなんて彼らしくない（なにしろ〝食うか食われるか〟の世界が好きな男だ）。噂によると、プログラムを立ち上げた部署には報奨金が出るらしい。プログラムではアナリストのひとりひとりに、マネージャーがメンターとしてつくことになっていた。

ある朝、パントリーでジェリーに出くわした。「きみのところの女の子のメンターになることになったよ」彼が言った。「リジー・ドブソンだ。今日、初めて会うことになってる」ジェリーはまるで病名か何かのように〝きみのところの女の子〟と言った。リジーはとてもエネルギッシュで仕事熱心な女性だ。ジェリーの言うように、私は彼女と親しくしている。そのことで、ジェリーが彼女に冷たくあたるのではないかと心配になった。いまでも、私が自分より先にマネージャーになったことを恨んでいるようだから。

「それはよかった」私は答えた。「彼女は優秀なアナリストよ」

彼はうなずくと、かすかに口角を上げて言った。「それはきみの意見だろ？　ぼくはぼくで判断するよ」そう言って立ち去っていく彼に苛立ちを感じた。何も言わずに黙っていればよかった。私への嫌悪感が彼女に飛び火しなければいいのだけれど。

次の日から、ふたりは一緒に働きはじめたのだが、案の定、ジェリーが私のデスクまで来て言った。「リジーが優秀なアナリストだって？」彼が言った。「ただの偉そうな女だ」何かを言い返す暇もなく、彼は行ってしまった。

その後すぐに、リジーからお茶に誘われた。「困ってることがあるんです」彼女が言った。「ジェリーが顧客に、ゴールドマンではないブローカーとの取引を勧めてるんです。私とはビジネスをしないほうがいいと言って。ヴィトもそうです」彼女は大きなブラウンの目を伏せ、唇をギュッと引き結んだ。ジェリーがリジーを虐《しいた》げようとしているのは、別に驚くことではない。信じられないのは、ゴールドマンのビジネスを犠牲にしてまでそうしたがっているということだ。リジーが担当している顧客は、長年ゴールドマンと取引をしている〝年配の男性たち〟だ。彼らはリジーのことも気に入っているようだったが、ジェリーには愛着があるので彼の言いなりになるだろう。ともにストリップ・バーに繰り出すことほど、顧客との関係を強固にするものはない。ジェリーにはそれができるが、リジーにはできない。

「ちょっと様子を見ましょう」慎重になるようにさとした。「今日から数週間、私たちが注視してフォローする」

ブレーキに欠陥のある中古車を老婦人に売りつける販売員のような気分だった。結婚して、子どももいて、マネージング・ディレクターへの道を順調に歩いている私は、ロールモデルだと思われているらしい。リジーのような人がここで成功できることを、私が身をもって証明していると。だが、ジェリーに目をつけられたら、そんなことは意味をなさない。

2週間後、リジーが自分の業績を示したグラフを私のデスクの上に置いていった。ジェリーが彼女のメンターになってから、業績が急激に落ちている。そのすぐあと、マネージャーのミーティングがあった。レイオフについて話し合う場だ。毎年春に、最も業績の低い社員を解雇することになっていて、今年もまたそのプロセスが始まったのだ。

「リジーはどうもぱっとしないですね」ジェリーが言った。「業績が落ちてます。指導したんですが、無駄でした」私たちはマイクのオフィスにいた。10人のマネージャーが会議机を囲んでいたが、私を除いて全員が男性だ。ヴィトはジェリーの隣に座っている。長年連れ添った夫婦が互いに似てくるように、どちらも丸々とした顔に、がっちりした腕をして、頭がはげかかっていた。

「ぼくも彼女はどうかと思います」ヴィトが言った。「解雇すべきですよ」

私は大声をあげて机をひっくり返したかった。テレビ番組『リアル・ハウスワイブス・オブ・ニュージャージー』のように。でも、ここは戦術をよく考えないといけない。だから、この場ではとりあえず何も言わないでおいた。そのかわり、リッチに話をしにいくことにした。うちの部署の新しいマネージング・ディレクターだ。彼はほかの男性陣と違って、周りと結託したりしない。

もっと知的で、フットボールの話よりも政治や哲学の話を好むタイプだ。

「リジーの件で話があります」リッチがオフィスにひとりでいるところを見計らって声をかけた。

「彼女の業績が下がっているんですが、私が見たところ、ジェリーが彼女とゴールドマンの仕事を、よそに流しているようなんです」

「それは本当か？」リッチが尋ねた。「仕事ができない彼女が言い訳をしているだけじゃないのか？」

「まさか本気でそんなことを言ってるわけじゃないですよね？」ひとこと言うたびに、声が大きくなっていく。希望が目の前で崩れていった。「何が起こっているのかは、明らかじゃないですか。彼女を助けてあげないと。こんなくだらないことは、もう終わりにしなくてはなりません」

「きみがアナリストのことを心配しているのはよくわかった。でも、全員を救うことはできないんだ。きみももっと、自分と自分のキャリアのことを心配したほうがいい」

リッチは私に背を向けてパソコンに目を戻した。私は彼の髪の襟足を見つめた。尻尾を巻いてこの場から逃げだしたくはなかったが、打ちのめされた気分だった。私にできることはもう何もないかのように。ロールモデルが聞いてあきれる。とんだ見かけ倒しだ。

次の日、リジーから新しい仕事を探しはじめたと聞いた。彼女を引きとめるべきなのはわかっている。ゴールドマンには優秀な女性が必要だ。たしか何年も前に私の大学で説明会を開いたジェネヴィーヴも、それを期待していたのではなかったか。私はいまでも、それは可能だと思っている。チーム・ジェネヴィーヴをなんとかして築き上げることができるはずだ。でも、この環境では、私のようにならないかぎり、ハラスメントや嫌がらせを受け、それに耐え、それに加担する人にならないかぎり、優秀な女性が成功をおさめることはないだろう。リジーは自分でここを辞めないかぎり、解雇されることになる。それが許せなかった。

数週間後、リジーが辞めた。マイクは私を自分のオフィスに呼んだ。

「リジーと辞める前に面談をしたんだが、この部署は女性には働きづらい場所だと言っていた」マイクが言った。「それから、ジェリーとヴィトが彼女をひどい目に遭わせたとも。それは本当か？」

私たちはマイクのオフィスにある楕円形のテーブルについていた。

「本当です。かわいそうでした」私は認めた。「ジェリーとヴィトのせいです」マイクは何かを考えこむようにうなずいた。リジーから訴えられているのかもしれない。

それからしばらくして、またマイクに呼ばれた。「法務部からきみのところに電話がかかってくることになってる。女性がここでどのような扱いを受けているか聞きたいそうだ。きみがネガティブなことは何も言わないと信じてるぞ。きみはぼくの秘蔵っ子だ、ヒグス。すぐにマネージング・ディレクターにしてやる。それには文句がないだろう？」

背後にあるトレーディング・フロアで鳴り響いている電話の音を聞きながら、彼の言ったことを飲みこもうとした。マネージング・ディレクター（MD）は雲の上のような役職だ。しかも、昇格は2年に一度しか行われない。MDにもヒエラルキーがあって、ほかのMDを管理するMDもいる。その中で最も高い地位にいるのがパートナーだ。負けず嫌いの私が頭をもたげてきた――その地位を手に入れたい。ここまで頑張ってきたのだから、到達するのが難しいと言われているその地位までたどり着きたい。ワーキング・マザーとして。ブートキャンプのときに出会ったアーロンや、私を否定し、私のような者にできるわけがないと言ってきた人たちに、一矢報いることができる。これが、私に向かって「きみには無理だ」と言ってきた人たちに対する答えだ。その役職につくことで得られる報酬も欲しかった。お金が貯まったら、ここを抜けだすことができる。

「もちろんです、マイク。ネガティブなことは何も言いません」

マイクはうなずいて微笑んだ。私は彼のオフィスを出て、まっすぐトイレに向かった。心にもないことを言うのに疲れていた。後輩の女性たちに向かって自分が語ったことを信じていたかった。私はバリアフリーの個室に入って鍵をかけ、洗面台の蛇口をひねった。この職場は異常だ。私のモラルまで崩れ去ろうとしている。蛇口から流れてくる水の音にまぎれて、私は泣いた。

＊　＊　＊

その年の後半、マネージング・ディレクターへの昇格シーズンが始まった。そのプロセスはまるで秘密結社のように謎めいている。リッチから私が候補に挙がっていると聞いてはいたが、それだけだった。3か月にわたる選考プロセスの途中で振り落とされれば、そうと知らされる。そうでなければ、11月の第2営業日に部署のトップから連絡がきて、MDクラブへの仲間入りとなる。

その3か月、私は長時間、懸命に働いた。ピートはできるかぎり助けてくれたし、リッチは絶えずフィードバックを返してくれたり、励ましてくれたりした。私がビジネスプランをつくり、予測や予算をたてると、リッチがつねに私の仕事を検証してくれ、プレゼンテーションを聞いてくれたり、うちの部署の幹部に私を紹介してくれたりした。夜はたいてい顧客と食事をしていたので、1か月のあいだ、娘たちに会えたのは週末だけだった。

ある日、久しぶりに早く家に帰ることができた。ダンがアビーを抱っこしながらキッチンにいて、ベスは子ども用の椅子に座っていた。私はアビーを抱きとって何度もキスをし、彼女が着ているピンク色のトレーナーに鼻をうずめてベビーローションの香りを吸いこんだ。「パパがいい」アビーが言った。「ママはイヤ」アビーは顔をゆがませて、ダンのほうに手を伸ばした。するとダンがアビーを私から抱きとった。

そのあと、腰をかがめてベスの頬にキスをすると、ベスは大きな青い目を開いて私をじっと見たあと、口をとがらせて頬を手でぬぐった。私のキスはすぐにぬぐい落とされてしまった。胸が張り裂けそうだった。娘たちに会って、キスをして、添い寝ができる日を心待ちにしていたのに。打ちのめされた私は、立っているのがやっとだった。

「気にしないほうがいいよ」ダンが言った。「ただ、ぼくに慣れてるだけだ」たったの数週間、長時間働いていただけで、娘たちは私のいない生活に慣れてしまっていた。ダンはよかれと思って言ったのだろうが、彼まで他人のように思えた。いつも家に帰るころには、娘たちはすっかり寝入っていたし、あまりにも疲れていて、ダンとはハグやキスをすることはおろか、話をすることもなくなっていた。もうひとり子どもが欲しいと話をしていたこともあるが、いまではとても考えられない。

10月の中旬、私はフロリダで行われる会議に、リッチとピートとともに出席した。ゴールドマンの神たちに私のことを印象づける最後のチャンスだ。だから、顧客との関係の良さをアピールするために、顧客とのミーティングや食事会を予定に詰めこんだ。

最終日の夜はホテルのバーにいた。そろそろ寝ようかと思ったときは、すでに夜中の2時を過ぎていた。ピートはもう何時間も前に部屋に戻っていた。体にぴったり沿った黒のカクテルドレスと黒のエナメルのハイヒールで過ごすのも、そろそろ限界だ。薄暗いバーはまだ賑わっていて、大勢の人が長かった1週間の疲れを吐きだしていた。いつもは2杯ほど飲んで終わりにする私も、この日は白ワインを飲みすぎて足元がおぼつかなくなっていた。扉の向こうにあるパティオ（中庭）からは、タバコの煙とともに楽しそうな笑い声と、酔っぱらった人たちの話し声が聞こえてくる。

酔いのまわった私は、部屋に戻ろうとバーの出口まで歩きながら、周りの客たちと互いに朗らかに挨拶を交わした。出口の近くにリッチがいた。ひとりだった。ブルーのスーツと白いシャツは、こんな時間でもパリッとしている。彼はストレートのスコッチのグラスをカラカラと回しながら、それを見つめていた。

「リッチ、私はもう部屋に戻りますね」私は言った。「今週は色々と助けてもらって、ありがとうございました」彼は顔を上げて微笑んだ。

「おやすみ、ジェイミー」彼が言った。軽くハグをしようとすると、彼は私の背中を腕ですっぽりと包みこんで引き寄せた。顎が彼の肩に押し当てられ、私は驚いて目を丸くした。彼の無精ひげが私の頬にこすれ、ジャコウのにおいのコロンがふんわりと香った。胸がつぶれるほど強く抱きしめられ、息ができないくらいだった。ほかの人から見たら、私たちは深い仲に見えるだろうか。体を離したかったが、このあと何が起こるか知りたいと自分が思っていることに衝撃を受けた。

リッチにはずっと惹かれていた。自信たっぷりで、辛口でウィットのきいたユーモアのセンスがあって、知的な男性。彼は職場にいるほかの男性とは違うし、彼が話しはじめたら、誰もが手を止めて耳を傾けたくなる。権力をふりかざすこともないので、誰からも慕われていた。その彼の首に、いま私は腕を回している。

リッチが顔をこちらに向けた。頰と頰がこすれ合ったあと、彼は私の耳元に口を寄せた。彼の息づかいを感じ、背中に電気が走った。きつく抱きしめられながら、周りの目も気にならなくなっていった。

「きみはとても綺麗だ」彼が深いため息とともに言った。「きみと一緒にいられるなら、どんなことでもするよ」

私は目を閉じて息をはいた。息が彼の首元にかかる。ふたりの体が触れあっている部分の感覚を研ぎ澄ました。私の腰に回された彼の腕、彼のスーツに押し当てられた私の頰、私の体に伝わってくる彼の体温。そこからエネルギーが伝わってくるようだった。

その後、夢うつつの状態から目覚めるように、私は彼から体を離した。リッチのヘーゼル色の瞳がこちらを見つめている。明るいブラウンに金色の斑点が散らばっているような、綺麗で独特な色の瞳をしていることに、いままでは気づかなかった。彼の瞳に強い感情が宿っているのを見て、私は驚いた。向きを変え、バーを後にする。ロビーまで来ると、走ってエレベーターに乗りこんだ。

心が真っ二つに割れ、善良な心と邪悪な心のふたつが存在しているような気がした。善良な心は、子どもと一緒に家にいるダンのことを思い出し、あの場を去った自分に安堵している。いっぽう邪悪な心は、あのままリッチに抱きしめられて彼のささやき声を聞いていたかったのに無理やり引き離されてしまったと、腹を立てている。

その3時間後、私は二日酔いと疲れの残る体で、ピートとロビーに立っていた。空港までのタクシーを待っているあいだ、私はピートに昨夜の出来事を話した。

「とんだブタ野郎だ」彼はそう言って、目玉をぐるりと回した。「彼は恥を知るべきですよ！　ふたりとも既婚者なのに。それじゃあ誰でもいいからヤリたがる奴らと一緒じゃないですか」

私は恥ずかしさで体が火照った。いったいどんな妻なのだろう。これでも母親だろうか。ほんの一瞬でも自分が欲望を抱いたことを、ピートに話すことはできなかった。ダンに対する気持ちがなくなったわけではないが、リッチへの気持ちはそれとは別だ。私はもう背中に矯正器具をつけている女の子でもなければ、容姿ではなく実力で周りを率いる社員でもなかった。リッチのように頭が切れて、信頼できて、実力のある男性が、私のことを魅力的だと言ってくれたのだ。そのことが、私の中で眠っていたものに火をつけた。

私はありふれた女だった——真面目な社員で、疲れきった2児の母。33歳で、脂肪がついた体はたるんでいてシワもある。夫を愛してはいるが、もう何か月もそういうことはない。家には幼い子がふたりいて、仕事ではプレッシャーにさらされ、ロマンスなど忘れていた。人生のいちばんいい時期は過ぎてしまったように思える。20代のころに、もっと刺激的な毎日を送っていればよかった。大学を卒業し、実家に住み、ダンと出会い、仕事に行き、結婚して、子どもを産んだ。友人たちが送っていたような日々を経験せずにここまで来てしまった。友だちとクラブをはしごしたり、薄暗いバーでナンパされたりしてみたかった。

例の出来事のあとでリッチと顔を合わせることを考えると、月曜日に職場に向かうときは緊張して胃が痛くなった。自分の席につくと、電話が鳴った。「私のオフィスに来てくれ」リッチだった。

朝いちばんに話し合うことになるとは思わなかった。私はピートのほうへ体をかがめて言った。

「リッチが私に話があるって」

彼は目を丸くした。「あのブタ野郎があなたに謝罪することを願ってますよ」

ドア口まで行くと、リッチが手招きをして私をオフィスの中に呼び入れた。「座って」彼が言う。「きみに言わなければいけないことがある」私は会議用のテーブルにつき、腕を組んだ。

「じつは」彼は椅子から立ち上がると、ドアを閉めた。「今年はきみのMD昇格はなくなった。マイクから電話があったんだ。残念に思ってる」

私は思わず目を見開いた。頭が混乱して、まるでセリフを忘れた女優のようだった。

「まあ、そんなに気にするな」彼が言った。「次回はきっとうまくいくよ」

これまで12年間、あれほど頑張ってきたのに、リジーのように会社を訴えることもなく、この部署を支えて守ってきたのに、後ろ暗いことも飲みこんできたのに、それでもまだ足りないのだろうか。あと2年、待たなくてはならないなんて。バーでの無意味な抱擁についてリッチが話したがっていると思っていたとは、なんと間抜けなのだろう。このままトイレに行ってたっぷり泣きたかったが、その代わりに深呼吸をした。

「わかりました」私は答えた。「知らせてくれてありがとうございました」私は怒っていた。でも、リッチの誘いを断ったこととマイクの決断には、なんの関係もないことはわかっている。私の昇格については、リッチも応援してくれていた。自分のポジションが危うくなることも厭わずに。ゴールドマンには「ひとり入ったら、ひとり抜ける」という暗黙のルールがある。MDの地位を特別なものにしておくために、MDの数は厳しく制限されているのだ。新しく誰かがMDに昇格したら、いまのMDから誰かひとりが辞めなくてはならない。どうして私がMDになれなかったのか、その本当の理由はマイクだけが知っている。ただ、私はそれを彼に尋ねようとは思わない。

部屋の出口に向かって歩いていると、リッチが後についてきた。

「忘れるなよ。みんな、きみのリアクションを見ている。プロフェッショナルに振る舞うことだ」彼が言った。

振り返ると、すぐ目の前に彼の顔があった。コロンの香りがして、私は苛立った。

「プロフェッショナル？　それがあなたからのアドバイスですか？」私は言った。

「ああ。落ち着いて振る舞うことだ。涙もなし。リアクションもなしだ」

皮肉もいいところだ。彼は私の上司で、つい数日前に私に言い寄ってきたばかりではないか。その彼が、私にプロフェッショナルでいろと？

私はつくり笑いを浮かべて言った。「当然です」そして部屋を後にした。

第11章　ダンとリッチ（2012年）

「シスター・ジェイミー」——同僚たちの馬鹿げた振る舞いにあきれかえる無垢な女性。このニックネームは私にぴったりではないかと、もう少しで思いこむところだった。

災難というのは、たった一度の行動で引き起こされるものではない。小さな過ちが積み重なることで起こる。私の結婚生活を脅《おびや》かす出来事も、劇的な場面から始まったわけではなかった。ファミリールームの床におもちゃが散らかっている場面から始まった。

マネージング・ディレクター（MD）への昇格を逃した次の年、ダンと私はもうひとり子どもをもうけた。男の子で、ルークと名づけた。ルークの存在が、私たちの生活に新たな風を吹き込んでくれた。彼の愛くるしさと、ふわふわした茶色の巻き毛に、家族みんなが虜《とりこ》になった。娘たちはお姉ちゃんになって嬉しそうだったし、完璧な家族の形が出来上がったように感じられた。だが、3歳以下の子どもを3人抱えた生活は、思っていた以上に大変だった。母にとっても予想以上だったようで、自分にはもう面倒を見きれないと言いだした。ダンと私はこの近くでベビーシッターを探そうと何人かと面接をしたが、母と比べると、どの人も頼りなく見えてしまう。経験も浅いし、こちらが望んでいる時間帯には対応してくれない人ばかりだった。幼い子を3人も見るなんて無理だと思っているらしいのも伝わってきた。ダンと話し合った結果、いい人が見つかるまで、ダンが

ＩＴコンサルタントの仕事を減らして母と育児を分担し、母の負担を減らすことになった。もうすぐＭＤの昇格シーズンが始まる。今度こそ昇格できるように、私は仕事を頑張らなくてはいけないという事情もあった。ＭＤになれば、これまでダンと私が犠牲を払ってきたのは、このためだったと思うことができる。いまはふたりとも休む間もないくらい働いているので、なおさらそれに見合うものが欲しかった。

ある晩遅く家に帰ると、ダンがビールを片手に、テレビの前のカウチに座っていた。テーブルの上には空き缶がいくつも転がっている。ファミリールームの床には至るところにおもちゃが散らかっていた。イライラした私は、膝をついておもちゃを片づけはじめた。カウチやテーブルの下から、人形の靴、大きなレゴ、ぬいぐるみを引っぱりだす。私はしだいに腹が立ってきて、それらをおもちゃ箱に投げ入れた。「ちょっと足上げて」私はそう言いながらダンの前に跪《ひざまず》き、彼の足の下にある人形を拾おうとした。

「カウチに座る前に、ちょっとくらい片づけられないの？」立ち上がりながら言った。骨の髄まで疲れきっていた。ちょうどＭＤ昇格シーズンが始まったところだ。仕事や顧客との食事会で、ここ数週間、帰宅するのは夜の10時を過ぎてからだった。

「冗談だろ？」ダンが言った。「ぼくは午後1時に家に帰って来て、お母さんと交代した。4時間しか働けなかったんだぞ。そのあともずっと子どもの世話をしてた。食べさせて、着替えさせて、一緒に遊んで。何回オムツを替えたことか。そうしているうちに、あっという間に寝かしつけの時間だ。ひとりではとても回らないよ。こっちは、きみみたいにステーキのディナーを食べてたわけじゃない」

私は手にしていた人形を、首がもげそうになるくらいぎゅっと握りしめた。「私は1週間、子どもに会ってないのよ！　代われるものなら代わりたい。私が懸命に働いているあいだ、おもちゃのひとつも片づけてくれないなんて信じられない！」

充血した目をしているダンの顔がカッと赤くなった。「おもちゃを片づけろだって？　わかったよ！」ダンは私の前にあった乗り物のおもちゃをつかむと、スライド式のガラスのドアを開け、真っ暗な外に向かって投げ捨てた。乗り物はテラスに叩きつけられて大きな音をたて、近所の犬が吠えた。「どうだ。すっかりきれいになったぞ！」

「ふざけないで！」私は言った。テレビから賑やかな音が聞こえてくる。手をぎゅっと握りしめると、プラスチックでできた人形の皮膚に爪が食いこんだ。「私は一日じゅう働いて帰って来て、これからまた家で仕事をしなくちゃならないの。昇格するために必死なのよ。そうすれば家族のためにもっとお金を稼げるから。それなのに、感謝のひとつもされないわけ？」ダンはまたカウチに腰を沈めてテレビを見つめている。30センチ向こうにダンがいるというのに、私はひとりぼっちの気分だった。人形をおもちゃ箱に投げ入れ、ベッドに向かった。

次の日は金曜日だった。週末が待ち遠しかった。仕事を終えて帰ろうとしたとき、リッチから車に乗せてくれないかと頼まれた。とくに珍しいことではない。ニュージャージー州にある彼の自宅はちょうど通り道にあたるので、よく乗せていってあげるのだ。それくらいたいしたことではない。いまは昇格シーズンの真っただ中だ。彼は今回も私を応援してくれていて、スペシャル・プロジェクトに手を貸してくれたり、会社の上層部に私を紹介してくれたり、新しい顧客と仕事をするチャンスをくれたりしていた。彼の家に着くと、ちょっと一杯やっていかないかと誘われた。これもまた、珍しいことではない。リッチと彼の奥さんのララと私の3人で、金曜日に軽くワインを飲みながら近況を語りあうことはよくあった。でも、今回は少し状況が違う。リッチとララは数か月前に離婚し、ララが出ていってしまったのだ。家は売りに出されているが、当分のあいだ、リッチはここにひとりで暮らしている。

「ジェイミーに乾杯しよう」ワインをグラスに注ぎながらリッチが言った。「今年はきみの番だ。ぜひMDの座を勝ちとろうじゃないか」笑顔でグラスとグラスをカチンと合わせた。

「そうなるといいんですが」ワインのおかげで、喉と胸がじんわりと温かくなっていく。

「うまく言葉で表せないが、きみには感心してるんだ。仕事もできるし、子どものいい母親でもある。きみは本当によくやってるよ」彼がウィンクしながら言うのを聞いて、私は心の中でうっとりした。すると、彼が私のほうに身をかがめてきた。「きみは大切にされるべきだ。それに値する人間だ」彼はネクタイをとり、白いワイシャツのいちばん上のボタンをはずしていた。白いものが交じった胸毛がのぞいている。

誰かに大切に扱われたかったし、肩の重荷を軽くしてくれる人が欲しかった。ありがとうと言ってくれる人が欲しかった。そうでなければ、これ以上持ちこたえられそうにない。キッチンテーブルに置いてある私の携帯電話が鳴った。「もう帰らないと」私は言った。

家まで運転しながら、いま起こったことと自分が感じたことを、ぼんやりと考えていた。2年前の、ホテルのバーでの出来事を思い出した。あのときリッチは酔っぱらっていたので、きっと何も覚えていないだろう。でも、彼が覚えていようがいまいが関係ない。私は忘れることができずにいるのだから。

次の日の午前中、アビーとベスのサッカーの試合があった。私はルークを抱っこしながら、サイドラインの近くに置いてある椅子のそばに立っていた。ルークは頭を私の肩に乗せて眠っている。暖かな日差しが目にまぶしかった。携帯電話が鳴り、発信者の名前が画面に映った。私はサッカーのコーチをしているダンをちらりと見た。

「もしもし」自分とは思えないような高い声で電話に出た。

「やあ。ちょうどきみのことを考えてたんだ」リッチが言った。「いま何してる?」

「ヤボ用です。あなたは?」

「ニューヨークの新しい家にいる」昨日の夜、ミートパッキング地区で新しく部屋を借りるという話は聞いていた。

「今晩、アーティストの友だちがグリニッチ・ヴィレッジでギャラリーを開くんだ。ぼくと一緒に行かないか?」

「本気で言ってます?」私は思わず笑った。「週末なので、家族と一緒にいるんです。私には夫と3人の子どもがいるってこと、忘れたんですか?」

「思い出させないでくれよ」彼が言った。胸がドキドキする。「ダンには友だちと出かけると言っておけばいい。たまには夜に出かけたっていいだろう。ぼくの運転手を迎えにやるよ。ギャラリーの近くにオープンしたばかりの寿司レストランがあるんだ。きみの好きな銀だらの西京焼きもあるぞ」

私は目を閉じて、いまとは違う人生を思い浮かべた。両脇にいるほかの親たちは、野球チームのトライアウトの話をしている。「無理です」私は答えた。「すみません。もう切ります」まるで病原菌でもついているかのように、携帯電話から手を離した。

午後には子どもたちもすっかり疲れていたので、早めに夕食を食べさせて寝かしつけた。ダンはカウチで野球の試合を見ながらビールを飲んでいる。私はチェリオス（シリアル）でも食べながら映画を観ようと思い、自分の部屋に向かった。パジャマに着替え、『月の輝く夜に』をセットし、チェリオスを食べていると、携帯にメールが来た。銀だらの西京焼きと、ワインの写真。「ひとりで食べてる。きみがいたらよかったのに」

私は目を閉じて想像した。黒のカクテルドレスに身を包み、西京焼きを食べ、ワインを飲み、リッチと話している自分を。目を開けると、私はひとりだった。フリース素材のミッキーマウスのパジャマを着て、チェリオスの入ったボウルを抱えている。映画が始まり、ニューヨークの映像がテレビに映し出された。自分がどんな生活を望んでいるのかはわからなかったが、こんな生活でないことだけは確かだった。

＊　＊　＊

2か月後の2012年11月、MDに昇格する社員が発表される日が来た。これまで悪い話は耳にしていないので、ほんの少し期待しながら、うちの部門のトップのリアムから連絡がくるのを自席で待っていた。手順はわかっている。朝7時半に、すべてのパートナーとMDが新しいMDのリストを確認する。その後、リアムから祝福の電話が来るのだ。

私はヘッドフォンをつけて待っていた。電話を見つめながら、どうかこれが鳴ってくれますようにと願った。8時7分、電話が鳴り、リアムがオランダのアクセントで言った。「おめでとう。マネージング・ディレクターへの昇格が決まったよ。研修についての連絡メールが、そのうち行くはずだ」そう言って、リアムは電話を切った。それで決まりだった。

私は隣に座っているピートのほうへ体を向けた。彼はクリスマスの朝の子どものような表情で笑っていた。

「やりましたね！」彼が言った。

「あなたのおかげよ」

この会社に勤めて14年、私はようやく『アイアンマン』全シリーズを見終わったかのような気分で、ピートときつくハグをした。すぐに、私の席の周りに人が集まってきた。私がメンターをしている後輩たちが、歓声をあげながらハグしてくれた。これからは元同僚となるヴァイス・プレジデントたちは、力なく私の手を握り、ボソボソとつぶやくように「おめでとう」と言ってくれた。ジェリーとヴィトはすぐ隣の列に座っているのに来てくれなかった。その代わり、ふたりとも件名のところに「おめでとう」と書いただけで本文が空欄になっているメールを送ってきた。もちろん彼らもマネージャーだが、まだヴァイス・プレジデントだ。一日じゅう、様々な人からの訪問や電話やメールがあって落ち着く暇がなかったので、ダンにはメールで昇格の件を知らせておいた。リッチが通りかかるのを待っていたが、結局彼は現れなかった。その日の遅くに、リッチからメールが来た。「きみの大事な日を見逃してしまった。離婚の件でやることがあって。明日は何人かでお祝いの食事をしよう」

その日、仕事が終わるころに、マイクが自分のオフィスに私を呼び入れた。いまこそマイクに敬意を表して感謝をするときだ。彼はオフィスの入口に立ち、握手で私を迎えてくれた。

「ところで、教えてくれないか」マイクが言った。「最下位のMDになるのはどんな気分だ？」

私はマイクの向かい側に座っていた。部屋は暖かくて、煮つまったコーヒーの香りがする。てっきりハイタッチをして喜びを分かちあえるものだと思っていたのに、聞き違いだろうか。今日という日は私のキャリアの中で最も重要な日のはずだ。14年にわたる激務と忠誠心が報われたのだから。

「きみはぼくの下にいるヴァイス・プレジデントの中で、最も優秀だった」彼が説明を続ける。「だが、MDとしての経験はゼロ。つまり、下位4分の1のグループにいるということだ」

悲惨な下位4分の1。人事考課の季節になると、社員は業績でランク付けされ、四つのグループに振り分けられる。4番目のグループは最低のランクで、ほとんどの人が解雇される。マイクはこみあげてくる笑いを抑えるように言った。「この穴からどうやって這いあがる？」

ここ数か月の会議で、これからのビジネスプランは頭に叩きこんである。それを壊れたレコードのように繰り返した。

「なるほど、いいんじゃないか」私が話し終えると、マイクが言った。「うまくいくといいな。忘れるな、ハードルは前よりもずっと高いぞ」

「わかりました」そう言って立ち上がった。

オフィスから出ようとしたとき、マイクが言った。「今年度のボーナスのことだが。MD税について周りから聞いておいてくれ」

フェリーに乗るときもまだ、帰り際に言われた言葉の意味がわからず混乱していた。そこで、私と同じようにフェリーで通勤しているマットのところへ行って声をかけた。彼はほかの部署のMDだ。「マイクが税金のことについて何か言ってたんだけど、どういうことか知ってる？」

「ああ、MD税のことか。ゴールドマンの習わしのひとつだよ。典型的なパワープレーってやつだな。昇格して初めてのボーナスは下がることがある。『MDになれただけでもありがたいと思え。お金がもっともらえるとは思うな』っていう、ゴールドマンからのメッセージだ。それから、MDに昇格できた人は、昇格できなかったヴァイス・プレジデントにお金をあげないとならない」

「本当に？」昇格したのにボーナスが下がるとは、いったいどういうことだろう。

「残念ながらね」彼が答えた。「ぼくのときは年収が20パーセント下がった。でも心配しなくても大丈夫。数年後にはもとに戻るから」川を渡っているフェリーの揺れで気分が悪くなった。これまで船酔いなどしたことがないのに。普通は昇格したら給料が上がるはずだ。下がることなどない。

「自由のためのスプレッドシート」の目標額を達成できるはずだった。そうすれば私は会社を辞めて、充実したキャリアを追い求めることができる。家族と過ごす時間も増えて、もっと幸せになれるはず……。それなのに、まるでボードゲームの『Sorry』をやっているかのように、ふりだしに戻されてしまうとは。

帰宅すると家の中は静かだったが、上の階にあるバスルームから声が聞こえてきた。3人の子どもがバスタブの中で泡まみれになっていて、ダンが緑色の洗面器で3人の頭からお湯をかけているところだった。

ダンがこちらを見て言った。「ああ、おかえり。チャイニーズをテイクアウトしてお祝いしようか」バスタブのお湯があふれてクリーム色のタイルの床に広がり、私のハイヒールの足元に水たまりができた。「注文して取ってきてくれるかい？　何を頼むかはまかせるよ」

私はヨガパンツとTシャツに着替え、夕食をテイクアウトしに車を走らせた。がっかりしていた。ダンも毎日大変なのはわかっているし、子どもと一緒に家にいてくれるのはありがたい。でも、風船のひとつも飾るとか、手書きのカードを用意するとか、もっとお祝いムードにしてほしかった。仕事で頑張っているのは家族のためなのに、それにふさわしいお祝いすらしてもらえない。大きな赤ん坊のようなことを言っていると、自分でもわかっている。私は大人の女性だ。別にパーティを開いてくれと言っているわけではない。でも、落胆する気持ちは抑えられなかった。いや、マイクとの会話のせいで、こんなに落胆しているのかもしれない。せっかく試合をものにするタッチダウンを決めたのに、誰からも歓声をもらえないような気分だった。

食事をテイクアウトして家に戻り、テーブルに並べていると、子どもたちが勢いよく階段を下りてきた。ベスのためにワンタンを小さく切り、アビーにはチャーハンをよそい、ルークが座っている子ども用の椅子についているテーブルには、フォークに巻きつけた焼きそばを置いた。ダンはビールの缶を開け、自分用にワンタンスープをよそった。みんなが文句も言わずに食べはじめるのを眺めながら、私は自分用にワインを注ぎ、料理を皿によそった。次の瞬間、ベスがワンタンスープをアビーの膝の上にひっくり返し、アビーが泣き叫んだ。

「とんだお祝いの日だな」そうつぶやきながら、アビーの濡れたズボンを脱がせ、テーブルを拭き、アビーをまた席につかせた。ダンは笑顔でビールをごくりと飲んだ。

「ぼくの世界へようこそ」彼が言った。「高給取りでもテーブルを拭かなきゃならない」彼は椅子の背に寄りかかり、私は残っていたワインをあおった。

「お給料のことだけど、今年はボーナスが下がりそう。MDになった代償らしい」

ダンの眉間にシワが寄った。「は?」

「今日、そう聞いたの。MD税っていうんだって。昇格させてあげたんだから、お金は別にいいでしょ、ってことみたい」

「何だよ、それ。これまで犠牲を払って激務をこなしてきたのに、給料を下げるだって?」ひとこと言うたびに、彼の声は大きくなっていった。「どれくらい下がるんだ?」

「ある人は20パーセント下がったって言ってた」

ダンが目を見開いてこちらを見た。子どもたちは互いに何かしゃべりあっている。彼の反応を見て、それがどんなにひどいことなのか、ようやく実感した。いまや私はMDだ。それなのに家に富をもたらすこともできない。

「とんだ無駄骨だったな」ダンが首を振りながら言った。

無駄。そう、すべて無駄だった。プロジェクトも、プレゼンも、顧客との食事会も、睡眠不足も、子どもに会えないのも。ダンから目の前に鏡を突きつけられ、自分をよく見てみろと言われているような気がした。私は自己嫌悪でいっぱいになり、怒りがこみあげてきた。

「今日はいままでのキャリアの中で最高の一日になるはずだったのに、あなたは私のことなんてどうでもいいんだね。お金のことだけが心配なんだ」

「馬鹿言うな！」ダンが言った。「お金が問題なんじゃない。ぼくはきみのために自分のキャリアをあきらめたんだぞ。やっときみが大リーガーになれたと思ったら給料が減るなんて、どういうことだよ。保育料が20パーセント減ることはないし、住宅ローンが20パーセント減ることもない。きみがもっと上に行けるように、ぼくは身を引いたのに、これじゃあ家族で共倒れじゃないか」

「ママー！」アビーの声が部屋を切り裂いた。髪の毛や顔に焼きそばがついている。ルークにやられたらしい。

「アビーをきれいにしてあげてくれる？　私はお皿を洗っちゃうから」私は言った。

「わかった。今日も派手にやってくれたなあ」

夜、ベッドに横になって今日一日を振り返った。素晴らしい日になるはずだったのに。職場では後れをとり、家では役立たず。手に入れそこなったものばかりで、何の成果もない——子どもとの思い出もないし、住宅ローンも完済できていないし、教育資金も貯まっていない。昇格すれば自由に近づけるはずだったのに、逆に砂に飲みこまれようとしているではないか。八方ふさがりの気がした。子どもと一緒にいたいし、幸せにしてあげたい。でも、子どもにじゅうぶんなものを与えてあげるために仕事もしたい。リーダーになりたいし、ばりばり仕事をしたい。感謝されたいし、尊敬もされたい。1世代前の男性が手にしてきたのと同じものが欲しい。仕事での成功を称えられたいし、それに見合う給料ももらいたいし、伴侶から労われたい。でも、自分にはそれが与えられないのだという悔しさをかみしめながら、眠りについた。

＊　＊　＊

次の日の夜、リッチと私は夕食に行った。馬鹿なことをしているのはわかっているが、昨晩のダンや子どもたちとの夕食の後だけに、お祝いをやり直したい気持ちがあった。ほかにも人が来てくれるというので楽しみにしていた。

「ほかの人とは、どこで待ち合わせてるんですか？」会社のビルを出るときに訊いた。

「いや、今日はふたりだけだ。行き違いがあって、ほかの人は来れなくなった」彼がウィンクをしながら言った。胃に緊張が走り、罪悪感を覚えた。これは間違ったことだとわかっていたが、彼とふたりきりだと思うと体がじんわりと温かくなった。

私たちは運転手つきのキャデラック・エスカレードに乗りこんだ。「ルイ、〈ノブ〉まで頼むよ」ニューヨークにある私の大好きな寿司レストランだ。

レストランに着くと、店主は名前も訊かずに、私たちを部屋の奥にあるふたり用の席に案内した。ほの暗い照明のなか、テーブルには白いバラが飾られていて、その周りには小さなキャンドルが灯っている。ソムリエがシャンパンのボトルを持ってきて、私たちは乾杯をした。「これまでのきみの努力と、これからの私たちに」リッチが言った。ヘーゼル色の瞳がレーザー光線のように私を見つめている。

ウェイターがメニューを持ってやってきたが、リッチはそれを突き返した。「メニューは必要ない」そして、私に笑いかけながら言った。「きみはただ食事を楽しめばいい。あとのことは私にまかせておきなさい」

私は背もたれに体を預け、シャンパンを飲み、リッチが注文するのを見ていた。私が食べたいものを彼が私に尋ねる必要はない。一緒に何度も顧客との食事会に行ったので、私の好みならよく知っている。

すぐに最初の一皿が運ばれてきた――よく冷えた銀色の皿に盛りつけられたマグロとサーモン。白い蘭の花が添えられている。ウェイターが去り、料理は静かにそこに置かれていた。料理に手を伸ばしてくる子もいないし、誰かのために小さく切ってやる必要もない。私のためだけの料理だ。

マグロを一切れ、口に運んだ。ソースはとても風味豊かで、舌が心地よく刺激された。一切れ目を咀嚼《そしやく》しながら二切れ目を口に運ぼうとしたとき、急いで食べるのはもったいないと思い直してお箸を置いた。そもそも、急ぐ必要などないのだ。

「口に合いそうかな？」リッチが訊いた。

「ええ、とっても美味しいです」私たちはその日あったことを話し、ミーティングでの出来事について笑いあった。内輪でしかわからない冗談も言いあった。彼と一緒にいるのは気が楽だ。いちいち説明しなくても話が通じる。

夕食のあとラウンジに行くと、リッチが部屋の隅のカウチに席をとった。彼がもう1本ボトルを注文し、私は化粧室に行こうと立ち上がった。私たちの前には小さなテーブルがある。結構な量のワインを飲んでいたのでハイヒールの足元がふらつき、リッチに軽く触れるかたちになってしまった。その瞬間、お腹から足にかけて衝撃が走ったかと思うと、リッチの膝の上に抱き寄せられていた。

「わかるだろう?」彼が私の耳元で言った。「ここなら大丈夫だ」ラウンジは薄暗くて、周りの人影もぼんやりとしか見えない。黒いドレスの裾がまくれ上がり、太ももがむき出しになっていた。リッチの指がそこをすっと撫でた。優しく、軽いタッチだった。何が起きているのかよくわからなかったが、ここで終わってほしくないと思った。誰かに大切に扱ってもらうのは気分がいい。気を張っていなくていいのは楽だった。後ろ髪を引かれる思いで彼の膝から立ち上がり、ふらふらと化粧室に向かった。

鏡の前に立って自分の顔をじっと見つめながら、リッチの言葉を思い返した。いまや私たちは同僚だ。部下と関係をもつのはタブーだが、同僚同士なら問題はない。いや、だめだ。こんなことはおかしい。いけないことだ。しかもいまは酔っぱらっている。馬鹿なことをしでかしてはいけない。でも、人から求められてセクシーな気分になっていた。こんな気分になったのは久しぶりだ。携帯を確かめると、時刻は夜の12時だった。1時間前にダンから「何時に帰ってくる?」というメールが来ていた。「いま、会計をしてる」と返信しておいた。そのあと黒のアイライナーを引きなおし、ローズ色のリップグロスを塗って、席に戻った。

カウチに近づいていくと、リッチが顔をあげた。彼は下唇を嚙みながら、私の体を上から下まで眺めまわした。そして、横にずれて私の座るスペースをつくると、私の体に腕を回してきつく抱き寄せた。彼の心臓が早鐘を打っているのが伝わってくる。私たちはじっと見つめ合った。彼が私の両頰に手を当てて、じっとこちらを見る。私は目線をはずして彼に身を寄せた。頭を彼の肩にもたせかけ、コロンの香りを吸いこむ。彼にここまで近づいたのは初めてだが、こうするのが正しい気がした。指をからませながら、私たちは何も言わずにただ抱き合っていた。ウェイターが5回目にやって来たとき、ようやくリッチは勘定を済ませた。

「車を呼びます」私はワイングラスを置いて言った。

「いや、一緒に乗って帰ろう。私は途中で降りるよ」

店先に車を停めていた彼の運転手が、私たちのために後部座席のドアを開けてくれた。リッチは2列目のシートを前にスライドさせ、3列目のシートに座れと私に手で示した。車が発進し、車内のライトが暗くなった。「きみは綺麗だ」彼が言った。彼は私の手を取り、手首の内側に唇を当てた。ぞくりとした感覚がシロップのように体を流れ落ちていく。そして私たちはキスをした。ダンではない男性の唇に違和感を覚えたが、悪くはなかった。キスはしだいに濃厚なものになり、リッチは私を膝の上に馬乗りにさせた。私の体の側面が彼の胸に押しつけられるかたちになった。彼は私のドレスの内側に手をすべりこませ、下着のゴムに指をかけた。

「きみは素晴らしい女性だ」彼はそう言いながら、下着のゴムを引っぱって手を離した。ぴんと張りつめた車内にパチンという音が響く。彼の指が私の下着の縁をなぞり、とうとう脚の間にたどり着いた。私の耳に息をかけながら首元にキスをする。頭がくらりとした。何も言えず、何も考えられず、何も判断することができなかった。いけないことだとわかっていたし、後悔することになるとわかっていた。でも、やめたくなかった。彼の手が私の下着の中に入ってきて、思わず背中がのけぞった。窓の外を、高速道路の照明が飛ぶように過ぎ去っていくのが見える。リッチは私の中に指を1本入れ、そのあともう1本入れた。彼が指を入れたり出したりするたびに、私はあえぎ声をあげた。指はしだいに深いところまで入ってくる。私はドレスを脱ぎ、リッチが見ている前でブラをとった。彼が私の上になり、私の乳首を鼻でさっと撫でたあと口に含んだ。

私は崖の縁にいた。自分が背負っている責任など忘れて、そこからジャンプして鳥のように飛びたかった。でも、私は結婚しているし、3人の子どももいる。ここでやめなくてはいけない。この場をおさめて、何もなかったふりをすればいい。そう自分に言い聞かせた。私たちはセックスをしたわけではない。車の中にいるだけでベッドの中にいるわけではない。酔っぱらってぼうっとした頭で、そう考えた。彼はまだキスをしようとしてきたが、私はゆっくりと体を離した。車がガタンと揺れて止まった。窓の外を見ると、高速道路を下りて彼の家のすぐ近くまで来ていたのでホッとした。車が彼の家の私道に入っていくと、リッチは気分を害したような表情で体を起こし、私はドレスのジッパーを上げた。

「泊まっていきなよ」彼が言った。そうしたい気持ちもあったが、そのとき、携帯の画面が明るく光った。もう午前2時だ。ダンからのメールだった。ずっと私を探していたに違いない。

「それが無理なのは、あなたもご存じでしょう？」

「本当に無理なのか？」口をとがらせながら彼が言った。

「おやすみなさい」

彼が車を降り、私は運転手のルイに自分の住所を告げた。彼がいなくなった後部座席に、自分の声が響きわたる。携帯を見ると、ダンから10回の不在着信と20通のメールが来ていた。メールを読んでいくと、1通ごとにダンの不安が増していくのがわかった。私はたいした強者だ。夫が私を探しているあいだ、上司に指でいじられていたなんて。私はルイの後頭部を見つめた。彼に見られていたと思うと恥ずかしさがこみあげてきた。

それでも、私はまだ興奮していた。気持ちが高ぶっていたし、終わっていなかったし、満足していなかった。汗でしっとりした髪の毛を手で整えているあいだも、心臓が激しく鼓動を打っていた。

夜中の2時半に家に着くと、ハイヒールを脱ぎ捨て、ぐらつかないように壁に手をついて歩いた。ファミリールームに行くと、ダンがテレビをつけたまま、落ち着かない様子でウロウロしていた。

「いったいどこにいたんだ！」彼が言った。衿ぐりが伸びきった青いTシャツが、体からだらんとぶら下がっている。ブロンドの髪は乱れ、ブルーの瞳には生気がなかった。私は部屋の明かりがまぶしくて思わず目を細めた。テレビの大きな音で耳がきんとする。床には空になったビール缶が10本以上も転がっていて、サイドテーブルはひっくり返っていた。そこに乗っていたはずのランプは、床の上で粉々になっている。

何を言えばいいのか、何をしたらいいのかわからなかった。ここのところ、ふたりの関係はうまくいっていなかったが、だからといって彼をこんなにも苦しめていいわけはない。「ごめんなさい」

私は言った。「つい時間のことを忘れちゃって」

「何時間も連絡をとろうとしてたんだぞ！　いつものように電話をくれないから、きみがどこかで死んでるんじゃないかと思った。もう少しで警察に連絡するところだった」彼の息は酒くさかった。

「そもそもお店に行ったのが遅かったの。料理が出てくるのも遅かったし、帰り道では工事をしてて……」嘘が口から次々と出てきたのには、自分でも驚いた。

「誰と一緒にいたんだ？　職場の夫のピートか？」私はピートの名前に反応した。ダンはピートと私のあいだに何かあると思っているのだろうか。

「違う。リッチよ。私の昇格を祝ってくれたの」

「ああ、なるほど」ダンが薄笑いを浮かべながら言った。「リッチか。彼のことを忘れてたよ」

胃が締めつけられるような感じがした。ダンは私がしたことを知っているのだろうか。顔に出てしまっているのだろうか？

「飲みすぎちゃっただけ。ごめんなさい」

「子どもたちに何かあったらどうするんだ？」私を見ているだけで腹立たしいという表情だった。私が答える前に、彼は部屋から飛び出して、階段を上がり、寝室のドアを叩きつけるように閉めた。私はその場で歯を食いしばりながら、子どもたちが起きなくてよかったと思っていた。

洗面所に行って鏡を見ると、髪は乱れ、顔にはマスカラが流れ落ちたあとがあった。娼婦のような気分だったが、見た目も娼婦だった。私はなんて陳腐なのだろう。車の後部座席で上司と戯《たわむ》れあうなんて。視界がぐらつきはじめ、私はファミリールームのカウチに座って、そのまま眠りについた。

＊　＊　＊

「ママ、ママ！」甲高い声が聞こえ、片方のまぶたをこじ開けられるのを感じた。陽の光が刺すように目に飛びこんでくる。もう片方の目も開けると、ベスが私の上に乗っていた。起き抜けのボサボサ頭で顔が隠れている。

「おはよう」私は言った。自分の頭がボウリングのボールのように感じられる。これほどひどい二日酔いになったのは久しぶりだ。立ち上がるとめまいがして、思わず壁に手をついた。昨晩の光景が頭によみがえってきて、息が苦しくなるくらい打ちのめされた。

「おなかすいた」ベスが言った。「パンケーキつくって」

私はキッチンのカウンターに寄りかかった。「シリアルじゃだめ？」

ベスは口をとがらせた。「だめ！　パンケーキがいい」

私はイブプロフェンを4錠、口に放りこんで水を飲み、コーヒーを淹《い》れた。それからパンケーキづくりにとりかかった。バターの溶けるにおいで胃がムカムカする。今日一日をどうやって乗り切ればいいだろう。パンケーキが焼きあがるころには、ルークがベビーベッドから私を呼び、アビーも起きてきた。朝食のお皿を洗っていると、ダンが2階から下りてきて、自分のカップにコーヒーを注いだ。

「昨日の夜は、本当にごめんなさい」私は言った。

彼は私を制するように手を突きだした。「その話はしたくない。忘れてるかもしれないけど、今日はパーティがあるから12時にはみんなで家を出なくちゃならない」

私はがっくりと肩を落とし、泡だった水に両手を沈めた。今日はダンの妹が彼女の夫の誕生日パーティを開くことになっていたのを思い出した。あと1時間だって乗り切れるかどうかわからないのに、車で2時間かけて義弟のパーティに行かなければならない。

「わかってる。午前中、娘たちを水泳教室に連れていくとき、ルークも一緒に連れていってくれる？」気分がよくなるまで、ひとりで休む時間が欲しい。

「いいよ、どっちでも」彼が言った。

ダンたちが出ていくと、私は服を脱いで床に放り投げた。黒いドレスと下着を見ていると、吐き気がこみあげてくる。私は熱いシャワーを浴び、アルコールが抜けますようにと願った。

ベッドに潜りこむと携帯が鳴った。リッチからのメールだ。「昨晩は素晴らしい夜だった。ありがとう」そう書かれていた。私は携帯を置いた。いまは返信する気になれない。うつらうつらしていると、突然、胃がむかついて酸っぱいものが喉をせりあがってきた。トイレに駆けこんで嘔吐した。そのまま床に座りこみ、タイルの冷たい感触が心地よいと思いながら眠ってしまった。家に帰ってきた子どもたちの声で目が覚めた。

それから数時間後、義妹の家に着くと、ダンは義弟とどこかへ行ってしまった。私は子どもたちを追いかけてあれこれと世話を焼きながら、義妹とちょっとしたおしゃべりをした。そのあいだもリッチから何度も電話がかかってきたので、私は携帯を鞄に入れて、玄関ホールのクローゼットに押しこんだ。

　夕食のあと、裏庭につくられた即席のポリネシア風のバーに、ダンがひとりでいるのを見つけた。私は手を震わせながら彼に近づいた。変な感覚だった。ダンは私の親友で、緊張するような相手ではないはずだ。

「いま、話してもいい？」

「冗談だろ」彼があざけるように言った。「いまがいいタイミングだと思うか？」

「ううん。でも、一日じゅう私のことを避けてたでしょう？」

「いまは無理だ」彼はそう言うと去っていった。私は肩を落とした。仕事のメールが来ていないか確かめようと携帯を取り出したが、本当は、リッチから電話が来ていないか確かめたかったのだ。電話はかかってきていた。4回も。私は洗面所へ行き、2箇所ある洗面台の蛇口から水を出して、リッチに電話をかけた。

「ずっと心配してたんだ」リッチが言った。「メールしても電話しても返事がこないから」

「私は大丈夫。でも、いまは話せない」

「わかった。私がきみのことを考えているのは忘れないでくれ」私は電話を切って、トイレの蓋の上に座った。リッチが私のことを考えてくれている。そして私はリッチのことを考えている。彼から送られてきた何通ものメールを読んでいると興奮が高まってきたが、そのあとには羞恥心が沸きあがってきた。私の人生はどうなってしまったのだろう。話をしたいと思っているダンには拒否され、私と話したがっているリッチのことは、私が拒否している。自分がしたことはいけないことだとわかっている。でも、リッチのことが頭にこびりついて、忘れることができなかった。

パーティが終わったのは夜遅くなってからだった。高速道路に乗るころには子どもたちも眠ってしまい、私たちは黙ったまま車を走らせた。家に着くと子どもたちをベッドに運び、私たちも寝室に向かった。自分が何を言いたいのかもわからないし、何と言われたいのかもわからなかったが、ひとつだけ確かなのは、家庭の平和を保ちたいということだった。

「いまなら話せる？」私はキングサイズのベッドの端に座って、鏡に映ったダンを見た。ダンはネクタイを緩め、青いシャツのボタンをはずした格好で、鏡に映る私を見た。

今日初めて目が合った。鏡ごしだったけれど。「ぼくから言うことは何もない」彼が言った。「きみの行動がすべてを物語ってるよ」彼はパジャマに着替えると、枕をつかんで部屋を出ていった。

明かりを消してベッドに潜りこんだ。何をどうすればいいのかわからない。

リッチとのあいだに起きたことはよくないことだとわかってはいたが、その関係をやめたいと自分が思っているのかどうかは、よくわからなかった。

第12章　何者でもない私

月曜の朝、仕事に行く準備をしようと階段を下りていくと、キッチンは真っ暗だった。いつもならダンがコーヒーを淹れて、子どもが起きる前に仕事をしているのに、今朝はまだ客用の寝室にいるようだ。

オフィスに着くころには、リッチとは何もなかったかのように振る舞おうと決めていた。でも、それが無理なことはわかっていた。彼の手が私の下着の中にまで入ってきたのだから。彼の姿を見たら平常心ではいられないだろう。今日は何度もミーティングで顔を合わせることになっているのに、いったいどうしたらいいだろう。

自分の席に行き、いつものようにピートと週末のことについて話した。起こったことを彼に話して、心の重荷を下ろしたかった。彼は私にとって、告解を聞いてくれる司祭のような存在だ。話せるとしたら彼しかいない。ダンにはもちろん話せないし、恥ずかしくて母にも話せない。ピートは7年前に私の下で働きはじめたころから、私の右腕としてやってきてくれた。ゴールドマン・サックスという世界のことも理解している。けれど、ピートにも言うことはできなかった。少なくとも、いまはまだ無理だ。リッチからのメッセージが携帯の画面に浮かび上がった。「私のオフィスに来てくれ」

私はうなだれた。こうなることは予想していた。でも、よりによって朝一番とは。メールを見なかったことにできないだろうかと思ったが、リッチのオフィスからは、私の姿が丸見えだ。

「座って」リッチはそう言って、会議テーブルのほうを手で示した。私はドアを閉めて、彼から最も離れた椅子に腰を下ろした。

「言いたいことがある」彼が言った。フロアの奥にある、ガラスの壁で仕切られたこのオフィスに、みんなの目が注がれているような気がした。もちろん誰も何があったのかは知らない。それでも、自分の背中に緋文字《ひもんじ》が縫いつけられているような気がしてならなかった。リッチは硬い表情で少し顔を赤らめていた。私は息を呑んだ。「私はきみのことを愛していると思う」彼が言った。

私は驚いて目を丸くした。心臓が高鳴っている。あれは彼にとって意味があったのだ。私にとって意味があったのかは、自分でもよくわからない。私は彼のことを愛しているのだろうか。もしそうならば、もうダンのことは愛していないということだろうか。たしかに、ここ最近うまくいっていなかったが、ダンとはずっと一緒にやってきた。目に涙が浮かんだが、嬉し涙なのか悲しい涙なのか、自分でもわからなかった。

「何か言ってくれないか」彼が言った。

私はテーブルに肘をつき、頭を抱えた。「何をどう言えばいいのか、わかりません。私は結婚しているし、3人も子どもがいるんですよ」

「一緒に解決策を考えよう。私なら、きみと子どもたちを幸せにできる。きみたちの面倒を見させてくれ」目を閉じると、頭の中に画が浮かんだ。私より20歳も年上で、大学生の娘がふたりもいるリッチが、もう一度父親の役割を一から始める場面が。きっと、ニューヨークでの暮らしというものを、私と子どもたちに体験させてくれるだろう。美術館やアート・ギャラリー。ブロードウェイのショー。週末には子どもを預けてふたりきりで、トライベッカにある彼のマンションで過ごす。ベッドの中でニューヨーク・タイムズのクロスワードパズルを一緒に解いたりして。

ダンと私が子どもを預けあう場面も想像した。子どもたちはふたつの家族、ふたつの家庭をもつことになる。娘たちはまだ幼稚園児だし、ルークは歩きはじめたばかりだから、両親が一緒にいたころのことを覚えてはいないだろう。そして、ダン……。私たちは一緒に様々なことをくぐり抜けてきた。その彼と別れることができるだろうか。そのままリッチのもとへ行くことができるだろうか。いまはリッチも私もMDなので、関係をもっても問題はないものの、同じ部署の人と恋愛関係になるのは禁止されている。どちらかが、ほかの部署に異動するか辞めるかしなくてはならない。頭が目まぐるしく回転して、吐き気がこみあげてきた。「いま、その話はできません」私は言った。「失礼します」

私は洗面所に行って、冷たい水を顔にかけた。こんなことはもうやめなければ。しっかりしないといけない。私は立派な大人の女性だ。子どももいるし、マネージング・ディレクターに昇格したばかりなのだ。これでは祖母と一緒によく観ていたソープオペラのようではないか。祖母のことを思い出したら、急に涙がこみあげてきた。いまの私を見たら、きっとがっかりすることだろう。

席に戻ると、ピートが目を細めてこちらを見た。「大丈夫ですか?」

「あとで話すね」できるだけ、さりげない感じで答えた。

仕事に集中し、リッチを避け、私の代わりにピートにミーティングに出てもらった。考える時間が必要だ。ダンから、子どもたちのことでメールが送られてきた。いつもなら電話をしてくるのに。私のほうからも電話はしなかった。こちらも考える時間が必要だ。

市場が引けると、ピートがコーヒーを飲みませんかと誘ってくれた。私たちは誰からも見られないように、フロアの奥にある会議室に行った。そこですべてを彼に話した。

話し終えると、ピートはテーブルの反対側から私をじっと見つめた。手には紙コップが握りしめられている。私は疲れきっていた。すべてを思い出すのにも、それが意味することを考えるのにも、それがほかの人にとってどういう意味があるのか考えるのにも。あまりにも疲れていたので、テーブルに頭を乗せたら、そのまま気絶してしまいそうだった。ピートは顔を赤くしている。彼の言葉を聞くのが怖かったが、同時に、彼に頰を叩かれて正気に戻りたいとも思っていた。ピートの充血した目から、涙が一筋流れ落ちた。それを見て、私の目からも涙があふれた。涙とともにストレス、不安、悩みも流れていった。

「もう、精神的にぼろぼろ」涙にむせびながら言った。

「あなたらしくないですね」彼が言った。「この場所のせいですよ。ここの環境が悪すぎるんだ。普通の職場だったら、きっとこんなことにはならない。職場環境、給料、プレッシャー、長時間労働。それによって、みんなの悪い面が引き出されてしまうんですよ」

私は手の甲で涙をぬぐった。「そうだね。この場所が私を変えた。汚した。上司と浮気するなんて私らしくない。でも、彼に惹かれてるのはたしかなの。どうしようもない。やめられるかどうか、自信がない」

「くだらないと思われるかもしれないけど、それは、ぼくにとっての喫煙と一緒にするなんて、と思わず笑った。「まあ、聞いてください。ぼくがタバコを吸うのはストレスが解消されるからです。タバコを吸うと気分もあがるし、解放的な気持ちになる。そのときだけは、自分や自分の人生も悪くないんじゃないかって思えるんです。でも、吸い終わると自分に腹が立つ。タバコは体に悪いってわかってるから。でも、やめられない。タバコ中毒です。あなたにとっては、リッチがそうなんですよ」

彼の言うことはよくわかる。リッチとの恋愛を思い浮かべてしまうのは、突きつめて考えれば現実逃避なのだ。社内の政治的な駆け引きによるストレスからの逃避、長い通勤時間からの逃避、うんざりするほど多くのことが求められる母親業からの逃避、妻として過ごす時間が残っていないことからの逃避。そもそも人間らしい時間を過ごすことすらできていない。「ジェイミーでいられる時間」などない。あるのは「ゴールドマンの時間」と「母である時間」だけだ。安易な発想だが、リッチに癒しを求めたかったのだろう。それだけのことだったのかもしれない。おそらく、問題はダンのことでもリッチのことでもない。問題は私自身にある。

「そんな風に考えてみたことはなかった」私は思いを巡らせながら答えた。「あなたの言うとおりかもしれない」

「きっとそうですよ。ぼくが偉そうにあなたを見下してるなんて思わないでくださいね。あなたと状況は違うけど、ぼくだって精神状態はぼろぼろです。ここにいると浸食されてしまう。毎日、削られていく。毎朝、起きると憂鬱《ゆううつ》な気分になります。で、憂鬱な気分で退社して、憂鬱な気分で眠りにつく。夜、せっかく家族と一緒に過ごせる時間があっても、妻と口喧嘩をしたり、子どもに怒鳴ったりしてしまう。だから、家族はみんな、ぼくに近づきたがりません。ぼくだって、こんな自分にはもううんざりですよ。でも、ここを辞められない。ぼくのたったひとつの能力は、この会社でお金をたくさん稼ぐことだから」頭上で掛け時計がカチカチと鳴っている。会議室のドアの向こうを見ると、幸いなことに、廊下を歩いている人は誰もいなかった。

「憂鬱な気分の連鎖ですよ」彼が言った。「喜びを感じるのはボーナスが出る週だけです。自分にも価値があると思える。でも、残りの51週は、自分がなんのために生きてるのかも、よくわからない」彼は元気がないように見えた。これほど悩んでいるとは知らなかった。このときの彼は、私の写し鏡だった。ふたりともゴールドマンを嫌悪し、そこに囚われていると感じていながら、そこを去ることができないでいる。私にとってゴールドマンは仕事以上のものになっていた——私のアイデンティティだった。大人になってからずっと、そして、人生の半分の時間を〝ゴールドマンのジェイミー〟として過ごしてきた。会社に忠誠を誓い、自分はゴールドマンという家族の一員だと思ってきた。えげつない家族だし、自分への自信を喪失させるような家族ではあるけれど、それでも家族は家族だ。たしかに、ゴールドマンにいることは苦痛だが、これまでゴールドマンによくしてもらってきたのも事実だ。去ることには罪悪感がある。給料も高いし、高い役職にも就かせてもらっている。家族が誇りに思ってくれていることも考えると、どうしても辞められない。私はニュージャージー州出身で、背中に矯正器具をつけた負け組だった。知識もコネもなく、ウォール街で成功するのは無理だと思われていた私が、聡明な勝ち組の女性になったのだ。私たちはずっと、ゴールドマンの肩書がなければ自分には何の価値もないし、ほかの場所で成功できるわけがないと思いこまされてきた。辞められないようにされていたのだ。

「ピート、あなたも大変なのね、この場所があなたにどんな影響を与えていたのか気づかなかった。疲れて、苦労しているのはわかっていたけど——」

「ジェイミー、ここにいたら、ふたりとも駄目になる。お互いの状況は違いますけど」彼が言った。「ぼくたちの生活と家庭は崩壊寸前だ。給料がいいからって、すべてを犠牲にするわけにはいきませんよ」

* * *

ダンとはもう何週間も口をきいていなかったが、ときどきリッチのことで当てこすりを言ってきた。リッチみたいにミートパッキング地区にひとりで住むのはいいだろうな、などと言って、私が思っている以上に自分は色々と知っているのだとほのめかしてきた。私たちは同じ屋根の下で一緒に育児をしていたが、話をすることもなく、メールでやりとりをしていた。夜になって子どもたちを寝かしつけたあと、なんとか話をしようとしても、彼はすでに客用の寝室に行ってドアを閉めてしまっている。子どもが一緒にいるときは笑いあい、互いに愛想よくしていた。話し合うまでもなく、子どもたちには夫婦間のことを気づかれないようにすることを、互いに承知していた。子どもたちは何も気づいていないようだったし、そうであってほしいと願った。私が、私とダンの人生を狂わせてしまった。子どもの人生まで狂わせたくない。

　週末になると、ダンは友人のスティーブと過ごすことが多くなった。幼なじみで、20代の前半までよく遊んでいた友人だ。ダンは私と出会ったが、スティーブはいまだに独身で、色々な女の子とデートしている。付き合う相手は、つねに前のガールフレンドよりも若い子だ。コンサルタントの事務所を経営していて、10万ドルのポルシェを所有し、ホーボーケンのペントハウスに住んでいて、パーティに行くのが大好きな人だ。

　土曜の夜、子どもたちが寝たあと、ダンはスティーブと出かけるようになった。最初の数回は、自分がしたことの報いだと思って何も言わなかった。帰ってくるのがたとえ午前3時であろうと黙っていた。でも、それが毎回となると、話をしなくてはならないと思った。

「最近、ちょっと出かけすぎなんじゃない？」私は言った。ダンは洗面所で出かける準備をしていた。カーキ色のスリムパンツに、黒のボタンダウンシャツを着ている。最近少しやせて格好よくなった。夜にふたりでデートに行くことはなくなったし、子どもたちと出かけるときは、いつもTシャツにジーンズだ。彼はどんな夜を過ごすのだろう。20代の女の子が周りにいるかもしれない。そう考えると頭が痛くなった。ダンの結婚指輪は傍らのテーブルに置いてある。彼が結婚指輪を外しているところは見たことがなかったので、打ちのめされた気分になった。

「そんなことない」彼が言った。「きみだって出かけてるじゃないか。ぼくだって出かける時間が必要だ」

　リッチと一緒にいたあの晩のことは、間違いだったとわかっている。でも、それ以外の日に私が遅く帰ってくるのは、顧客との仕事があるからだ。たしかに、私はいいレストランに行っている。でも、それも仕事なのだ。友だちと気楽に遊んでいるわけではない。今夜、ダンはパーティに行く。いっぽうの私は、ライフタイム【訳注：アメリカの有料テレビ局】で面白くもない映画を観ながら、家でアイスクリームを食べるのだ。

「いつになったら話し合える？」私は詰め寄った。「私たちの関係を修復したいの」ダンは無表情のままで、何を考えているのかさっぱりわからなかった。かつてはよく知っていた人なのに、いまでは知らない人のようだった。ただの同居人でいることには、もううんざりだ――私はパートナーが欲しい。夫が欲しい。かつてのふたりに戻りたい。

「話すことは何もない」彼が言った。

「私たちの結婚生活はどうなるの？　家族は？　将来は？」

「さっきも言ったとおり、話すことは何もない」そう言って、彼は部屋を出ていった。

彼が出ていったあと、私はカウチに座ってテレビのチャンネルを次々と切り替えた。リッチのことが頭に浮かんだ。オフィスに呼ばれた日以来、彼のことは避けていた。今夜、彼は何をしているだろう。いまだに「きみのことを考えている」「きみが元気でいるといいんだけど」「いつでも頼って」などと書かれたメールが、毎日のように送られてくる。返信したことは一度もないが、携帯が鳴るたびにどきりとする。私のことを思ってくれている男性がいる。ただ、その人は夫ではない。

リッチから来た最後のメールを開いて返信しはじめたが、急に携帯が燃えあがったかのようにハッとして、手から振り落とした。私の人生はコントロール不能になっていた。何をすべきか、よく考えないといけない。ピートと話がしたいと思ったが、週末に彼をわずらわせるのは抵抗があった。この数週間、思いきって母に打ち明けてしまおうかとも思ったが、自分がしたことが恥ずかしくてたまらない。でも、気づいたら母に電話をして、うちに来てほしいと伝えていた。

コーヒーをふたり分淹れて、母にここ数か月のことを話した。母は私をじっと見つめたまま、話をじっくりと聞いてくれた。表情は変わらない。話し終えると、私たちは黙ってそのまま座っていた。何と言われるだろうかと思って怖かった。彼女は私の母で、敬虔《けいけん》なカトリック信者だ。私から見れば聖人のような人だ。ミサには欠かさず行き、ロザリオで祈りを捧げ、周りの人には救いの手を差しのべる。

「結婚は難しいものよ」母が言った。「誘惑はつきもの。あなたはいい母親だし、子どもにじゅうぶんな物を与えてる。私もそうだった。覚えてるでしょう？　私もニューヨークで何年も働いてた。あなたほど残業は多くなかったけれど、それでも大変だった」母が黒のスーツにリーボックのスニーカーを履いて家に帰ってきていたのを覚えている。映画『ワーキング・ガール』から抜けだしてきたみたいだった。私は母がトイレに入っているあいだも、ドアの外から母に向かってずっとおしゃべりをしていた。母も少しも休まない人だった。母がいまの私の状況をよく理解してくれていることに、初めて気づいた。当時、父との結婚生活はどんなものだったのだろう。

「あのころは大変だった」母が言った。「仕事に行って帰ってきて、また仕事に行く毎日。息をつく暇もなかった。気が狂うんじゃないかと思ったわ。あなたも自分の時間をもったほうがいい。誰かが与えてくれるわけじゃない。自分でその時間を確保しないと。自分の時間をもたないと、いつかポキッと折れて判断を誤ってしまう。飛行機の酸素マスクと同じ。まず自分にマスクをつけてから、子どもにつけるのよ。そうでなければ、みんな死んでしまう」

上司と不倫をしたと打ち明けたのに、母は道徳的な考えや世間の常識から私を断罪したり辱《はずかし》めたりすることもなく、ただ私の話を聞いて共感してくれた。ピートが現実逃避と言っていたことを思い出した。リッチは私にとって現実逃避だ。私は自分の時間が欲しかっただけだ。ダンにとっては、スティーブとの時間が現実逃避の時間なのだろう。ダンと私は同じ状況にいる――くたびれ果てて、疲れきって、おかしくなっている。そのことが、ふたりを結びつけるのではなく、引き離している。私にとって本当に必要なことは、ゴールドマン・サックスから逃避することかもしれない。

＊　＊　＊

職場ではリッチと仕事の話しかしないようにし、ふたりきりになることも避けた。ダイエットするときと同じ方法だ。自分を信用できないので、甘いものはいっさい家に置かないようにするのと同じ。ふたりでのミーティングが設定されているときは、ピートを一緒に連れていくようにした。ピートの姿を見たリッチは目を丸くしていた。何人かでミーティングをするときは、遅れていったり、早めに退室したりして、ふたりきりの状態でリッチに声をかけられないようにした。それでも、彼はミーティングのあいだずっと、私を見つめてきた。ほかの人から話しかけられているときでさえも。

ある日、ミーティングを終えて部屋を出るとき、ピートが言った。「あれはやめてもらわないと困るな」

「何のこと？」

「あの人があなたに向ける視線ですよ」彼が言った。「なんて厚かましいんだ。周りに気づかれても構わないとでも思ってるみたいだ」

私はノートをぎゅっと胸元に抱えた。「そんなにあからさまだった？」

「ぼくには、そう見えました。どうしても自分のほうを向かせたいって感じでした」権力があって、頭が切れて、自信たっぷりのリッチが、私を振り向かせようと必死だとは。ダンに対して抱いているむなしさを埋めてくれるような気がした。それでも、気づいているのがピートだけであることを願った。ゴールドマンにいる男性陣のほとんどは、女性が昇格できるのはクォータ制のおかげか、誰かと寝たおかげだと考えている。私はまだ「シスター・ジェイミー」という高潔なイメージを保っているので、クォータ制のおかげだと思われていることだろう――それも、じゅうぶんひどい話だが、ほかの理由で昇格できたと思われても困る。

次の土曜日の夜はダンが家にいたので、子どもたちを寝かしつけたあと、話がしたいと思った。子どもたちが眠りについたあと、客用の寝室に向かった。廊下の電気は消えていて、部屋のドアは閉まっていたが、下から明かりが漏れている。ドアに耳をつけてみたが、何も音は聞こえない。ドキドキしながらドアをノックする勇気をふりしぼったそのとき、パチッという音がして寝室の明かりが消えた。

次の日の朝、朝食を用意しているとダンが言った。「2時にスティーブとゴルフに行って、そのあと夕飯を食べてくる」子どもたちは歓声をあげながら、キッチンで追いかけっこをしている。「ちょっとリビングルームに来てくれない？」私が言うと、彼があとからついてきて、ガラス張りのドアを閉めた。

「いつになったら話ができる？　この状況をなんとかしたいの」

彼はブルーの瞳を床に向けた。「ぼくはまだ準備ができてない」

私は顔に手をやり、何度も目をこすった。きつくこすれば、目を開けたときに違うものが見えるかもしれない。

「いつになったら準備ができる？　こんな状態で暮らしていくのはもう無理」必死に言葉をかけた。

「わからない」いつなら話せるか言ってくれるのを待っていたが、彼からは沈黙しか返ってこなかった。

「明日はプレゼンがあるの」しびれを切らして言った。「あなたが出かける前に、スライドの準備をしておきたいんだけど」

「わかった、いいよ」

朝食を食べ終えたあと、仕事部屋にこもった。悲しくて、ベッドに潜りこんで眠りたかったが、そういうわけにもいかない。最大の顧客であるトラスト・バンクへのプレゼンが控えている。彼らが立ち上げた新しいファンドへの排他的アクセス権を手に入れなくてはならない。マイクも参加する予定になっている。私は最低のＭＤだと言われたばかりなので、それが間違いであることを証明する絶好の機会だ。数時間かけてスライドの準備をして、残るはプレゼンのリハーサルをするだけになった。

その夜、子どもたちが寝たあと、鏡の前でスライドを使いながら話をする練習をした。暗記できるまで何度も繰り返した。だが、あるスライドだけが、どうもしっくりこなかった。ミーティングの前にピートと検討し直したいと思ったが、私たちは朝一番にプレゼンすることになっている。と、そのとき、携帯が鳴った。リッチからのメールだ。「明日は頑張って。私も行けたらよかったんだが。きみならきっとうまくやれるよ」

気づいたら、彼に電話をかけていた。

「電話をくれて嬉しいよ」彼が言った。驚いているようだったが、無理もない。一対一で会話をするのは、愛していると言われてから初めてだ。

「メール、ありがとうございます」私は言った。「いま、スライドの最終チェックをしてるんですが、見てもらってもいいですか？」

「もちろんだよ。送ってくれ」私は彼にメールでスライドを送り、話のポイントを伝えた。何箇所か訂正してもらって、スライドが完成した。しっくりこなかったスライドも含めて。

「プレゼンには行けないから、私にできるのはこれくらいだ」彼が言った。明日の朝一番で、彼はボストンに飛ぶことになっている。「いま何してるの？」

「たいしたことはしてません。プレゼンの準備をしてるだけです。子どもは寝てるし、ダンは2時にゴルフに行ったきり、まだ帰ってません」

「そうか。彼がそっち側の人だとは知らなかったよ」リッチはゴルフを嫌っている。ゴルフをやる人も、ゴルフ好きの人たちのカルチャーも、気に入らないようだ。その点も、リッチがゴールドマンにいる男性の中では少数派に属する理由だ。

「ダンがどんな人か、もうわからなくなってます」自分の口から出た言葉に驚いた。余計なことを言ってしまった。リッチとは仕事の話しかしないというルールを自分に課していたのに。疲れていて、寂しくて、もうルールなどどうでもよかった。

「私は自分がどういう人間かわかってるよ」彼が言った。「ぼくならゴルフにかまけて妻を放っておくようなことはしない」胃の奥がきゅっとなった。

「リッチ、時間が必要なの」自分がダンとまるで同じことを言っているのが信じられない。

「私はどこにも行かないよ」彼は私を安心させるように言った。

次の日の朝、大きなミーティングに備えて、とっておきの黒いパンツスーツとクリーム色のブラウスを身につけた。私はアクセサリーをあまりつけないタイプだが、この日は銀色のパールでできた大ぶりのネックレスをつけた。私道を出ていくとき、ダンの車がないことに気づいたので電話をかけたが、すぐに留守番電話につながった。そこでメールを打ったが、返信はない。

昨夜はタクシーで帰ってきたのかもしれないと思い、家の中に駆けもどった。客用の寝室を覗いてみる。が、彼はいない。たしかに先月も夜遅くまで出かけていたが、朝まで帰ってこないなんて彼らしくない。事故にでも巻きこまれたのかと心配になり、スティーブに電話をかけた。だが、こちらも留守番電話につながった。

私は落ち着かない心地でキッチンをウロウロした。一歩ごとに不安が高まってくる。警察に電話をしたほうがいいだろうか。でも、心配することはないと、もうひとりの自分が言っている。ホーボーケンで酔いを覚ましているのかもしれない。でも、仕事に遅れるわけにはいかない。自分を証明するチャンスなのだ。私は下位4分の1のMDではないし、MDにふさわしい人間だと証明するチャンスだ。

それから15分間、何度も電話をかけたが留守番電話につながるばかりで、不安と怒りがつのるいっぽうだった。しばらくすると電話が鳴った。ダンからだとわかり胸をなでおろした。「大丈夫なの？」

「ああ」彼の声はしわがれていた。「スティーブの家にいる。寝坊した」

電話を切ったあと、私は叫びたくなった。彼が無事だったことに安堵する気持ちはすぐに消え、腹立たしさがこみあげてきた。ダンがいま帰路についたとしても、私はミーティングに遅刻してしまう。やりきれない思いで母に電話をかけた。朝早く母を起こしたくはなかったが、ほかに選択肢はない。

母が着くとすぐに仕事に向かった。フェリーに乗っているときにダンから電話がかかってきたが無視した。彼が無事だとわかったときの安堵感は、怒りに変わっていた。いまはダンと話をしている場合ではない。1時間もしないうちにプレゼンが始まる。全精力を傾けなくてはならない。

トラスト・バンクの方たちを迎えてのプレゼンはうまくいった。話のポイントも押さえられたし、無事に、新しい株のポートフォリオへの排他的アクセス権を得られることになった。マイクは終始、笑顔だった。エレベーターまで顧客を見送りに行ったあと、マイクからオフィスに来るように言われた。

「プレゼンは完璧だった。見事だったよ」オフィスの中へと歩きながら彼が言った。これまで準備に充ててきた時間と、朝の騒動のことを思い出し、安堵のあまり体から力が抜けていった。「トラスト・バンクのトッドが、きみのことをとても褒めていたよ。関係もとても良好だと」

「ありがとうございます」私はウィンクをして答えた。「下位4分の1のMDではないと示したかっただけです」

「馬鹿なことを言うなよ」彼が言った。「そういう者もいるだろうが、きみは違う。ぼくの見る目は確かだ」

自分の席に戻ると、ピートがこちらに期待の目を向けた。

「うまくいったわよ！」弾んだ声で言った。ふたりでグータッチをしたとき、ダンから電話がほしいというメッセージが来ているのに気がついた。奥のほうにある会議室に入って電話をかけた。携帯から彼に電話をかけるのは何週間ぶりだろう？

「今朝は悪かった」彼が言った。「昨夜は家に帰るつもりだったんだけど、スティーブの家に泊まることになって。目覚ましをセットするのを忘れてたんだ」床から天井まである大きな窓の外を見ると、摩天楼のすき間から朝陽の白い光が差しこんでいた。今朝の不安と苛立ちが、バスタブからあふれる湯のように噴き出した。

「スティーブと出かけても別に構わない。誰と何をしようが構わない。自分がしたことの報いだと思ってるから、文句は言わない。だけど、今朝はあなたの二日酔いのせいで、母をたたき起こすことになったのよ」

「ちょっと待てよ。ぼくは友だちと出かけてただけだ。きみみたいに男と遊んでたわけじゃない」彼の言葉が深く突き刺さり、一瞬、息を呑んだ。

「私のキャリアとボーナスを台無しにするところだったのよ」私は言った。「私たちの結婚がどうなってもいいって言うのね。わかったわよ。その代わり、家族を養わなくちゃならないんだから仕事の邪魔だけはしないで」声を荒らげてまくしたてたので、息が切れた。

「悪かったって言ってるじゃないか。被害者づらをするなよ」彼も言い返してきた。「被害者はぼくだ」

「仕事があるから、いまはこれ以上あなたと話していられない」彼の言葉を遮るように言った。

「わかったよ。じゃあ出ていってくれ。話も必要ない。それがいちばんいい解決法だ」

「私が出ていかなくちゃならないわけ？　そもそも解決したいと思ってるの？」思わず大きな声が出てしまった。誰かに聞こえたかもしれないと思い、ドアの外を見て、近くに誰もいないのを確かめた。「そっちが私を避けてたんじゃないの。あなたのせいでプレゼンが台無しになるところだったのよ。いつも出かけてたのは、あなたのほうでしょう？　客用の寝室に隠れてたのはあなたのほう。私は逃げも隠れもしなかった。話し合う準備はできてた。ずっと待ってた。それなのに、あなたは時間をつくろうともしてくれなかった。話すことは何もないと言って」口から唾が飛んだ。

「きみの言うとおりだ。もう手遅れかもしれないな。解決したいなんて、思ってないのかもしれない」電話を切り、隣にあった椅子に座りこんだ。結婚指輪をはずして掲げ、小さな四角いダイヤモンドが会議室の照明を反射して輝くのを見つめた。宝石店で指輪のデザインを考えた日のことや、それを彼が私の指にはめてくれた日のことを考えた。指輪をはずした手は、自分の手ではないみたいだった。どこか変な気がした。ダンが自分の夫ではなくなったら、きっととても変な気がするのだろう。私は座ったまま彼の言ったことを考えた。彼にとってもう手遅れなら、私にとっても手遅れなのだろう。私たちの結婚生活は、もう手遅れなのだろう。

その夜、株を貸付けてくれる顧客がミートパッキング地区でパーティを開いた。私はチームメンバーと近くのバーで何杯か飲んでから、パーティ会場に向かうことにした。ダンとの暮らしは崩壊しそうだったが、ひとまず仕事上の懸念はなくなった。プレゼンを巡るドラマは、私の勝利をいっそう甘く感じさせ、大きな安堵感をもたらした。ダンと話した後だったが、私の気持ちは晴れやかだった。

「ジェイミー！　一緒にショットを飲みませんか？」アナリストのトミーが言った。私たちはワシントン・ストリートの小さなバーにいた。樹脂でできたバーカウンターにショットグラスがずらりと2列に並べられていて、その横にはソルトシェイカーと、扇形に切ったレモンが置かれていた。トミーも、私のチームのほかのアナリストたちも、期待をこめた目で私を見つめている。こちらの盛り上がりを向こうのほうから眺めていたピートもやってきた。

「いいわよ！」

わっと歓声があがった。ピートと私はトミーからソルトシェイカーを受けとり、みんなで輪になってショットグラスをあおった。バーカウンターにグラスを叩きつけるように置き、レモンを手に取ってぎゅっと口に絞りいれる。そして、歓声をあげながら、周りとハイタッチをした。アナリストたちの笑顔が私の心を軽くしてくれた。結婚生活のことはしばし頭の奥に押しやって、つかの間の休息を楽しんだ。

バーテンダーが2杯目のショットグラスを用意していると、ピートが言った。「ぼくはもう帰ります。気をつけてくださいね」彼はそう言いながらリッチに鋭い視線を投げかけた。リッチがちょうどバーに着いたところだった。「わかった」私はそう答え、ピートとグータッチをした。ダンとのあいだにあったこともピートに話せばよかったと思ったが、それはまた明日にしよう。ピートと私は、たんにマネージャーとその部下という関係ではなく、親友だった。ゴールドマンのような弱肉強食の世界で親友を得られるなど、滅多にないことだ。私の経験では、同僚は互いにけん制しあうのが普通だ。少し変わった関係かもしれないが、私たちはほかの社員とは違う。同じ価値観をもっている者同士、ずっと肩を寄せあってきた。この狂った世界で、私たちは互いの味方であり同志だった。ここで生き抜くには互いの存在が必要だと感じていた。

ピートが帰ったあと、私はもう一度ショットを飲み、アナリストたちと話をした。1時間ほどたったころ、私は一息入れようとトイレに行った。トイレから出てくると同僚たちはいなくなっていて、リッチだけがバーのスツールに座って会計をしていた。私はトイレを出たところの木の壁に寄りかかって、リッチが金額を確認してクレジットカードを取り出すのを見ていた。彼に近づいていけば、彼とふたりきりにならないという自分の誓いを破ることになる。彼とふたりきりでいたときのことを思い返した。私の結婚生活が崩壊するきっかけとなった夜のことだ。この場をすぐに立ち去ってパーティ会場に行くか、家に帰るかすべきだろう。子どもたちはもう眠っていて、ダンは客用の寝室に閉じこもっているだろうけれど。ダンの「もう手遅れかもしれない」という言葉が頭の中に蘇ってきて、それが私をリッチのほうへと駆り立てた。

「やあ」リッチが言った。彼のヘーゼル色の瞳に吸いこまれそうだった。

「ほかのみんなは、どこへ行ったんですか?」平静をよそおって言った。本当は胃の奥がムカムカしていたけれど。彼に近づくのが怖かった。自分が何をするかわからない。それでも、何が起こるかわからないと思えば思うほど、彼に近づきたくなる自分もいた。

「家へ帰った人も、パーティに行った人もいるだろうな」彼は私をじっと見つめたまま、ワイングラスをゆっくりと回した。「ここに座って。きみに会えなくて寂しかったよ」周りの人の話し声が聞こえてくる。彼の隣の黒革のスツールは空いていた。私の前にワインのグラスが置かれる。私は磁石に吸い寄せられるように、そのスツールに座った。

彼は出張のことを話してくれ、私はトラスト・バンクとのミーティングのことを話した。「すごいじゃないか」彼が言った。「緊張しただろうが、うまくいったんだな。きみはすごいよ」私は背筋が伸びる思いだった。リッチといると、自分は賢くて有能だと肯定的にとらえることができる。ここのところ私にそう思わせてくれるのはリッチしかいなかった。そこへバーテンダーがリッチのクレジットカードを受けとりにやってきた。ところが、カードを受けとるときにリッチの腕とぶつかってしまい、はずみでワイングラスが倒れて、リッチの白いワイシャツに赤ワインのシミがついてしまった。

バーテンダーの女性が慌てて謝った。「申し訳ありません」

リッチは自分のシャツを見て、その汚れ具合を確かめた。「こういうシャツはほかにも何枚も持ってる。気にしないでいいよ」彼が言った。バーテンダーは胸をなでおろしたように、微笑んで去っていった。同僚の男性ならたいてい文句を言うところだろう。でも、リッチはそういう人ではないのだと思い、思わず笑みがこぼれた。

「私の家にいったん寄ろう。そこで着替えてから、一緒にパーティへ行こう」彼が言った。「家はすぐそこなんだ」白いシャツに赤いシミをつけた彼の恰好はおかしかったが、微笑ましくもあった。完璧な着こなしを台無しにされた彼がチャーミングに見えた。でも、彼と一緒に行けば、部屋でふたりきりになってしまう。しかも、私は酔っている。バーでふたりで飲んでいるのと、部屋でふたりきりになるのとは訳が違う。車の後部座席でのことを思い出したが、もはや何がよくて何が駄目なのかを考えるのも、分析するのも、別の選択肢を考えるのも面倒くさくなった。私はただ、いまの自分がいいと思ったことを、いまやりたかった。

「いいですよ」

外へ出ると雨が降りはじめていたので、私たちはしばらくバーのひさしの下に立っていた。左の方角にはハドソン川があり、対岸にニュージャージー州が見える。まるで家に帰れと呼びかけられているようだった。リッチが指をからめてきた。

「数ブロック行ったところなんだ。走ろう」彼に引っぱられて、ふたりで石畳の通りを走りだした。冷たい雨が顔に当たる。水たまりを蹴散らして走りながら、私は笑い声をあげた。彼に手を引かれるまま走っていると自由を感じた。この辺りでよく撮影されている映画の主人公にでもなった気分だ。息をきらしながら彼のマンションの前まで来ると、私たちは体から雨粒をはらってエレベーターに乗りこんだ。黙ったまま、彼が階数のボタンを押す。そんなに時間はかからないはず。そう思った。シャツを着替えて、パーティ会場に行くだけだ。でも、はやく彼の部屋でふたりきりになりたかった。誰からも何からも邪魔されないところで。

「ここが、ぼくの部屋だ」ドアの前まで来ると彼が言った。彼は震える手で鍵を取り出すと、鍵穴に差しこんだ。彼の後について部屋に入り、ドアを閉めた。すると、彼が私をドアに押しつけてキスをしてきた。私は仕事用の黒い鞄を足元に落とし、腕を彼の体に回した。雨の雫がふたりの頭から垂れ、顔を伝って落ちていく。それでも彼はやめず、私の唇、首、耳にキスをした。一日の疲れ、テキーラ、そして彼の手の感触にめまいを覚えながら、私は現実からの逃避に酔いしれた。

「きみといると幸せだ」彼が言った。体じゅうに興奮を覚えながら、私は微笑んだ。

「ふたりとも、ずぶ濡れだ」彼が体を離して言った。「着替えよう」私が自分の鞄をつかむと、彼は私をベッドルームへと連れて行った。こんなところに自分がいるのが信じられない。部屋を見まわすと、ナイトテーブルの上にリッチが子どもと映っている写真が飾ってあった。

「これを着るといい」彼はそう言いながら、スウェットパンツとTシャツを渡してくれた。「サイズは合わないと思うけど、濡れた服よりはいい」彼はバスルームの方を示した。うすいグレーの壁に、白い洗面台、白いサブウェイタイルのシャワー。枠のない楕円形の鏡に映った自分の姿を眺めると、髪は濡れ、メイクも落ちていた。ブラウン大学のロゴが入ったTシャツに着替えた。リッチのいちばん上の子が通っている大学だ。思わず苦笑した。私の息子はまだオムツをしているというのに、彼の娘は大学生なのだ。

リッチはブルーのジーンズと緑色のTシャツに着替えて、リビングルームのカウチに座っていた。照明はほの暗く、彼の前にあるコーヒーテーブルにはキャンドルが灯されていて、赤ワインのグラスがふたつ並べられている。

「ほら、ここに座って」彼がソファをぽんぽんと叩いた。

「もうパーティはこりごり」私はつぶやいた。

「パーティ用の服を着ていなくても、きみは素敵だよ」彼はそう言って微笑むと、ワイングラスを手渡してくれた。私はワインを一口すすってカウチに腰かけ、彼の腕の中におさまった。

「私の部屋は気に入ってくれたかな?」彼が私を引き寄せながら訊く。私は彼の肩に頭をもたせかけながら部屋を見まわした。大きなワンルームで、小さなオープンキッチンとソファがあり、ソファの正面にはテレビがある。彼がかつて住んでいた家に比べれば小さいが、彼がひとりで住むにはじゅうぶんな広さだ。

「ええ」

「又貸ししてもらってるんだ」彼が言った。「そのうち自分の家を買おうと思ってる。見つけるのを手伝ってくれたら嬉しいんだけど」私は彼の目をのぞきこんだ。本気でそう言っているらしい。

今朝ダンと交わした会話が、終わりの始まりのように感じられた。この会話は新たな始まりの始まりなのだろうか。リッチとの新しい関係、新しい生活の始まりなのだろうか。36歳にして新しい男性とまた一から始めるのだろうか。彼からの提案に落ち着かない気持ちになった。自分が怖がっているのか興奮しているのか、よくわからない。胸の内でプレッシャーがしだいに大きくなり、沸騰して笛を吹く寸前の薬缶《やかん》のようだった。何も答えたくない。何も考えたくない。何も決断したくない。その代わりに、彼のほうに身を乗りだしてキスをした。激しい感情にまかせて彼を求めた。体を疲れ果てさせたかった。そうすれば、絶えず頭から離れない結婚の問題、子どもの問題、自分の将来の問題について考えないでいられる。私は彼のTシャツを脱がせ、彼の胸に手をはわせた。白髪交じりの胸毛が指にからみつく。

私たちは1枚ずつ着ているものを脱いでいった。1枚脱ぐたびにムードが高まっていく。これまでお互いの頭の中だけで思い描いていた親密なセレモニーへの階段を上っていくようだった。最後に彼が私の下着を脱がし、私たちはとうとうそこへたどりついた。裸で。何も隠すものがない状態で。私は彼の腰にまたがり、彼の胸を腕で押さえつけた。そのとき携帯が鳴った。ダンからの電話だ。自分が放った冷たく厳しい言葉を反省でもしたのだろうか。でも、いまさらもう遅い。私はその電話を無視し、身をかがめてリッチにキスをした。そうだ。こうなる運命なのだ。こうならない理由などない。私の心にはぽっかりと穴が空いている。その空洞を埋めて、もう一度満たされたい。また、電話が鳴った。もう何週間も電話をかけてくることなどなかったダンが、数分のあいだに二度もかけてくるとは。きっと子どもに何かあったに違いない。私は体を起こして電話をとった。

「ママ、ママ?」ベスが消え入りそうな声で言った。

「ベス、どうしたの?」私はリッチから離れて、裸の自分を見下ろした。腕を体に巻きつけて、電話を肩と首の間にはさむ。

「おなかがいたい」ベスが言った。「ママ、はやくかえってきて。いつかえってくる？」リッチは私の隣に横たわって、困惑した表情を浮かべている。現実とは思えない場面だった。これが自分の人生だなんて信じられなかった。私にはいくつもの顔があるけれど、何よりもまず母親だ。マネージング・ディレクターでも、妻でもない。リッチにとっての何かでもない。いちばん大切なのはあの子たちだ。

「かわいそうに、ベス。すぐに帰るね」私は足元に落ちていたTシャツを拾うと、ぐいっと頭からかぶった。着替える時間がもどかしい。

「大丈夫？」リッチが訊いた。

「ええ。とにかく家に帰る」バスルームで着替えを済ませて部屋に行くと、リッチも服を着てカウチに座っていた。

「ぼくの車を使っていいよ」

「いいえ、大丈夫」

「わかった。下まで送ってく」

「いいえ、それには及ばない。また明日」私は言った。

彼のマンションを出ると、地下鉄の駅まで走った。激しく冷たい雨が、たたきつけるように顔に降りかかる。ぼんやりしている私の目を覚まさせるかのように。私を揺さぶって正気を取り戻させようとするかのように。子どもが痛がっていることを感謝する日が来ようとは夢にも思わなかった。

でも、あのときベスのお腹が痛くなってくれたのは幸いだった。何週間も答えを出せずにいたが、やっと答えを出すことができた。

家に着くと、ベスとダンがファミリールームのカウチに横たわっていた。それを見て、自分がリッチとカウチで抱き合っていたことを思い出し、落ち着かない気持ちになった。

「ママ」ベスがか細い声で言った。青白い顔で、目は半分閉じかけている。ベスのおでこに手を当てると熱かった。お腹を痛がっていることを考えあわせると、おそらく溶連菌だろう。

「イブプロフェンを飲ませた」ダンはテレビに映っているアニメから目をそらさずに言った。私がベスを抱きあげると、ベスは頭を私の首元にもたせかけた。数時間前にリッチがキスをしたところだ。彼のにおいがするかもしれないと思って、気持ちが沈んだ。二重生活にはもう疲れた。どちらかを切り離さなくてはならない。

ベスをベッドに寝かせてから下に行き、戸締りをした。ダンはビールを片手にカウチに座り、まだテレビを観ていた。「ねえ」私は声をかけた。「まだここにいるとは思わなかった」

「話がある」彼が言った。私はカウチに座って彼のほうを向いた。自分の言ったことを後悔して、結婚生活を修復したいと思っているのかもしれない。そうすれば、ハッピーエンドになるかもしれない。

「今晩、きみはどこにいたの?」彼がテレビから目をそらさずに言った。「顧客がパーティを開いてて、ユニオン・スクエアのバーにいた」どうしてこんな嘘つきになってしまったのだろう。口からこうもやすやすと嘘が出てくるなんて、自分ではないみたいだった。でも、嘘をつくのはこれが最後だと自分に言い聞かせた。これから新しい暮らし、新しいやり方、新しい章を始めたい。そこにはもちろん、ダンにいてほしい。私がしたことは間違いだった。でも、ダンから無視され、リッチから言い寄られて、私は混乱していたのだ。自分の人生の地図を見失っていた。でも、いまの私には地図がはっきり見えるし、自分のいるべき場所がわかっている。私はやり直したい。ここ数か月のお互いの所業は忘れてしまいたい。

ダンの充血した目の下にはクマができていた。顎や頬には白髪交じりの無精ヒゲが生えている。夜遅くまで飲み歩いていたせいで、二日酔いが抜けきらない様子だった。ここ数週間、私たちはふたりとも間違いを犯していたのだと、あらためて気づいた。ふたりの関係を修復して前に進む準備はできている。

「嘘をつくな」彼が言った。「携帯で居場所を追跡したんだ。きみがどこにいたのか、わかってる」

私はあっと口を開けて目を丸くした。携帯で居場所を追跡できるなんて知らなかった。でも、彼はテクノロジーには詳しい。私はクモの巣に囚われたハエのような気分になった。人権を侵害されたような怒りが全身に湧いてきた。今朝、彼の行方がわからなかったときに同じことをしてやればよかった。でも、真実を突きつけられた私は、安堵してもいた。これでもう嘘をつかなくてすむ。私の嘘は大きくなりすぎた風船のように、破裂する寸前だった。いまなら、お互いにすべてを吐きだせる。嘘の陰に隠れることも、客用の寝室に隠れることもなく。激しく不快な罵《のの》りあいになるかもしれないが、不可解な沈黙を続けるよりはましだ。結婚という名の建物は使いものにならなくなった。結婚生活を続けたいなら、その建物を一度壊し、もう一度建てなおさなくてはいけない。

「ごめんなさい」私は言った。

ダンがカウチから立ち上がり、壁の横に立った。彼は怒りのこもった目つきで、これからリングに上がる人のようにぎゅっと拳を握りしめた。こんな彼は見たことがない。誰かを殺しかねないくらいの形相だ。私は体を震わせた。これから彼が何を言い、何をするのかが怖かった。すると、ダンは叫びながら拳でファミリールームの壁をぶち破った。壁板が割れて穴が開き、私は悲鳴をあげた。壁板の欠片《かけら》やホコリが床に落ち、黒い間柱が丸見えになった。私は両手で顔を覆ってすすり泣いた。体を揺らしながら、私がすべてを壊したのだと悟った。壁も、結婚も、私の人生も。

「きみの嘘には、もううんざりだ」ダンが吐き捨てるように言った。私を見下ろした目は充血していて、ブルーの瞳は見えなかった。自分が小さく、価値がないもののように思えた。私はダンにも、リッチにも、自分自身にも嘘をついてきた。嘘をつきすぎて、もう何が本当で何が嘘なのかわからなくなっていた。「彼と別れないなら、ぼくは出ていくよ。二度と戻ってこない」ダンは部屋を出ると、2階へ駆けあがっていった。

私はカウチの上で丸くなった。膝をきつく抱えすぎて胃のあたりが痛い。目を閉じてすすり泣いた。ダンは出ていくつもりだろう。こんな結末は想像していなかった。私がダンの元を去ってリッチのところへ行くところは想像したことがある。でも、ダンが私を残して去っていくなんて考えたこともなかった。なぜ、想像できなかったのだろう。彼は子どもを連れて私から去っていくだろう。私には子どもの面倒を見ながら仕事をするなんて無理だから。すべてを失うかもしれないなんて、考えもしなかった。私は頭を抱えて髪をかきむしりながら、これまでダンと一緒に築いてきたもののことを考えた――結婚、家族、家庭。その幻影がこの手をすり抜けようとしている。私はすべてを失うことになる。爪を強く頭に突きたてながら、そう自分に言い聞かせた。携帯を手にとると、指の先に血がにじんでいた。アシスタントに電話をかけて、明日は休むと伝えた。

仕事用の鞄の中身を床にぶちまけてザナックスのボトルを探し、そのまま水もなしに2錠飲みこんだ。それからカウチに這いあがり、テレビでお気楽なアニメのキャラクターが陽気に歌っているのを見つめた。人生がこれくらいシンプルだったらよかったのに。私がもっといい人間だったらよかったのに。すべてをうまくやれるくらい、強い人間だったらよかったのに。私は泣きながら、ザナックスが効いてくるのを待った。そうすれば眠りについて、このホラー映画のような人生を暗転させることができる。

夜が明ける前に目が覚めた。カウチで体を丸めたままだった。テレビにはまだ賑やかなアニメが映っている。泣きはらした目はくっついて開きづらく、気持ちが悪かった。私の堕落したモラルが皮膚から染み出し、体を汚染しているかのようだった。私はシャワーを浴びようと、音をたてないように静かに階段を上っていった。体を洗うと、熱いお湯が肌に焼けつくようだった。リッチのにおいと、これまでの私の人生が洗い流されていく。汚れたお湯が排水口に渦を巻いて落ちていった。これから何が起こるのかわからなかったが、今日の私はこれまでの私とは違う。心を入れ替えて、もう一度、子どもとダンのことを第一に考えよう。ダンがそれを許してくれるなら。

「パンケーキをつくっていると、携帯が鳴り、リッチからのメールが届いた。「大丈夫?」「無事に家に帰れた?」ちょうどそのとき、子どもたちが階段を下りてくる音が聞こえ、もう彼のことは忘れるしかないと思った。

「ママ、おうちにいたの！」アビーがそう言いながら抱きついてきた。ベスもそこに加わった。そのあとからダンがルークを連れてやってきた。

「どうして家にいるの？」子ども用の椅子にルークを座らせながら、ダンが訊いた。

「今日は金曜だし、ベスの具合もよくないようだから、休みをとることにした。だから、今日は手伝えるよ。あと、話もできる」

「わかった」彼が言った。

そのあと、キッチンテーブルでラップトップを見ていたダンのところへ行った。「彼とのことはもう終わりにしたから」私は言った。ガラスのスライドドアから太陽の光が差しこんでくる。まぶしくて目が痛み、頭は昨晩のワインと涙のせいでズキズキしていた。でも、ダンは昨日より元気そうで、ヒゲも剃り、目はキラキラしていた。「もう一度、家族になりたい」私は言った。「私がすべてメチャメチャにしてしまった。ごめんなさい」ダンは黙ってこちらを見た。彼の沈黙が胸に刺さった。

「もう、ぼろぼろなの」私は言った。「起きているあいだはずっとゴールドマンにいて、つねに神経を張りつめてる。まともな思考ができなくて、間違ったものを選んでしまう。リッチとのことは間違った選択だった。大きな過ちだった。もう一度やり直すチャンスをくれない？　私たちの関係を修復したい」

私たちは新婚のころに買ったテーブルの前で、横に並んで座っていた。かつては真っ白に塗られていた椅子も、いまでは所々剝げているし、テーブルの表面にも傷がついている。

「ぼくも修復したいと思ってる」彼が言った。

私は目を閉じ、全身で彼の言葉を感じとった。簡単なことではないだろうが、少なくともチャンスはもらえた。

「ぼくもゴールドマンは大嫌いだ」彼が言った。彼は感情を抑えるかのように、自分の胸に手を当てた。「ひとりで子育てをするのは嫌だ。自分のキャリアも犠牲にしたくない。前は、ふたりで一緒に人生を歩んでた。それなのに、いまのきみには別の人生がある。でも、ぼくにはぼくの人生がない。それを忘れたくて、酒を飲んだりスティーブと遊んだりして気を紛らわせてた。ぼくたちの人生をこんな風にしたゴールドマンが大嫌いだ。どれだけお金をもらったって割に合わないよ」

私は彼の手をつかんだ。彼は私の望んだようにしてくれて、子どもも育ててくれた。でも、彼は幸せではなかった。私たちはふたりとも犠牲を払っているのだ。ダンはゴールドマンのドアの内側に足を踏み入れたことはないのに、ゴールドマンは彼をも苦しめている。

「いまのままじゃ無理だ」ダンが言った。「もうリッチとは会わないでくれ。ぼくもスティーブと夜遅くまで飲み歩くのはやめる。ふたりでカウンセリングを受けに行こう」

「そうね。あなたも大変な思いをしていたことを知らなくて、ごめんなさい」

「お互いに知らないことは、もっとたくさんあると思うよ」彼が言った。

「ねえ、ダン」心臓が口から飛び出そうだった。涙が目からあふれそうになる。「色々あったけど、あなたはずっと私の親友だった。またそんな頃に戻りたい。子どもたちのためだけじゃなく、私たちのために」

「ぼくもそう思ってる」彼が言った。私は微笑み、子どもたちの様子を見に行こうと立ち上がった。

「ジェイミー」呼びかけられて振り向くと、ダンに引き寄せられた。私たちはお互いの体に腕を回した。目を閉じ、彼の胸に頭をつけた。彼の胸の鼓動が耳の中でこだまする。私は彼のにおいを吸いこんだ。石鹸とミントとコーヒーの香り。私たちの家の香りだった。

＊　＊　＊

その週末、親友のリリーの家でお茶をした。彼女にはずっと、ゴールドマンを辞めたほうがいいと言われていた。ここ最近の仕事のことやダンのことを話すと、彼女はますます辞めたほうがいいと言ってきた。

「今度こそ、辞めるわよね？」強い口調で尋ねられた。「もうあそこを離れるべきだって、わかったでしょう？」私たちは彼女の家のキッチンテーブルに座っていた。目の前にはチョコレートチップ・クッキーが置いてある。私は頭を抱え、こめかみを指で揉んだ。

「辞めるべきだってわかってはいる。ただ、そう簡単にはいかない」言い訳をしている自分に嫌気がさしたが、頭が混乱していた。

「ゴールドマンは暴力をふるってくるボーイフレンドと同じだよ」彼女が声をはりあげた。「ゴミのように扱ったかと思うと、突然、素敵なディナーに連れていってくれたりする男と同じ」ある意味、彼女の言うことは正しい。でも、傷を負わされたわけではないし、地位や特権や給料を与えてもらっていることを考えると、そう悪いところではない。ゴールドマンを辞めたほうがいいとわかってはいる。でも、リッチからは離れたし、ダンとの仲も修復しつつある。時間をかけて、よく考えたほうがいい。そうすぐに辞めることはないと自分に言い聞かせた。性急に決断するのは馬鹿のすることだ。

「あなたはすべて知ってるわけじゃない」私は主張した。「氷河と一緒で、見えているのは上のほうだけで、ほとんどは水面下にある。私は大人になってからほとんどの時間をゴールドマンで過ごしてきた。ずっと、辞めたら失敗すると思いこまされてきた。ゴールドマンの名前がなければ自分など何者でもない、辞めたら二度と働くことはできないと思いこまされてきた。その通りだったらどうしようと思って怖かった」しだいにか細くなっていく自分の声が哀れに聞こえて驚いた。リリーに見えているものが私にも見えたらいいのに。でも、私にとっては、たんなる仕事ではない。私という人間を表すものであり、私が家族のために頑張ったことを示すものだ。ニュージャージー州出身で、背中に矯正器具をつけた何者でもなかった子が、何者かになれることを証明できたのだ。それに、いくら頭で合理的に考えようとしても、心のどこかで、ゴールドマンの名がなければ私など何者でもないというマイクの言葉を信じてしまっている。

「ジェイミーったら」リリーがあきれたように嘆息した。「すっかり毒されちゃってる」彼女は頭を振りながら、驚きと憐れみと悲しみの混じった表情で私を見た。

「ママ、もうそっとしといてあげなよ」彼女の13歳になる娘エマが言った。後ろに立っていたなんて気づかなかった。「ジェイミーおばさんがゴールドマン・サックスを辞めることはないってわかってるでしょ」

　エマのブルーの瞳に同情の色が浮かんでいるのを見て、みぞおちを突かれたような気がした。大人の入口に立っているこの子が目にしているのは、ひどい扱われ方をしてきたことを弁解している人の姿だ。はたしてこれが、ロールモデルとして彼女や娘たちに見せたかった姿だろうか。

　私はひどく混乱し、葛藤していた。辞めるべきだ、こんな扱いを受けるべきではない、という心の声がしだいに大きくなっていく。でも、マイクのよく響く声が、それをかき消すのだった。

第13章　結論

次の月曜日、すぐにでもリッチと話をしたかった。そこで、朝一番に彼のオフィスへ行った。一歩ごとに鼓動が速くなる。ガラスの壁の向こうから私の姿を認めた彼が、ドアを開けてくれた。

「話があります」私はそう言って、部屋の奥に入っていった。

「わかった。私からも話がある」彼が言った。お互いを見つめ合ったとたん、緊張が高まった。

「きみからどうぞ」彼が言った。私たちは会議テーブルの向こうとこちらに分かれて立った。周りには誰も座っていない椅子がある。自分の首元から汗と香水の混じりあったにおいがした。リッチは期待をこめた様子で、うっすらと口元を緩めた。

「もう終わりにしましょう」私は言った。

彼の表情が曇った。期待していた言葉でないのは明らかだ。彼は椅子にどすんと腰を下ろすと、強い口調で言った。「わからないな。ふたりでいると幸せじゃないか」ぎゅっと眉根を寄せ、口元をゆがませている。

「私たちがどうとかいう話じゃないんです」向かい側に腰を下ろして言った。「問題は家族です。結婚生活を修復しないと。家族のためにも、私自身のためにも」彼は目に涙を浮かべている。そんな姿を見ていられなくて、ガラスの壁の向こうを見つめた。自分が彼にしたことが耐えられない。

こんな自分が耐えられない。

「お願いだ。そんなこと言わないでくれ」彼が言った。「よく考えてみて」私は彼の目を見つめた。シナモンとハチミツを思わせるような、なんとも表現しようのない色の瞳。目の周りの深いシワには、彼の知識と自信が刻みつけられている。自分が彼を愛しているのかどうか、よくわからない。でも、彼といるときの自分は好きだ。誰かへの義務、何かへの義務に縛られることなく、ひとりの女性としての自分に帰ることができるから。私は必死にダンと子どもたちのことを思い出し、リッチのがっかりした顔を気に留めないようにした。

「何か月もかけて出した結論です」しわがれた声で言った。「もう会うのはやめましょう」

彼は手を組み、頬杖をついた。いますぐここを出て、すべて忘れてしまいたかったが、なぜか立ち上がれなかった。

リッチが咳ばらいをした。「私は今日かぎりでゴールドマンを辞めるんだ」彼がきっぱりとした口調で言った。私はハッと息を呑んだ。彼のことはよく知っているし、これまで様々なことを一緒にやってきたのに、まったく知らなかった。でも、理由は聞かなくてもわかっている。「ひとり入ったら、ひとり出る」というルールがあると、噂では聞いていた。それが本当だったということだ。会社はMDの人数を制限しているので、私をMDにするためには、マイクが現MDのなかから誰かを辞めさせなくてはいけない。「きみが昇格したから、私と付き合っても問題ないと思っていたんだけどね」かすかに笑みを浮かべながら彼が言った。

自分が毒をもった人間のような気がした。私は触れたものすべてを駄目にしてしまう――結婚生活も、キャリアも、人間関係も。このひどい環境で何年も働くうちに、私自身も毒をもった人間になってしまった。ゴールドマンと同じように。最も卑劣だと感じるのは、彼の言葉を聞いて自分が安堵していることだった。これでもう誘惑されることも罪を犯すこともないし、家族と一緒にいられる。自分の過ちを思い出させるものは消えてなくなる。

「残念です」私は言った。

「すぐに出ていくよ。みんなに注目されたくない」リッチが付け加えるように言った。「マイクがあとでみんなに話すだろうから、それまで誰にも言わないでくれ」

私はうなずいた。

「それじゃあ、これで、さよならだな」

彼はそう言って微笑むと、体をデスクのほうへ向けた。私は彼の後ろ姿を見つめた。後頭部、首にかかる襟足、がっしりした肩。私も自分のデスクに戻った。体が震えていた。

背後にあるリッチのオフィスに気持ちを残したまま、電話会議を始めた。振り返らないように自分を戒《いまし》めた。電話会議を終えて振り向くと、彼のオフィスのドアは開いていて、机の上にはもう何もなかった。コーヒーを入れるマグも、鞄も、コートも。

「チームミーティングをするぞ」マイクが自分のオフィスからみんなに声をかけた。チームの面々が立ち上がる。私たちは何事かと視線を交わし、ジョークを言って笑いあいながら、トレーディング・デスクの奥にある、少し広くなったスペースに集まった。

「知らせなくてはいけないことがある」マイクが言った。「リッチが今日でここを辞めた」驚きの声があがった。ピートが目を丸くして私のほうを見たので、声に出さずに「あとで話す」と口の動きで伝えた。

「1か月ほどでジャスティン・ランシングがロサンゼルスから帰ってきて、リッチの後任に就く」マイクが言った。「それまでは、私が指揮をとる」彼は私たちをざっと見わたしたあと、自分のオフィスに戻っていった。質問も受け付けなかった。みんな、だらだらと自分の席に向かって歩きながら互いに話をし、そのニュースの意味するところを考えていた。

私がゴールドマンに入ったころ、ジャスティン・ランシングはまだ下っ端だった。生粋のニューヨーカーで、マイクの部下だったここ10年は、国内の様々なオフィスを転々としていた。彼もMDだ。同じデューク大卒ということもあり、マイクとは仲が良かった。出張でニューヨークに来たときには、ふたりでよく遊んでいたようだ。ゴールドマンで大きな人事再編があるときは、必ず隠れたストーリーがある。噂では、ジャスティンがニューヨークに戻りたがっていて、今回の人事は、長いあいだ自宅から離れたところで働いてくれていたジャスティンへの、マイクなりの労いなのだと言われている。ついに故郷に帰って大きな役職に就くわけだ。そのうちパートナーになって、マイクに取って代わることだろう。

公式に決まっているわけではないが、マイクのもとで働くMDの人数は決まっている。そのほうが、エリートだけが到達できる特別な役職ということにしておける。リッチは去ったが、私が新しくMDになるので、マイクのもとにいるMDの人数は変わらない。ジャスティンはすでにマイクの下で働いているMDなので、彼をロサンゼルスからニューヨークに異動させることに何ら問題はないし、ほかのMDの立場を危うくする話でもない。

その日の午後、ピートと私はコーヒーを持って、フロアの奥にある会議室に行った。

「何がどうなってるんですか！」ピートが言った。

私はガラスの壁の向こうを見て、誰も近くにいないのを確かめてから小声で話した。ダンがパーティに行ったこと、寝坊したこと、リッチの部屋に行ったこと、気まずい感じでリッチに別れを告げたこと。

「あのとき、あなたを置いてバーを出なければよかった。そうなると思ってたんですよ」彼は豊かな銀髪を指ですきながら言った。

「あなたが責任を感じることじゃない。それに、もう終わったことよ。ダンと私は大丈夫」そう言いながら、絶対に大丈夫なはず、と心の底で思った。

＊　＊　＊

「ヒギンズさん、どうぞ」女性が言った。頬骨が高く、完璧なメイクをした綺麗な人だった。ダンと私はその女性の後についていき、グレーのマイクロファイバーのソファに座った。女性は向かい側にある大きな赤い椅子に腰を下ろした。私たちより年上に見えたが、若々しいエネルギーも感じられた。人生経験があって、それを私たちに伝えようという若さもある――それこそ、私たちがマリッジ・カウンセラーに求めているものだ。

「ようこそ」女性が言った。「今日はどうしてこちらに？」女性はクリップボードとペンを手にしている。もちろん、どう答えればいいかわかっていたが、カウチの下に隠れたくなった。私の隣には石でできた噴水のオブジェがあり、水がちょろちょろと流れている。私は恥ずかしさをぐっと飲みこんで言った。

「私が不貞を働いたんです」

女性はかすかに笑みを浮かべながらうなずいた。こういう話なら前にも聞いたことがあるという様子だった。他人に告白する自分の声を聞いていたら、これは本当の話なのだと身に染みて感じた。ダンが私の手をつかんで、ぎゅっと握った。私に触れてくれるなんて驚いた。そんな彼に感謝すると同時に、自分がつくづく嫌になった。

1時間後、私たちは部屋をあとにした。私は涙と後悔の念とで疲れきっていたが、結婚生活を修復する第一歩を踏み出せたことに希望を見出してもいた。その晩、子どもたちが寝たあと、ベッドルームのドアがノックされた。青いスウェットパンツと黄色のTシャツを着たダンが立っていた。枕を脇に抱え、口元には何かを期待するような笑みを浮かべている。何か月も別々の部屋で寝ていたが、いま彼が目の前にいる。彼が部屋に入ってきて、私の心は浮きたった。

第14章　自由のためのスプレッドシート

数週間後、ジャスティンがリッチのオフィスを引き継いだ。床から天井まであるガラスの壁の向こうには、ジャスティンが自分好みに模様替えしたオフィスが見えた。何もなかった壁にはゴルフ場のグリーンで撮った写真がかけられ、本棚にはサイン入りの野球ボールやフットボールが飾られ、ニューヨーク・ジェッツのグッズである緑色の大きなフォーム・フィンガーがデスクの上に置かれていた。

「ジェイミー、我らがアナリスト！」オフィスのドア口に立った私を見て、ジャスティンが言った。「また一緒に働くことになるとはな」

「そうですね」私は言った。「おかえりなさい」握手をしたあと、私は会議テーブルにつき、ビジネスプランをまとめた資料を2部、目の前に置いた。

「マイクから、困ったときはきみに頼るように言われたよ。いやいや、驚いたな」彼のブルーの瞳がきらりと光った。薄くなりはじめたストロベリーブロンドの髪は短く切りそろえられ、青白い顔にはそばかすが浮かんでいる。手にはジェッツの小さなボールを持っていた。「シスター・ジェイミーが上司の男性とうまくやっていけてるとは思わなかったよ」

「誰とでもうまくやっていけますよ」私は笑顔で答えた。本当は顔に一発お見舞いしてやりたかったけれど。「シスター・ジェイミー」と言われたのは久しぶりだ。

「そうだとありがたいよ」彼も笑顔で言った。口元から大きくて白い歯が覗く。「新しい上司が来たわけだからな」

「ええ」どう答えればいいかわからず、そう言っておいた。その瞬間、これまでここで働いてきた年月が消え去り、初めて面接を受けた日に逆戻りしたような気分になった。私は彼の言葉を待っていたが、彼はただこちらを見つめている。部屋に沈黙が流れた。「えっと……」とうとう私は切り出した。「私のビジネスプランをお話しします」

「始めてくれ」彼が言った。「楽しみだ」私はプレゼン資料を彼の前に置いて話しはじめた。彼は椅子の背もたれに寄りかかり、白いタイルの天井を見つめたまま、ジェッツのボールを空中に投げ上げている。何度も何度も。私の話に反応することも、質問をすることもなかった。私など部屋にいないかのような振る舞いだった。自分と天井とボールしか存在していないかのようだった。

ミーティングのあと、私はコンピュータの前に座り、スクリーンセーバーをじっと見つめた。涙で視界がぼやけはじめる。

「それで、どうでした？」ピートが身を乗りだして訊いてきた。

「そうね、あなたにとっていいニュースは、彼がフットボール好きだってこと」私は言った。「つまり、あなたと彼には共通点がある」共通点はそれだけだということも、すでにわかっていた。

次の日、トレーディング・デスクの横にあるプリンターの前で、資料が印刷されて出てくるのを待っていたときのことだ。ジャスティンがフロアを横切ってやってきた。

「アシスタントを探さなきゃならない」彼が言った。「年増とブスとデブは勘弁だ。わかってるよな？　若くて背が高くてキュッとしまってるのがいい！」彼はジェリーとヴィトのほうを向くと、カップの形にした手を胸に当てて、女性の胸を模した。ジェリーとヴィトは目を輝かせながらジャスティンを見ている。まるで、待ち焦がれていたリーダーを見つけたかのような表情だ。ふたりは笑いながらハイタッチとグータッチをしている。私はまっすぐに前を見つめ、フロアの反対側の壁に取り付けられた、ベージュ色の装飾的な照明器具に意識を集中させた。周りでは、彼らが愉快そうに背中を叩きあったり、小さなフットボールを投げ合ったりしている。歯をきつく嚙みしめると、こめかみが痛んだ。書類がプリンターから出てくると、走らないように注意しながら急いで自分の席に向かった。

その途中、アシスタントのケイティに引きとめられた。彼女はこのフロアにいる何人ものマネージャーのサポートをしているが、ジャスティンの下にはついていない。彼女の席は私にとって避難所のような場所で、唯一、人間らしい会話ができる場所だ。お互いの子どもの話をしたり、育児のコツを伝授しあったり、疲れた時にグチを言い合ったりしている。

「ジャスティンが言ってたこと、聞いた」彼女が小声で言った。「最低だよね」うん、と私はうなずいた。背後でジャスティンの笑い声がする。「ここでMDとして生き残っていくのは大変そうだね」彼女が言う。「あなたは、ここにいる人たちとは違うから。孤独じゃない？」そのとき、ジェリーがやってきて、ケイティに一瞥もくれることなく、出張中の領収書が入った分厚い封筒をバサッと置いていった。

「孤独よ」ジェリーが去っていくのを見ながら言った。「でも、少なくとも、私とあなたは同類」笑みを交わしてハイタッチをしてから、私は自分のデスクに戻った。

次の日、長年、私がメンターをしているサンドラというヴァイス・プレジデントの女性が、私に話があると言ってきた。「ジャスティンが同じ部署の男性たちを紳士クラブに連れていって、スコッチのテイスティングとか色々なことをしたらしいんです」彼女が言った。「みんな、その話ばかりしていて。女性がジャスティンのことを知るには、どうしたらいいんでしょう？　ストリップ・クラブに行くとか？　それともジャスティンは、私たちのことを知ろうという気もないんでしょうか？」

彼女の若々しい顔に宿る、大きな茶色の瞳を見つめた。ジャスティンなら男性陣を紳士クラブに連れていきたがるだろう。私は素早く考えをめぐらせ、もっともらしい言い訳を言わなければと思った——この部署でたったひとりの女性の上級管理職として、男性たちの愚かな振る舞いを取り繕《つくろ》う役回りには、もううんざりだ。

「彼はまだここに来たばかりだから」私は説明した。「ちょっと様子を見てみよう。女性には何か違うことを計画しているかもしれないし」自分の言葉を信じようとしたが、それが無理なことはわかっていた。

ウォール街にいる人のほとんどが男性なのは事実だ。ゴールドマンもそうだし、顧客もそうだ。だから、顧客や同僚との〝課外活動〟は、白人で性自認が男性の人が好みそうなものになる——ゴルフ、タバコ、スコッチ、ストリップ・クラブ、髭剃り。

私が顧客に会うのはオフィスや平日の夜のディナーのときだが、ジャスティンは顧客と一緒に週末にアイルランドまでゴルフをしに行ったり、ベイル（コロラド州のリゾート地）でスキーをしたり、ヴェガスで大騒ぎをしたりする。女性がそこに招かれることはない。私が顧客と同じような関係を築くのは無理だ。社内の交流会でもそれは同じだ。ジャスティンの下で働いている女性が紳士クラブに招かれることはない。そのクラブでは男性陣がタバコを吸いながら、何時間もかけて絆を深める。この狂乱の裏には、ある目論見がある。経営層や大口の顧客と強固な関係性を保ちたい、つまりは、こうした男性たちの影響力を手に入れたいということだ。こうして、オールド・ボーイズ・クラブは相も変わらず存在し、その力が強化されていくことになる。

次の日の夜、最も大口の顧客であるナショナル・トラストがシカゴからやってきた。私は何週間も前から、つまりジャスティンが来る前から、ディナーを計画していた。ピートと私が顧客といい関係を築いていることをジャスティンに示す絶好の機会だ。私たちはミッドタウンにあるステーキハウスに予約を入れていた。ジャスティンは遅れてくることになっていたので、ピートと私が先に出向いた。

「あの人のことは、どうも楽観視できません」タウンカーのドアを閉めながらピートが小声で言った。「ぼくたち、どうなりますかね」

「どうしてそう思うの？」私も不安だったが、そう尋ねた。

「うちの会社で働いてる男性だからわかるんですよ。ジャスティンは男の中の男だ。スコッチを飲んで、タバコをくゆらせるタイプ。あなたとぼくは、そういうタイプじゃない。オフィスの男たちを何人か連れて、スコッチのテイスティングに行ったって話も聞いてます。ぼくはその中には入れてもらえなかった。妻子持ちだから、誘われなくても別に驚かないですけどね」

「そのことは私も聞いてる」ウェスト・サイド・ハイウェイ沿いのビルが、高速で後ろに流れていく。カーステレオからはロック音楽が流れていた。「今晩のディナーに集中しよう。私たちがキャメロンとカートと、どんなにいい関係を築いているか、ジャスティンに見せてやろう」ナショナル・トラストの男性の名前を出して、自分たちを安心させるように言った。

　私たちがディナーの席についてまもなく、ジャスティンも到着した。「わが友、ジャスティンじゃないか。会えて嬉しいよ！」キャメロンは椅子から飛び上がるようにして立つと、ジャスティンを強く抱きしめた。私は一瞬ひるんで、ピートを見た。ジャスティンが新しい役職に就いたことが発表されたのはつい最近だったので、キャメロンにはまだ伝えていなかった。

「おふたりは、お知り合いなんですか？」ふたりが座ると、ピートが尋ねた。

「ああ、そうなんだ。知り合ったのはずいぶん前だよ」キャメロンが言った。

「香港でのクレイジーな会議のこと、覚えてるか？」

「もちろんだよ。あれだけ色々やったのに、捕まらなかったのには驚いたな」ジャスティンが言うと、ふたりは大きな声で笑った。

「アメリカなら捕まってただろうな」キャメロンが笑って言うと、ふたりはテーブルごしにハイタッチをした。

　黙って微笑みながら、ピートと私は顔を見合わせた。目を丸くすることしかできなかった。夕食が始まり、ビジネスの話になった。キャメロンが私とピートのことを褒めてくれたので嬉しかったが、私にはキャメロンとジャスティンのような関係を築くことは無理だとわかっていた。

次の日の午後、シカゴに戻ったカートから電話があった。「ジャスティンはパーティってものをよくわかってるね」彼が言った。

「そうですか？　昨晩はそれほどクレイジーではなかったと思いますけど」私は言った。

「ああ、きみはあのあとのパーティには行ってないからね」

「あら、何があったんです？」

「きみとピートが帰ったあと、ジャスティンがジェリーとヴィトを呼び出してくれてね。タイムズスクエアにあるゴーゴーバーに行ったんだよ」フロアの向こうにいるジャスティンに目をやった。あの馬鹿馬鹿しいジェッツのボールをいじりながら、ヴィトとジェリーと談笑している。ヴィトもジェリーもMDを目指しているので、ジャスティンにすり寄っているのだろう。

「そうだったんですか！　楽しんでいただけたようですね」

「ああ、そりゃあもう」彼が言った。「ジャスティンはいい奴だ」

いい奴。誰にとって？　受付係の仕事を探している30歳以上の女性にとっては違うだろう。新しい上司のことを知りたいと思っている女性にとっては違うだろう。そして私——幼い子をもつ母親——のように、午前2時まで飲んだり色目を使ったりできない人にとっては違うだろう。そして、たとえ時間があっても、そうしたいと思わない人にとっても。たったひとりの女性MDとして、職場にいる女性の立場を主張する責任があるとは思っている。だが、家族の主な稼ぎ手として、自分のキャリアも守らなくてはならない。その両方を実現するのは不可能に思えた。

数週間後、今度は私たちがシカゴに出向き、ナショナル・トラストを訪れることになった。前回はステーキのディナーだったので、今回はもっと楽しいことを企画した――ビリヤードとカラオケだ。今回はジェリーもヴィトもいないので、二次会はないだろう。

「フライトに遅れますよ」オフィスでジャスティンを待ちながら、ピートがささやいた。

「わかってる。でも、あのスライドを見ておかないとジャスティンが困るから」私は言った。「あれがないと勝負にならない」ジャスティンは自分の席で、私がまるまる1週間かけてつくったプレゼン資料を確認している。

「あなたの資料を頭に叩きこむ時間があるといいんですが」ピートが言った。ジャスティンは黒いトレンチコートをさっと羽織ると、出張用の鞄を持ち、私たちの横を通り過ぎていった。

「グズグズしてる暇はないぞ」ジャスティンがコートの裾を翻しながら歩いていく。3人でタウンカーに乗りこみ、私は後部座席でふたりのあいだにはさまれて座った。私がつくったプレゼン資料を見ながら、ジャスティンがブツブツ言っているのが聞こえてくる。私が書いた言葉が彼の口から出てくるのを聞いていたら、手柄を横取りされた気持ちになった。このやり方にはまだ慣れない。リッチは自分に自信をもっていたので、ゴールドマンの代表として顧客にプレゼンする役割は、部下に任せてくれていた。

ナショナル・トラストのオフィスに着くと、キャメロンがロビーで迎えてくれた。「よく来た、わが友ジャスティン！」キャメロンが言い、ふたりはハグをしてお互いの背中を叩きあった。

私たちは高級感のある会議室に入り、木製の丸いテーブルについた。それぞれの席に小さな水のボトルが置いてある。ジャスティンは私が用意した文言を何も見ずに述べ、私の功績をかっさらっていった。私は日々の具体的なオペレーションについての質問に答えられるように準備していたが、質問はいっさい出なかった。みんな、ミーティングを早く終わらせてパーティへ行きたいと思っているようだった。

ミーティングのあと、ナショナル・トラストの20人と私たち3人は、〈キングス・ビリヤード〉へ行った。最高級のビリヤード場で、高級なお酒も飲めるし、ヴェニソン・スライダーズ【訳注：鹿肉のミニバーガー】や、ハムとブリーチーズのサンドイッチなども食べられる。私たちのテーブルの上にある薄型のテレビスクリーンには、「ナショナル・トラストはゴールドマン・サックスを歓迎します」という画面が映っていた。

マティーニを飲んだりシュリンプ・カクテルを食べたりしながら何ゲームかやったあと、隣にあるカラオケ・バーに移動した。カートをはじめ何人かのナショナル・トラストの社員は、酔っぱらってふらつきながら会社の車に乗りこみ帰っていった。私は疲れていたが、ゴールドマンには「最後の顧客が帰るまで残っていなくてはならない」というルールがある。だから、私は残っていなくてはならなかった。ジャスティンは目を充血させながら、キャメロンと一晩じゅうテキーラのショットを飲んでいた。彼は大声でわめいたり叫んだりしながら、ふらふらとカラオケ・バーに入っていった。すでにテーブルについていた人たちが彼を見上げる。彼がキャメロンと一緒にまたテキーラショットを飲みに行ったときは、さすがの私も目を丸くした。バーの隣にはカラオケ用のステージがあって、カラオケの機械を操作する男性が、ステージ前にある木製のスツールに座っていた。彼は黒人で、見たところ若かった。20代前半だろうか。白いTシャツにブルーのジーンズを穿《は》いている。

ジャスティンとキャメロンはテキーラショットを飲みおわると、叩きつけるようにグラスを置いた。ジャスティンはよろけながらカラオケのテーブルに向かうと、呂律のまわらない口で曲をリクエストし、げっぷをした。黒人の男性が顔をしかめる。

「少し休んだらどうです？」その男性が言った。「ちょっと水を飲んでからにしてください」

ジャスティンの白い肌が、まだらに赤くなった。そばかすに命が宿ったみたいだった。みるみるうちに耳から首元まで真っ赤になる。短気な人だとは聞いていたが、こういう場面はまだ見たことがない。まるで交通事故をスローモーションで見ているみたいだった。その場で固まってしまい、彼を止めることはできなかった。

「お前、何様のつもりだ？」彼が声を荒らげた。会話で賑やかだった部屋が、しんとなった。カラオケステージの照明に照らしだされたジャスティンは目をむいている。白目が真っ赤だ。「このおかま、ホモ、まぬけな＊＊＊（人種差別的な言葉）。俺が誰だか知ってるか？　天下のゴールドマン・サックスに勤めてるんだぞ」ジャスティンは口から唾液を飛ばしながら言った。「俺は自分が歌いたい歌を、歌いたいときに歌う」

キャメロンがジャスティンの腕をつかんで引っぱり、バーテンダーが飛びだしてきて黒人男性を押さえた。ジャスティンの顔にパンチを食らわしかねない勢いだった。いっそのことやってくれればよかったのに。ボクシングの試合のリングサイドのようだった。1ラウンド終わったあとに、マネージャーがボクサーたちを引き離す場面によく似ている。ジャスティンの横に立っていたピートと私は驚きで目を丸くし、口をぽかんと開けて互いを見つめた。キャメロンがジャスティンをバーの外に引っぱっていき、バーテンダーは黒人男性の体から手を離した。小声で何やら話している。

事態の深刻さに、私は言葉を失った。これまで、様々な人の失敗の尻ぬぐいをしてきた。リジーが起こした訴訟の件では人事部に嘘をつき、そのおかげでジェリーとヴィトは無罪放免になった。エリックに暴行されたときは口をつぐんだ。職場でのジャスティンの振る舞いにも目をつぶった。ずっと、うちの会社に入った若い女性に明るく話しかけてきた。パイロットが飛行機を急降下させているのに、乗客に向かって何も問題ありませんと告げているキャビンアテンダントのように。でも、こんな騒動に巻きこまれたことはない。どうすればいいのかわからなかった。

私はピートと一緒に黒人男性に近づいていった。「あまりのことに私も驚いています。お恥ずかしいかぎりです。申し訳ありませんでした」私は彼に言った。「同僚のひどい言動は、弁解のしようもありません」

「あなたもゴールドマン・サックスの人ですよね？」その男性が言った。「自分とこの社員がどれほど人種差別主義者で同性愛嫌悪者か、会社も知りたいことだろうね」

男性は去っていった。この会社の一員であることに嫌悪感を覚えた。シャワーを浴びて、この出来事を洗い流してしまいたい。みんな帰路についたので、ピートと私は会計をすませ、チップをたっぷりと払った。だが、それすらも嫌だった。お金で事を収めようとしているようで。

「信じられない」タクシーに乗りこむやいなや、私は言った。「ジャスティンは短気だと聞いてはいたけど、あれはひどすぎる。一線を越えてた。あの男性が何か言ってくると思う？」

「どうですかね」ピートが言った。「こんなことは、しょっちゅう経験してるのかもしれませんよ。ゴールドマンが世界の中心だと思いこんでる偏狭な奴らがまた来た、くらいに思ってるかもしれません」

次の日の朝は、胃に鉛を飲みこんだような気分だった。私たちが乗ったニューヨーク行きのフライトに、ジャスティンが乗り遅れてよかったと思っていた。ピートと私はフライトのあいだ、ずっと黙ったままだった。話をしてアドバイスをもらいたかったが、彼を巻きこむのも申し訳ない。今回の件を会社に報告すれば、大問題になるだろう。その相談に乗ってもらいたくはなかった。心の底では報告すべきだと思っている。だが、報告すればトラブルに巻きこまれることもわかっている。

午後になってジャスティンが戻ってくると、さっそくヴィトとジェリーと談笑している声が聞こえてきた。

「本当に失礼な奴なんだ」ジャスティンが言った。「だから言ってやったさ。俺にそんな口のききかたをする奴はいないぞ、ってな」パソコンの画面の向こうに、ジャスティンの後ろ姿が見えた。いつもと同じように、机ごしにヴィトとフットボールを投げ合っている。彼があの出来事を誇らしげに語っている姿を見て、胃が痛くなった。ヴィトとジェリーはジャスティンとハイタッチをしている。

だめだ。これではいけない。

今回は黙っていられない。見なかったふりをするのにも、職場の女性たちに嘘をつくのにも、自分自身に嘘をつくのにも、もう疲れた。ゴールドマン内でのひどい言動をずっと目にしてきた。でも、今回のことはそれとは違う。ゴールドマンというファミリーの外で、公の場で起こったことだ。もはや、マイク・ファミリー内の汚れた洗濯物は隠しきれない。うちの性質の悪いニューヨーカーが外に吊るされ、世間の目にさらされている。そう考えた瞬間、すべてのものがはっきりと違って見えた――ひどい言動にも耐えなくてはいけないというゴールドマン特有の色眼鏡を通してではなく、くっきりと透明なレンズを通して見ることができた。

そのレンズを通して自分の姿を見た私は、自分がずいぶん変わってしまったことに気づいた。何年も前、ここに来たばかりの私はとても純真で、祖母と両親に教わった価値観とモラルをもっていた。ところが、ゴールドマンで仕事をするうちに、その価値観とモラルがゆがみ、自分で自分を誇ることができない人間になってしまっていた。昔のジェイミーに戻りたい。いまが、そのスタートだ。キャリアを積むのは難しくなるかもしれないし、内部告発者になることにはリスクがあるのも承知している。それでも、私の性格から考えれば、何も言わないことのほうが大きなリスクだ。

この件はマイクには言えない。ジャスティンを守るために、どんなことでもするだろう。ひどい言動にも目をつぶるはずだ。この件がうちの部署の外に漏れないかぎり、何も問題ありませんと経営層に取り繕うこともできる。自己防衛をするのはマイクにかぎったことではない。ゴールドマンでは、それが当たり前だ。だからこそ、繊細な問題を扱う〝インプロイー・リレーションズ〟【訳注：従業員と企業のコミュニケーションを活性化させる部署】という新しい部署もつくられたのだ。スローガンは「何か見たら、声をあげよう」。懸念することがあれば匿名でメッセージを残せるホットラインもつくられている。

その部署にいるアートという弁護士も知っている。部下を解雇しなくてはならないときに、よくお世話になった。解雇した社員からゴールドマンが訴えられることのないように、丹念にチェックしてくれた。解雇するに足る理由があり、雇用主であるゴールドマンに解雇する権利があることを確認してくれた。とても有能でプロフェッショナルな人で、信頼している。彼と彼の部署の役割はゴールドマンを守ることだが、ゴールドマンの社員を守るのも役割のひとつだ。アートの職務は物事を適切に処理すること、そして従業員ハンドブックが遵守されるようにすることだ。彼に電話をしよう。ただし、うちの部署の人に知られてはいけない。数階上に、改装中で使われていないフロアがあるが、会議室だけは使えるようになっているから、電話をかけるのに、うってつけの場所だ。

私はエレベーターで上階に行き、誰もいない廊下を歩いていった。数歩歩くごとに後ろを振り向き、後をつけてくる人がいないか確かめる。廊下の先に誰もいない会議室を見つけると、胸がドキドキした。中に入り、楕円形の木のテーブルの前に腰を下ろす。子どもを落ち着かせるときのように、座ったまま体を前後に揺らした。受話器を持った左手は震えていた。受話器をきつく握りしめてアートの内線番号をダイアルし、目を閉じた。

「こんにちは。シカゴで起こったことをお話ししたいのですが」私は言った。「でも、お話しする前に、私は守られると約束してもらえますか。私の名前がけっして漏れることのないようにしてください」

「もちろんです」彼が言った。「そうでなきゃ、この仕事はできません」

「許されない行為ですね」私がすべてを話すと、彼が言った。「難しい立場に立たされていると思いますが、よくぞ話してくれました。この件であなたの名前が出ることはありません」

「ありがとうございます。もう一度そう聞いて、安心しました」電話を切ると、50キロの荷物を下ろしたような気分になった。

次の日、マイクにオフィスに呼ばれた。毎週行っている情報交換だろうと思ったので、最新の収益レポートを持っていった。

「ドアを閉めてくれ」私がオフィスに入るとマイクが言った。

「今週のレポートを持ってきました」私は言った。

「それは必要ない」彼は机の前の椅子に深く座り、頭の上で腕を組んだ。白いシャツのボタンが弾け飛びそうだ。「今日、インプロイー・リレーションズにいる同僚から聞いたんだが、ジャスティンの件を報告したそうだな」

汗が噴き出した。ブラウスの脇の下が湿ってくる。薄皮が破れるくらい強く下唇を嚙むと、金属のような血の味がした。

「なんてことをしてくれたんだ、ジェイミー」マイクはそう言うと身を乗りだし、腕を机の上に乗せた。シャツを肘のところまでまくり上げているので、真っ黒な毛が生えているのが見える。顔と首は真っ赤で、まるで火あぶりにでもされているみたいだった。「もう一度言っておかないといけないみたいだな。この部署は大きな家族みたいなものなんだ。きみのことも娘のように面倒を見てきた。だから、ぼくのことも父親のように扱ってくれないと困る。今回の告発は家族に対する造反だ。ぼ、く、の家族への。これを不問に付すわけにはいかない。ぼくの家族の中で何か問題があるのなら、ぼくのところに来いよ。間違ってもインプロイー・リレーションズになんか電話するんじゃない。コンプライアンスにも、ほかの誰にも電話するな。家族の問題は家族の中で解決するんだ。わかったか？」彼の声はハンマーのようで、私は自分がオフィスの黄褐色のカーペットに打ちつけられているような気になった。

私の手の中にはレポートがある。プリントしたばかりで、まだ温かい。なんて馬鹿だったのだろう。マイクは茶色の目を大きく見開いている。私は泣くものかと思った。

「申し訳ありませんでした。よくわかりました」私は言った。

「よし。わかってもらえてよかった。こんなことはもう二度と起こさないでくれ。いいな？」

私がうなずくと、彼はコンピュータのほうに向きなおった。「ドアは開けておいてくれ」

マイクのオフィスを出ると、ジャスティンが自分の机のところに立っていた。その脇にはヴィトとジェリーがいる。彼らは腕組みをしたまま私をにらみ、私が自分の席につくまで目で追ってきた。

「大丈夫ですか？」席に着くとピートに訊かれた。コンピュータの画面を見つめながら、アートに電話したことをピートに言わなくてよかったと思っていた。そうでなければ、裏切ったのは彼かもしれないと疑心暗鬼になるところだった。

結局、私を売ったのが誰なのかはわからなかった。ただ、インプロイー・リレーションズは費用だけが発生するコストセンターだ。私たちの部署のように収益をあげるプロフィットセンターではない。アートか、もしくは彼のチームにいる誰かが収益を生む側に行きたくて、マイクに恩を売ったのかもしれない。マイクはつねに情報を求めている。そして、自分をより賢く見せるための貴重な情報や、ほかのパートナーから抜きんでるためのとっておきの情報や、トラブルから抜けだすのに必要なちょっとした情報をくれた者には恩を返す。だから、人事部の誰かが、これは自分のキャリアを築く絶好の機会だと考えたとしても驚かないし、ジャスティンがひどい言動をしたことよりも、私が〝家族以外の人〟に訴えたことのほうが厄介だとマイクが考えたとしても、少しも驚かない。

ピートにはそのうち事の次第を話すことになるだろう。でも、それは今日でなくていい。

「ええ、大丈夫」私は答えた。

私の体は震えていた。ポーチからザナックスを取り出し、コーヒーで胃の中へ流しこむ。少しも大丈夫ではなかった。たった一度の電話で、私のゴールドマンでのキャリアはすっかり変わってしまったのだ。

＊　＊　＊

数週間後、年に一度の人事考課が始まった。３６０度評価とも呼ばれていて、マネージャーからの評価に加え、同僚や部下からの評価も考慮されることになっている。そんなことをしても意味がないという人もいる。評価してもらう同僚を本人が選ぶことになっているし、高い点数をつけてもらうように事前に交渉しているからだ。そうすれば完璧なスコアになる。でも、私にはピート以外に親しい同僚がいない。そこで、ルールに従って様々な人を指名した。

いつも私は満点の9点に近いスコアを得ていて、毎年、同じ役職の人の中で上位25パーセントに入っていた。この会社の多数派である保守的な男性ではなかったものの、業績は認められていたので、評価プロセスはうまくいきそうだった。評価人のリストを提出してからまもなく、ジャスティンが私の評価人を追加したことを知らせるメールが来た。これまでゴールドマンにいて、こんなことは初めてだ。

私はコンピュータの画面ごしにジャスティンの背中を見つめた。自席のところに立っていて、ヴィトとジェリーにもてはやされているようだ。3人で輪になり、お腹を抱えて笑っている。私が近づいていくと、3人がこちらを見て笑顔を消した。まるで私が大学の友好クラブのパーティを中断させた警察官か何かのように。ヴィトとジェリーは素早く自席に戻り、ジャスティンは私のほうに顔を向けた。

「あなたが私の評価人リストを変更したというメールが来たんですが」私は言った。「こんなことは初めてなので、理由を教えてください」

ジャスティンは体の周りに腕を巻きつけた。「MDになってから初めての人事考課だろう？」彼が言った。「だから、もっとたくさんの人から幅広いフィードバックが必要だ」

理屈は通っていたので、その話を額面どおりに受け取った。

私自身がほかの人の評価を書くときに最も困ったのは、ジャスティンの評価だ。ミーティングでマイクから言われたことを考えると、いいことしか書いてはいけないとわかっている。マイクともジャスティンともこれ以上もめるわけにはいかないので、私は嘘を書いた。評価が提出されると、1か月かけてスコアが集計され、ランキングがつくられ、パフォーマンス報告がまとめられる。その後、その評価結果をもとに、全員がマネージャーと面談をする。

「さてと、ジェイミー」私の評価を見ながらジャスティンが言った。「MDになって初めての評価だが、話し合わなくてはならない点がたくさんあるようだ」彼は手元の紙を見たあと、それをこちらに渡した。いちばん下に書いてあるスコアとランキングを見た。スコアは6・5、ランキングは下位50パーセントだった。私は評価シートを見ながら眉をひそめ、下唇を噛んだ。名前を確かめてみる。これが私のものであるはずはない。きっと何かの間違いだ。しかし、ジェイミー・フィオーレ・ヒギンズと上部に書いてあった。口が乾いた。「こんなはずはありません」私は言った。「15年以上もここで働いてますが、8・75より低いスコアは取ったことがありません」

「いや、間違いではない」彼が言った。「今年はきみの年ではなかったようだな」彼の顔にかすかに笑みが浮かんだのを私は見逃さなかった。評価シートに目を戻した。頭の中で数字を咀嚼しながら考えを巡らせた。どうしてこんなことになったのだろう。スコアとパフォーマンス評価がこんなに変わってしまったのはなぜだろう。

「評価人について伺いたいのですが」私は言った。「低い点数をつけた人がいて平均値が下がっているんでしょうか。それとも、だいたいの人がこれくらいの点数をつけたのでしょうか」声に動揺が表れている。

「それは答えられない。きみはもうそれほど高く買われてはいないということだけは言っておこう」トレーディング・フロアから笑い声が聞こえてくる。混乱した頭で、壁にかかっている穏やかなゴルフコースの写真を眺めた。私が得意だったゲームのルールを、ジャスティンが変えてしまったかのようだった。この壁の内側で、私はスターだった。それがいまや、通りに放りだされた部外者のような気分だ。

「改善点がたくさんあるようだ」彼が言った。「きみがここでMDとしてやっていけるのか、甚だ疑問だな。私が欲しいのは骨身を惜しまず働く人間だ。PTA役員じゃない。たとえば、きみのデスク。子どもの写真やお絵描きが飾ってあって、まるで保育所じゃないか。ゴールドマンのMDのデスクじゃない」

涙がこみあげてきて目頭が熱くなった。この職場で私の心を明るくしてくれるのは、あの写真やお絵描きだけだし、家庭と私を結ぶ命綱でもある。あの子たちの写真を眺めているから、なんとか一日を乗り切れるのだ。私には〝母親のバービー人形〟というレッテルも貼られているが、この壁の内側には母親がいられる場所はないようだった。

「評価レポートを見てみよう」彼が言った。「そうすれば、何が問題かわかるだろう」ジャスティンの口が動き、何か言っているようだったが、耳鳴りがして何も聞こえなかった。ただ微笑みながらうなずき、レポートを見つめていた。スコアから目をそらすことができなかった。加算されていないものが絶対にあるはずだ。ジャスティンはご満悦の様子だった。

「数週間以内に、アクションプランを提出してくれ」彼が言った。わけがわからなくて、ぼうっとしていた私は、彼の言葉で我に返った。黒縁の眼鏡を通してジャスティンを見つめながら、この眼鏡がどんよりした私の目を隠してくれることを願った。彼の背後にジェッツの大きなフォーム・フィンガーが置いてあるのが見える。これを彼のケツに突きたててやれればどんなにいいだろう。

「わかりました」私は言った。「お時間をとっていただいて、ありがとうございました」部屋を出ると、気分が悪くなり吐き気がこみあげてきた。

自分の席に戻り、子どもの写真とお絵描きをすべて机の中にしまった。写真立てのフレームが金属製の引き出しに当たってカタンと音をたてる。子どもたちの可愛らしい顔を眺めながら引き出しを閉めた。私も一緒に引き出しの中に隠れてしまいたい。

ピートがこちらに目を向けた。「何をしてるんです?」

「ジャスティンの命令に従ってるの」私は言った。「私のデスクは保育所みたいだって言われた」

ピートは目を丸くして、口をあんぐりと開けた。

そのあとすぐに、ジャスティンが私の席を通りかかった。「ジェイミー! きれいに整頓できたじゃないか。これぞMDのデスクだ!」歯を覗かせて微笑む彼を見て、私は泣きたくなった。デスクの上からは何もなくなり、この仕事に耐える理由を思い出させてくれるものがなくなった。ジャスティンは自分のデスクに戻っていった。そこにはゴルフのトロフィーも飾ってあるし、18番ホールで撮った自分の写真もあるし、ジェッツの小さなフットボールがいくつも並べられている。私のデスクが保育所なら、彼のはスポーツグッズの小売店ではないか。

マイクとジャスティンが私を懲らしめようとしているのは明らかだった。〝家族〟を裏切ったことをマイクに非難されてから、報復があることは覚悟していた。でも、顧客との会食に私を連れて行かないなど、軽いものだろうと思っていた。まさかボーナスに直結する評価で報復されるとは思いもしなかった。

でも、それが本当なのかどうか確かめたかった。もしかしたら私の被害妄想かもしれない。客観性を失っているだけで、本当に私のパフォーマンスが落ちているのかもしれない。そこで、いいことを思いついた。会議室に行き、電話の受話器を上げた。そして、オペレーターにニコル・ロドリゲスにつないでもらうよう頼んだ。彼女は人事部に勤務していて、人事考課プロセスを担当している。彼女とは同じ年に入社してから、ずっと連絡をとりあっている仲だ。1回目の呼び出し音で彼女が電話を取った。

「ニコル、お願いがあるの」私は言った。「無茶なお願いだってわかってるけど、あなたから聞いたってことは誰にも言わないから。人事考課シーズンが始まったころに、上司が私の評価人リストに何人か追加したって知らせが来たの。誰が追加されたか教えてもらえない？」

「ごめん、それはできない」ニコルが言った。「部外秘なんだ」

「わかってる。でも協力しくれたらすごく助かる。誰にも言わないって約束する。自分が知っておきたいだけだから。いまちょっと苦境に立たされてて、どうしてもその情報がいるの。お願い、助けて」悲愴感の漂う口調で言った。息を詰めて待っていると、ニコルがキーボードを叩く音が聞こえた。

「わかった」彼女が言った。「でも、情報源は私じゃないってことでお願いね。いい？」

「わかった」

「ジャスティン・ランシングが、ふたり追加してるわね。ヴィトという人とジェリーという人よ。これでいい？」彼女が言った。私は窓の外を見て、トライベッカ地区にあるほかのオフィスビルを眺めた。別の場所で働いていたら、どんなによかっただろう。

「ええ、ありがとう」私は電話を切り、こめかみを揉んだ。いまできることは何だろう。インプロイー・リレーションズに電話で報告してはどうだろう？　いや、前回はそれで失敗した。あそこは見せかけだけの部署だ。とんだ茶番。紙の上では素晴らしいけれど、実際には存在していないも同然。私から見たゴールドマンは、いじめっ子が牛耳っている世界だ。子どものころに通っていた学校と同じ。ただし、ここにいるのは私や私の矯正器具を馬鹿にする意地悪な女の子ではなく、嘘を広める大人の男だ。

もう、ここにいるのは安全ではない。私を守ってくれる人は誰もいないし、私にできることは何もない。これではっきりした。私のキャリアと評判は妨害されたのだ。

第15章　小旅行

カップル・セラピストから、夫婦ふたりきりの時間をつくるといいと勧められたこともあり、数週間後、ダンが私に内緒で1泊旅行を計画してくれた。車で40分ほどのところにある、デラウェア川沿いの小さな街、ペンシルベニア州ニューホープへの旅だ。宿泊先は私たち夫婦のお気に入りの小さなホテル〈フィリップス・ミル〉。私は質素な石造りの建物をゆっくりと眺めた。青々とした蔦《つた》に覆われていて、正面玄関のドアは明るい空色だ。空気はきりりとして清々しく、ここからまたふたりでやり直そうという気持ちになれた。

ホテルの従業員に荷物を預けると、レストランのウェイトレスが、個室になっているガラス張りのポーチに案内してくれた。テーブルの真ん中にはピンク色のバラが飾られていて、その横には小さなキャンドルが灯っている。壁にはぐるりと白いライトが張りめぐらされていて、まるで星空の下にいるかのように幻想的だった。

「全部ぼくが手配したんだ」ダンが言った。「事前に電話して、ぼくたちの好みも伝えておいた。ふたりだけの夜だからね。楽しもう」

私は微笑んだ。ほとんどの男性は、私がしたことを許しはしないだろう。〈ノブ〉でリッチに夕食をごちそうになったときのことが頭に蘇ってきた。あの晩の私は現実逃避をしていた。自分の人生から目を背けて逃げていた。でも今夜は、私の人生を祝福する日だ。一緒に人生を築き上げてきた人と楽しいひとときを過ごす日。今夜は私と家族にとって素晴らしい日だ。夜が更けるにつれ、楽しさは増していった。ダンがゲームをしようと言いだした。結婚してから起こった面白いことを話して、相手を笑わせるというゲームだ。もう15年も一緒にいるので、材料には事欠かない。私はダンが生垣を刈っているときにハチの巣を刺激してしまい、ハチから逃げようと服を着たままプールに飛びこんだときのことを話した。ダンは私がジャージー・シティの駐車場で車をこすったにもかかわらず、誰かにドアをひっかかれたのだと頑なに言い張ったあげく、ドアを取り替えなくてはならなくなったときのことを話してくれた。私たちはお腹がよじれるほど笑った。

夕食が終わると部屋に向かった。ほのかに酔って幸せな気分だった。私が倒れるようにベッドに横たわると、ダンが部屋の電気を消し、ベッドサイドテーブルのキャンドルを灯した。彼が隣に来る。私の腰に腕を回したダンの胸に頭を乗せたまま、しばらくふたりで黙って横たわっていた。ダンが枕を抱えてベッドルームのドア口に立った日から一緒の部屋で寝ていたが、まだ親密な夜は過ごしていなかった。私たちは時間をかけて信頼を取り戻しているところだった。

目が合うと、彼がキスをしてきた。最初は軽くついばむようなキスだった。戸惑いと不安の入り混じったファーストキスのように。よく知っているものだったが、長いあいだ忘れていた。もう一度、そしてまたもう一度、キスをした。一回ごとに、長く激しくなっていく。ダンの舌が入ってくると、そこからはもう止められなくなった。

ふたりとも自分で上着を脱ぎ、ズボンを脱ぎ、裸になった。服はベッドの端でくしゃくしゃになっている。お互いの体を手と口でなぞり、初めてのときと同じ興奮を抱きながら、長年連れ添っている夫婦らしい流儀で、相手の体をくまなく確かめた。

こんなに彼のことを求めるのはいつ以来だろう。私に触れてほしい、私の中に入ってきてほしい。興奮が全身に喜びを降りそそぎ、足の先まで充足感に満たされた。私たちの息はぴったりだった。壁の薄さを気にすることもなく、汗にまみれながらふたりで絶頂に向かい、満足感に包まれたまま倒れこんだ。私は彼にキスをして、ブルーの瞳をのぞきこんだ。

「とても幸せよ、ダン」不安だった月日をへて、私のパーソナルライフはようやくいい方向に進みはじめた。私が結婚生活にもたらした大きな傷口は縫合されて閉じられ、癒えつつあった。

ダンがにっこりと笑いながら言った。「ぼくもだよ」

＊　＊　＊

私はダンに、ジャスティンが着任した日から起こったことをすべて話した。彼の発する不快な言葉、ゴーゴーバーでの二次会、スコッチウィスキー、シカゴの夜、そして私の評価がひどかったこと。ダンは聞いたことすべてに憤慨して、数週間後、雇用問題に詳しい弁護士との面談を設定してくれた。私はリジーのことを思い出した。彼女の場合は会社を訴えてうまくいった。あとになって、彼女が結構な金額をもらって示談したと聞いた。私の場合もそれでうまくいくかもしれない。ダンが探してきてくれたのは、チャーリー・ニュートンという名の、調停に強い弁護士だった。面談でジャスティンとの間にあったことをすべて話した。

「なるほど」チャーリーが言った。「これまでゴールドマンの社員の代理人になったことは何度もあるんですが」彼は眼鏡をはずして机の上に置いた。「ゴールドマンの顧問弁護士は優秀です。とても優秀です。今回の件も示談はできるでしょうが、金額は低くしなくてはならないでしょう」

「どういう意味ですか？」

「あなたはマネージング・ディレクターですから、7桁の収入を得ているのではないですか？」私は目を閉じてうなずいた。長いあいだ勤めてきたが、いまだに収入の話になるとプライドと恥ずかしさの入り混じった複雑な気持ちになる。感覚がおかしくなり、自分が本当にいくら必要なのかわからなくなる。「そのほかにも様々な保障があるでしょう。たとえば、有給休暇、確定拠出型年金、健康保険」私はうなずいた。給料とボーナスのほかにもらえる付加給付のことも思い浮かべた。

「ゴールドマンでほかの部署に移ってはどうです？　あるいは転職するとか」彼が訊いた。私は笑って首を振った。ほかの人にとっては簡単なことに思えるのだろう。

「マネージング・ディレクターがほかの部署にいくのは難しいんです。直近の人事考課スコアが低かったこともありますし」私は説明した。「それに、上級管理職ですから、ほかの企業で同じような職位に就けるところは、あまりないと思います」彼はうなずいて下唇を噛んだ。

「あなたを解雇しようとしている様子はないんですよね？」彼が念を押すように尋ねた。「あなたのファイルを読みましたが、あなたの成功を後押しするために、会社側がコーチをつけてくれたようですね」私はうなずいた。先週、人事部から電話があって、評価スコアが低かったのでパフォーマンスの低いMDと認定され、パーソナル・キャリア・コーチをつけることができると知らされたのだった。

「そんなの、見せかけだけです」私は口ごもりながら言った。「内心では、私に失脚してほしがってるはずです」

「どう見えるかがすべてですからね。ゴールドマンからいくら示談金をもらえるかわかりませんが、私はその30パーセントをいただきます。おそらく100万ドルから150万ドルくらいは取れると思うので、あなたが手にできるのは70万ドルから100万ドルほどですね。でも、訴えているあいだもあそこで働きつづけるのはストレスが多いと思いますよ。守秘義務があるとはいえ、ゴールドマンはあなたの噂を流すでしょうからね。そうなると、あそこで働きつづけるのは生き地獄でしょうし、転職するにも妨げになります。私なら、あと1、2年は黙って耐えて、自分の評判に傷がつかないまま退職しますね。いまは辞めたくてしかたないでしょうが。私ならそのまま残って、あと2回ボーナスを受けとります。訴えは起こさずに」

私はがっくりと肩を落とした。あそこに残らねばならないのか。毎年、多額のボーナスをもらっているうちに感覚が麻痺して、それがどれほど大きな金額であるかわからなくなっていたし、稼ぐためになぜそこまで耐えているのかもわからなくなっていた。働きはじめたころのジェイミー・フィオーレは、100万ドルのボーナスを一度でももらえれば、身を立てるのにじゅうぶんだと思っていたはずだ。すぐにでも退職できただろう。だが、毎年のように大金を稼いでいた〝ゴールドマンのジェイミー〟は、考えが変わってしまった。これほど稼げるところはほかにないと思いこみ、稼げば稼ぐほどもっと多くのお金が必要だと思いこんだ。派手にお金を遣うことなどないのに。

実際、私はほとんどお金を遣っていなかった。祖母から教わったとおり、ほとんどを貯蓄に回していた。私とお金の関係は、私とゴールドマンの関係と同じようにゆがんでいた。

肩を落とした私を見て、チャーリーは首を振った。

「お気の毒に。でも、ゴールドマン・サックスに勝つのは無理ですよ」

チャーリーとの面談を終えて家に帰る途中、兄のトニーに電話をかけた。兄も弁護士をしているので、あと2回ボーナスをもらうまで我慢したほうがいいというチャーリーのアドバイスを、兄ならどう考えるか聞きたかったのだ。

「言われたとおり、行けるところまで行ったほうがいい」兄が言った。「お前はこれまでずっと頑張って成功してきたじゃないか。脊椎側弯症と闘って、ゴールドマンに入って、ＭＤにもなった。弱音を吐かず、踏ん張って、勝つっていうのが、お前のやり方だろう？　お前ならもう一回頑張れるよ」

兄の言葉が耳に残った。弱音を吐くな、痛みに耐えろ……。それがうちの家族のモットーだった。強くあることが最も大事なことだった。それと並んで、耐えることと生き残ることも大事なことだった。たとえ痛みがともなったとしても。

「うん、そうだね」私は言った。「あと1年半か」自分の声に疲労がにじんでいるのを感じた。

「ここまでやってきたんだから、あと18か月くらいどうってことないだろう？」兄が言った。

18か月くらいたいしたことはないと、当時は思っていた。私は無頓着にお金を遣うことはなかったが、時間の使い方には無頓着だったのだ。それに気づいたのはゴールドマンを辞めてからのことだ。それまでは、幸せな時間を過ごすことよりも、同じ時間でお金を稼ぐことのほうが大事だった。お金を稼げるなら、不幸なまま数年間を過ごしても構わないと思っていた。自分の時間は無限にあると思っていたのだ。ゴールドマンから自分を引き離して初めて、自分の時間を貴重なものとして扱えるようになった。でも、この時はまだ金額のことばかりが頭に浮かび、18年間の中のたった18か月ではないか、もう90パーセントは過ぎている、と思っていた。これまでレースから逃げたことはないし、もうゴール目前なのだから、このレースを辞めるわけにはいかない、と思っていた。この時はまだ、いつでも望むときにレースを辞める権利が自分にあることを、ありがたいとは思っていなかった。

「ジェイミー、お前は家族の希望の星だ」兄が続けた。「これまで成し遂げてきたことを見てみろよ。おじいちゃんは移民の貧しい生活から抜けだそうと頑張りすぎて、自分が壊れてしまった。ジャニンとぼくはその思いを引き継いで、前に進むことができた。でもお前は、その水準をぐっと上げてくれた。次の世代の子たちの可能性を広げてくれたんだ。お前が家族の水準を上げてくれたんだぞ」

誇らしくて背すじが伸びる思いがした。そして、私が仕事を頑張っているのは、私のためだけではなく、うちの家族のため、家族全員のため、私より前の世代の家族のためなのだと、あらためて思った。いま、私はバトンを受け継いで走っている世代の末っ子だ。みんなをがっかりさせるわけにはいかない。でも、いま気づいた。私はこのバトンを誰かに渡したいとは思っていない。バトンを受け継いでいくのは、あまりにも責任が重い。このレースは私で終わりにしよう。

その晩、子どもたちが寝たあと、ダンがちょっとワインでも飲もうと言った。

「きみをあそこから救いださないといけない」彼が言った。苦痛に満ちた青白い顔をしていて、彼もこの件で神経を擦り減らしているのだと思い知った。

「わかってる」私はそう言って、ワインをあおった。「私ももう耐えられない」

「ちょっとこれを見て」彼はそう言って、1枚の紙を差しだした。「〝自由のためのスプレッドシート〟を見直してたんだ。いまが辞め時だ。きみがこれまで家族のためにしてくれたことを見てみなよ。自分を誇りに思うべきだ」

　スプレッドシートは数字で埋め尽くされていた。銀行口座の残高、確定拠出年金、教育資金の貯蓄口座の残高が書かれていて、いちばん下の合計金額が赤い丸で囲まれていた。30代後半の夫婦にしては多額の金額だ。私はずっと貯蓄をしていて、ぜいたくはしてこなかった――スーツは相変わらずマーシャルズで買ったものだし、靴はオンラインストアのペイレスで買ったものだ。ジェネヴィーヴのように素敵なジュエリーも持っていないし、いまだに中古車に乗っているし、遠くへ旅行することもない。せいぜいジャージー・ショアに行くくらいだ。職場には毎日お弁当を持参している。祖母も褒めてくれるだろう。私はすっと背すじを伸ばした。最近、職場ではすっかり負け犬のように感じていたが、このスプレッドシートを見れば、私がどれほどのものを手にしたのかがわかる。

「辞めることを自分に許可しなよ」ダンが優しい口調で言って微笑んだ。頰にエクボが浮き出ている。「ぼくがフルタイムで働くよ。必要なら三つの仕事を掛け持ちしてもいい。なんとかなるよ。

辞めるかどうかを話し合うのはやめて、いつ辞めるかを考えよう。もうこれ以上、お金はいらない。ぼくたちにもっと必要なのは、きみだ」

彼の言葉を噛みしめた。涙をふき、詳細にシートを見た。スプレッドシートを分析するのは私の仕事のひとつだ。1行ごとに検証し、頭の中で計算を施した。

「チャーリーの提案どおりにしよう」私は言った。「あと2回ボーナスをもらう。1年半頑張る」

はっきりと迷いなく決断することができたので、これが正しい選択なのだとわかった。すぐにゴールドマンを辞める覚悟はできていない。すぐには辞められない。でも、1年半のあいだに辞める覚悟ができるだろうし、辞めるには金銭的な不安がなくなってからのほうがいい。これだけの期間があれば、教育資金と確定拠出年金をじゅうぶんに貯められるだろうし、ダンの仕事が落ち着くまでのあいだに必要な生活費を貯めることもできる。自分たちで健康保険にも入らなくてはならないが、それも大丈夫。子どもが私のように高額な手術を受けなくてはならなくなったとしても、大丈夫だ。そのことは、つねに頭の隅にあった。これまでずっと耐えてきたのだ。あと18か月くらい、たいしたことではない。久しぶりに自分はラッキーだと思うことができた。私はまだ若い。あの会社を辞めて何か新しいことを始めることもできる。

「退社計画に乾杯」そう言って、ふたりでグラスをカチンと合わせた。ゴールドマンを永遠に去る日を思い浮かべた私の顔には、勝利の笑みが浮かんでいた。

次の日、フロアの奥にある会議室でピートとコーヒーを飲みながら、まっさきに私の計画を話した。「散々この会社の文句を言いながら、いつ辞めようか考えてたけど、もうそんな話をするのはうんざり。ついに辞めることにした！」

彼は驚いて目を大きく見開いた。「本気ですか？　辞めるんですか？」彼の声は1オクターブ高くなっていた。

「すぐにではないけどね」私は説明した。「でも、決心したの。あと2回ボーナスをもらったら辞める」肩の力が抜けた。ピートに話したら現実味が増してきた。これは冗談でも夢でもない。現実なのだ。その日が待ちきれない。

「そうですか」ピートは驚いたように言うと、混乱した表情で私の後ろにある壁を見つめた。

「あなたにもできるよ」彼を励ました。「計算して、必要な金額をはじき出して、日を決めればいい。そうすれば、スクールカウンセラーになれるよ。一緒に辞めるところを想像してみて！」

ピートはふっと表情を緩めると、手にしているコーヒーを見つめた。

「一緒に金額を計算してくれますか？」彼が言った。「あといくらあればいいか、計算するのを手伝ってください。ぼくの計画をもう一度始動させなくちゃ。あなたがいなくなったら、ここで生き残れる気がしない」何年も前に、最初に〝自由のためのスプレッドシート〟をつくったのはピートだったが、彼はまだ私のように詳細に計画を練ってはいなかった。前に進めるように何かしたほうがいいと、ずっと彼に言ってきたが、私より先に辞めてはいけないと思っていたようだ。自分の方が年下なのだから、と後回しにしていたらしい。

「もちろん」私はテーブルに身を乗りだして、彼の手を握った。「一緒にやろう」

その日の午後、人事部から割り当てられたパーソナル・キャリア・コーチの、デニス・ショーから電話があった。彼いわく、ゴールドマンは私をサポートしたいと思っているのだそうだ。電話を切ったあと、失笑してしまった。これぞ、ゴールドマンお得意のごまかし術だ。マイクが私をサポートしたいなどと思っているはずはないし、このデニスとかいう男性に言われたとおりのことをやったとしても、私が救われるはずがないことはわかっている。でも、この茶番には付き合ってやらなくてはならない。次の週にデニスと会う約束をした。

「ぼくの仕事は、きみの弱点を明らかにすることだ」デニスが言った。「そして、それを克服するためのプランを立てること」彼は黄色い乱ぐい歯をむき出しにして笑った。「きみの評価人たちに会ったけれど、きみのことを悪く言う人は、ほんの数人だった。ただ、その人たちの意見が強硬でね。仕事熱心じゃないとか、家族のことばかり考えているとか言っていた。悪くとらないでほしいんだが、たしかに家族は大切だ。でも、きみはゴールドマンの一員なんだ。職場にいるあいだは、仕事を一番に考えなくちゃいけない」私はあんぐりと口を開けた。私のことを悪く言ったほんの数人とは、間違いなくジャスティンとジェリーとヴィトだろう。

「では、私はどうすればいいのでしょう？　私には子どもがいます。子どもは返品するというわけにはいきませんし」

彼は椅子の上でもぞもぞして、咳払いをした。戸惑っているのを見て胸がすく思いがした。「ああ、もちろんだ！　ただ、ちょっとやり方を変えてほしいんだ」

「どのように？」

「そうだな。たとえば、私だったら日中は子どもの話はしないようにする。ある人が、きみは母親臭を出しすぎると言っていた。だから、職場では子どものことは忘れなさい。子どものことは誰にも話さないほうがいい。自分の席から家族に電話をするのもやめること。必要なときは会議室からかけたり、トイレから携帯を使ってかけたりしたほうがいい」

私はデニスをじっくりと眺め、長くてもじゃもじゃした顎ヒゲと、それとは対照的に禿げあがった頭を観察した。子どもなどいないふりをして、トイレの便座に座ってこっそりと家に電話をかけなくてはいけないなんて馬鹿げている。自分のアドバイスがどれほど理不尽なものか、彼はわかっているのだろうか。言い返してやりたかったが、やめておいた。代わりに、微笑んでうなずいておいた。

それからも何度か面談をし、規定の面談時間が終わった。馬鹿馬鹿しい自己開発計画なるものを書き、そのほかの提出物も仕上げた――顧客とはいい関係を築けているとか、取引先もマージンも増えているとか、今年の業績は過去最高になる見込みだとかを記入した紙を提出した。

自分の席からは、母親らしさを消した。写真をしまい、子どものお絵描きをしまい、電話もしなかった。ダンに連絡するときはトイレの便座に座ってしたし、子どもと電話で話すときは言われたとおり小声で話した。ピートと話すとき以外、ゴールドマンの壁の内側では、私の家族は存在しないも同然だった。仕事に集中し、いつでも仕事のことだけを考え、彼らの望みどおり仕事人間になった。最初の面談のときにデニスからもらったフィードバックにはすべて対処し、変えるようにと言われたものはすべて変えた。それをすべて書類にして、分厚くて白い3穴バインダーに保管した。私へのコーチングの終了を確認するため3人でミーティングをした際に、ジャスティンにそれを見せた。

「ゴールドマンで何人もの人のコーチングをしてきましたが、ジェイミーは最も優秀な社員でした」デニスが言った。「フィードバックをよく受け入れてくれて、意義のある改善をしてくれました。あなたにもきっと同意いただけると思います」

ジャスティンはバインダーをテーブルの真ん中に押しやった。「それがどうした。ただリストに書いてあることをやっただけじゃないか。パフォーマンスが上がったわけじゃない」

デニスが口をあんぐりと開けると、ジャスティンは椅子の上でふんぞり返り、かすかに笑みを浮かべた。こうなるだろうと心の底では思っていたが、このバインダーが和解の糸口になるかもしれないという期待もあった。再び家族に迎え入れられ、キャリアが安泰になるのではないかと。

ミーティングのあと、デニスをエレベーターまで送っていった。彼は呼出ボタンを押すと、周りに誰もいないのを確かめてから私に近寄ってきた。「きみにかける言葉が思い浮かばないよ。きみはできることをあれじゃあ大変だな」彼が言った。タバコとミントの香りがする。「ジェイミー、きみはできることをすべてやったのに」彼はくるりと後ろを向いて、誰もいないのをもう一度確かめた。「ここだけの話だが、これはきみの問題じゃなくて、ジャスティンの問題だな。きみはできることをすべてやったのに、危うい立場に立たされている。彼のきみに対する見方は変わらないだろう。長い物には巻かれろって言葉があるのを忘れるなよ」彼はかすかに笑みを浮かべた。チンという音がしてエレベーターが到着し、彼が中に入っていった。こちらを擁護してくれるような言葉だったが、私は打ちのめされていた。

エレベーターのドアが閉まり、彼が行ってしまうのを見つめていた。閉じられたドアは、まるで私のキャリアだ。フィードバックに耳を傾け、変えるところは変えた。ゴールドマンから言われたことを、すべてやった。でも、何も意味がなかった。私はこの家族から放り出された。私のキャリアのドアは閉じられ、その鍵はどこかに放り投げられてしまった。

第16章　祭壇

「ミクソロジー・ミキサー【訳注：パーティやイベントにバーやバーテンダーを派遣するサービスを行う会社】へようこそ」ゴールドマン・タワーの屋上テラスに続くドアを開けると、受付係が言った。役員室の隣にあるこのテラスに来たのは、これが初めてだ。今夜はここで、ゴールドマン・サックスの女性社員ネットワークによるカクテル・パーティが開かれている。

空気の澄みきった暖かな初夏の夜、屋上テラスからの眺めは素晴らしかった。ニューヨークとその先までが一望できる。一方にはエンパイア・ステート・ビルが見え、違う方角にはブルックリンが見え、また違う方角にはニュージャージーが見える。テラス上の景色そのものも素晴らしかった。ゴールドマンにいる女性の実力者が集まっている。パートナー、マネージング・ディレクター、そして成績優秀なヴァイス・プレジデントたち。男性はほとんどいない。でも、人数は少なくても顔ぶれは豪華だ。部署のトップや経営幹部の男性たちが、集まった大勢の女性の中に混じっている。女性たちはファッション誌のきらびやかな広告ページから抜けだしてきたかのようだった。足元はクリスチャン・ルブタン、首にはダイヤモンドのネックレス、肩から下げているのはプラダのバッグだ。

彼女たちを見ていると自分が時代遅れのような気がしたが、私には彼女たちにはないものがある

——自由だ。彼女たちは一生ゴールドマンで働いていくのだろう。いまの生活スタイル、服、車、ハンドバッグを維持するためには、ゴールドマンという祭壇の前に一生ひれふしていかなければならない。かつての私のように、富と地位に依存してしまっているのだ。そうさせているのはゴールドマンだ。でも、私はその依存症から抜け出すことができた。自分が富や地位に依存していると気づけたおかげで、この有毒な世界から抜け出そうと決意し、ゴールドマンに縛られていた自分を解放することができた。

私はバーに行き、ゴールドマンという名のカクテルを手にした。パイナップル風味の明るい黄色のカクテルで、グラスの縁には砂糖がまぶしてある。わずかにいる男性の周りには女性たちが集まっていた。今日は女性が互いを励まし合う会のはずなのに、女性たちは先を争うように、この場にいる男性と話をしている。

ゴールドマンではあらゆる競争が行われているが、中でも女性同士の争いは熾烈を極めることが多い。女性同士は互いに結束し、団結を誓い、一枚岩となって闘うものだと思われていることだろう。いまここにいる大多数は女性なのだから——ゴールドマンでは絶対にあり得ない状況だ——本来なら、私たちは歩調をそろえるべきだ。〝ガラスの天井を打ち破る〟方法をともに考えるべきだろう。そういえばジェネヴィーヴも「私たちならできる」と、ブリンマー大学で〝ときの声〟を上げていた。女性社員ネットワークも「昇進するときは、女性を誰かひとり一緒に取り立てよう」とマントラのように言っているが、それが実践された例はほとんどない。社内カルチャーによって、女性の椅子は少ないと頭に刷りこまれているからだろう。女性が就ける役職はほとんどなく、自分たちはボーイズ・クラブ内に割り当てられたわずかな椅子に象徴的に座っているだけなのだと、女性自身が悟っているようだった。ボーイズ・クラブに自分と一緒に誰かひとり女性を取り立てれば、新しく来た人は気に入られるかもしれないが、その代わりに誰かが放り出されることになる。ゼロサムゲームの心理だ。ひとりの女性を勝たせるためには、女性が誰かひとり負けなくてはいけない。なんと皮肉なことだろう。男性は両方が同時に勝つことも可能だというのに。

ここにいる誰かと話をしたかった。私のキャリアについて相談し、このネットワークを活用したかった。でも残念ながら、話ができる人はいなかった。女性のパートナーはさらに上の役職を得ようと必死だし、マネージング・ディレクターはパートナーの椅子を狙っている。成績のよいヴァイス・プレジデントはマネージング・ディレクターを目指している。出世街道を最速で突き進んでいる女性ばかりで、私のキャリアが行きづまっていることを気にかけてくれる人は誰もいなかった。彼女たちを責めることはできない。私もかつてはそのひとりだったから。私もリジーに対して同じことをした。彼女のことを気にかけていたものの、いざとなると自分がMDになることに必死で、彼女を助けようと立ち止まったことはなかった。とはいえ、親しくなった女性もいる。とくに私がメンターをしていた女性とはよく話をした。だから、大変な状況にあるのが自分だけではないことも わかっている。彼女たちがゴールドマンを去る前に、どれほど悲惨な目にあったのかも聞いている。たとえば、あるアソシエイトの女性は、気味の悪い上司のせいで辞めていった。多くの仕事を命じられて残業させられたあげく、残業中に肩をなでられたり、胸をじっと見られたりしたそうだ。ジャッキーという名のシニア・ヴァイス・プレジデントの場合は、上司が彼女の子どものベビーシッターと関係をもったらしい。会社は何もしてくれず、彼女は職場で難しい立場に立たされたそうだ。最初は、ベビーシッターが職場に電話をかけてきたときに、その上司と軽く世間話をするなど、無害なものだったらしい。それが、そのうち仲良くなり、携帯の番号を交換するようになり、恋愛関係に発展した。ベビーシッターがジャッキーのデスクに電話をかけてくるたび、ジャッキーは子どもたちに何かあったのかとパニックになった。だが結局、彼女がボーイフレンドに電話をかけてきただけだった。その上司とベビーシッターが急にバケーションに出かけることになったときは、ジャッキーが二重苦に陥った。代わりのシッターを探さなくてはならなくなったうえに、不在の上司の仕事をカバーしなくてはならなかったからだ。シッターの勝手な振る舞いを叱責しようと思ってもできなかった。上司の怒りを買いかねない。結局、彼女はゴールドマンを辞めることになり、いっぽうの上司は、そのシッターと結婚した。ほかにも、この女性社員ネットワークのトップを1年間務めていた女性の場合は、上司から皮肉たっぷりに、女性たちを支援するのはキャリアに響くからやめたほうがいいとアドバイスされたそうだ。数年後、彼女はゴールドマンを去った。

わが身を振り返ると、私は賢く、強く、有能で、自分の成功を望むと同時に、周りの女性の力になりたいと思っていたにもかかわらず、男性から女性への攻撃に加担してきたというのが実情だ。何年もこの壁の内側で過ごしてきて、成功するには女性という既成概念を捨て、マイクの手足となって働き、オールド・ボーイズ・クラブに適応するしかないとわかっていた。そうでなければ成功することはおろか、辞めさせられていただろう。そんな人間になりさがった自分が大嫌いだった。だから、近いうちにここを辞めようと思っている。経営陣は会社の方針として、さらに多くの女性、

BIPOC【訳注：黒人、先住民、有色人種の略】、LGBTQ＋を育てると発表したが、私の経験から言えば、会社が本当にそれを望んでいるとは思えないし、職場環境もそれとは逆だった。

バーでドリンクを飲んでいると、うちの部署のもうひとりのマネージング・ディレクターであるサラがやって来た。私は内心、縮こまった。役職が同じという点を除けば、彼女との共通点はほとんどない。

彼女とちょっとした世間話をした。明日はベスとアビーの学校で授業参観があるので仕事を休む予定だと話すと、彼女は目を丸くした。彼女が首に巻いているエルメスのスカーフが風で翻る。「休みをそんなことのために使うの？」彼女がゴールドマンをすすりながら言った。「シッターにお願いすればいいじゃない」

そんな答えが返ってくることは予想しておくべきだった。マネージング・ディレクターがもらえる休暇日数は多いものの、あまり休みを取るものではないとされているし（男性たちは持ち越した休暇日数の多さを互いに自慢しあったりする）、取るにしても、事前に何をして過ごすかをよく考えてから取る。アイルランドへ行ってゴルフをしたり、ヴェガスでお金を遣いまくったりする人も多いが、私は子どものために使っている。そのことで周りからよく呆れられる。娘たちのハロウィン・パレードを見るために休みを取ると話したときにサラが放った一言は、いまでも忘れられない。「よくそんなことができるわね、ジェイミー。ハロウィンだからってMDの男性たちが子どものために休むと思う？」

実際、上級管理職の男性がハロウィンに休みを取ることはない。ほかの学校行事でも同じだ。だから、上級管理職の女性も休みを取らない。あのジャスティンも、自分の子どもの学校がどこにあるのかもよく知らないと言って自慢し、周りの男性たちとハイタッチをしていた。

　人はそれぞれ違うし感じ方も違うのに、男性ではない私が男性のＭＤと同じようになりたいと思うのが当然とされている雰囲気が嫌いだった――少なくとも、私は典型的なゴールドマンのＭＤとは違う。私と同じ感覚をもっているゴールドマンの父親たちに同情を覚えた――たとえば、もっと子どもと過ごす時間が欲しいと思っているピートや、子どもに会うために早く退社していたことでボーナスを削られたニック。子どものリトルリーグのコーチをしたことで降格させられたエリックもそうだ。人によって興味や考え方が違うことを、ゴールドマンが祝福してくれればいいのにと思う。でも、ここでは個性や多様性が受け入れられることはなく、適合し同化することだけが受け入れられているようだった。会社は積極的に子育てにかかわる社員に警告を与えてくるが、それはまったくの間違いだ。私の場合、母親であることが仕事のマイナスになることはない。むしろプラスになっている。より効率的に、順序だてて、集中して仕事ができる。１分たりともおろそかにできないからだ。仕事中は会社の利益のために時間をフル活用している。

　うちの部署のトップがバーに向かって歩いてくるのが見え、サラが彼と話をしようと私から離れていった。急に気分が悪くなってきたところだったので助かった。胃がゴボゴボと音をたて、吐き気がこみあげてくる。なんとか間に合うようにトイレに駆けこめた。

　カクテルがよくなかったのだろうか。でも、ほんの数口飲んだだけだ。家族で具合が悪かった人もいない。時々ＰＭＳ（月経前症候群）で気分が悪くなることがあるので、生理周期を記録しているアプリを確認してみて驚いた。5日も遅れている。きっと仕事のストレスのせいだろう。妊娠しているはずはない――38歳だし、3人の子を産む前も不妊治療をしていたくらいなのだから。家に帰る途中、街角にある薬局〈デュエイン・リード〉に寄った。妊娠しているとは思えなかったが、検査薬で確かめたほうがいい。家に着くと、子どもたちはすでに眠っていた。ダンに生理が5日遅れていることを話すと、彼は一瞬とまどった表情を浮かべたものの、すぐに笑顔になった。

「きっとストレスだと思う」私は念のために言った。「でも、いちおう検査薬を買ってきた」

トイレに行き、震える手でスティックを持って検査したあと、検査薬を裏向きにして洗面台の上に置いた。ダンがタイマーをセットする。私が廊下を行ったり来たりしているあいだ、ダンは目を閉じて壁に寄りかかっていた。タイマーが鳴り、ダンが私を見る。「私には無理」私は言った。「あなたが見て」

ダンは検査薬を手に取って確かめると、顔を上げて私を見た。目には涙があふれている。「妊娠してるよ」彼が興奮して叫んだ。

「本当に？」私はかすれたような声で言った。彼が手渡してくれた検査薬を見る。2本、線が浮き出ていた。「信じられない」検査薬を唖然《あぜん》として見つめた。目をそらしたら結果が変わってしまうとでもいうように。

「ぼくもだ」ダンが微笑んだ。「どんな気持ち？」

「嬉しい、でも怖い」私は答えた。「妊娠がうまく継続するかどうかもわからないし、私たちの計画も変わっちゃうかもしれない。子どもを育てるにはお金がかかるし」

ダンはまっすぐにこちらを見ながら私の肩に手をかけた。「よく聞いて。計画は変えない。いい？　どんなことがあっても、あそこから抜け出すんだ」彼にきつく抱きしめられると、緊張がほぐれた。彼の言うとおりだ。あそこを辞めなくてはいけない。赤ちゃんができても、それは変わらない。この子の人生にもっと立ち会えるのだと思うと、思わず笑みがこぼれた。初めて歩くところや、初めて言葉を話すところを見ることができるかもしれない。これまでできなかったことができるのだ。

「6か月前のぼくたちのことを考えてごらんよ」ダンが言った。「この子はぼくたちにとって何かの象徴だ、ジェイミー。これは起こるべくして起こったんだ」

詩のような言葉だった。この妊娠、そして、これから生まれてくるこの子は、私たちの結婚生活が修復された証だ。心身を消耗する旅の果てに手にしたご褒美だった。私はベッドに行き、ナイトテーブルに検査薬を置いた。お腹の上で手を組み、眠りにつくまで自分のお腹を見つめていた。

次の週、初めての超音波検査があった。その前日、ピートには話しておこうと思い、彼をフロアの隅に連れていった。検査の予約がとれたのは金曜日で、毎年、夏の金曜日は休暇を取る人やゴルフのイベントに出かける人が多くて、人手が足りない。

「ニュースがあるの」フロアの隅にある会議室の、いつもの場所に座って言った。

「妊娠したんですね」彼が断言したので、私は驚いて口をあんぐりと開けた。

「ジェイミー。あなたとはずっと一緒にいるからわかるんです」彼が言う。「このところ、いつもと様子が違ってたし、いつもお腹をさすってましたから」私は笑ってしまった。自分にそんな新しい習慣があったとは気づかなかった。すぐにやめないと。少なくとも最初の3か月が過ぎるまでは。

「明日、超音波検査があるのよ」私は打ち明けた。「朝一番の予約を取った。いまは人手が足りないけど大丈夫？　市場が開くまでには来るから」

「心配しないで大丈夫。ぼくがちゃんとやりますよ」

次の日の朝、ダンと私が病院に行くと、すぐに検査室に通された。私は気分が悪くなった。妊娠のせいなのか、超音波検査をするのが不安だからなのか、よくわからなかった。先生を待っていると携帯が鳴った。メールを見て私は青ざめた。うちのチームのふたりの男性から、具合が悪いので休むという連絡だった。今日はジャスティンも外出の予定だし、私も外にいる。ピートに電話をした。

「本当にごめんなさい。いままさに検査台の上にいて、先生が来るのを待ってるところなの。すぐには行けない」

「落ち着いてください。こっちは大丈夫です。検査が終わったらメールしてください。頑張って」ちょうどドレーク先生が入ってきたので、心配している暇もなかった。先生はベスが大好きなディズニーのおとぎ話から抜け出してきたような人だ。細くて小さくて、ブロンドの髪をショートカットにしている。ツンツンとたった毛先が、まるでいたずら好きの妖精のようだ。

「おはようございます！」先生はそう言うと、壁に取り付けられているディスペンサーから青いゴム手袋を取り出した。「もう手順はご存じですよね。もう少し下に体をずらして、足を台に乗せてください」ダンが私の手を握ってくれ、私は検査台の上で体をずらした。

「準備はいいですか？」検査用の棒を持った先生に訊かれ、私はうなずいた。「これが胎嚢《たいのう》です」先生はそう言いながら、画像の白い部分に囲まれた黒い楕円形を指さした。「この中にいるのが、赤ちゃんです」目を細めて見ると、黒い楕円の中の下のほうに、小さな白い球がふたつつながったものが見えた。思わず笑みがこぼれた。

「心音を聞いてみましょう」先生がボリュームを上げ、私は緊張した面持ちで耳を澄ました。ホワイトノイズが部屋いっぱいに聞こえてきた。その音を聞いていたら胃がムカムカしてきたが、そのとき、リズミカルな音が聞こえてきた。「しっかりした心音です」先生が言った。ダンが私の額にキスをする。私は涙があふれてきた。

先生が検査室から出ていくと、私は検査台から下りてダンとハグをした。そのあと着替えをすませ、これから会社に向かうとピートにメールを打った。9時ごろオフィスに着き、自分の席についた。

ピートがにっこりと笑い、ふたりでグータッチをした。「何も問題なしです」彼が報告してくれた。

妊娠も仕事も問題がないようで安心し、さっそく業務に取りかかった。1時間後、ジャスティンから自分のオフィスに来るようにというメッセージを受けとった。

「きみのチームの人手が足りないと、あちこちから文句がきてる。きみがオフィスに来たのも9時だったな。いったいどこにいたんだ？」

胃に緊張が走った。ピートはすべてうまくいっていると言っていたし、私も1時間前からここにいる。もし何か問題があるのなら、すでに私の耳にも入っているはずだ。ジャスティンに超音波検査のことは言えなかった。なにしろ、まだ妊娠したばかりだ。

「約束がありまして」私は言った。「先方にいるときに部下から病欠の連絡を受けたので、すぐにこっちに来れなかったんです。ピートは問題ないと言っていました。誰が文句を言っているんですか？」

ジャスティンは真っ赤になって私を見た。そばかすが、まるでお菓子のレッドホッツのようだ。

「誰なのかは問題じゃない。そういう声があったということが問題なんだ。しっかりしろ、ジェイミー。ＰＴＡ役員じゃなくて仕事人間になれと言ったのを忘れたのか？」彼は立ち上がって行ってしまった。

彼がトレーディング・デスクに戻っていくところをじっと見つめた。この目からレーザー光線を出して彼を倒せたらいいのに。私は震える手でピートにメッセージを送った。「会議室に来て」

「そんなの、ぜんぶ嘘です」何があったのかを話すと、ピートが言った。「気をつけて見てましたが、誰も何も言ってきてません。きっとあなたを困らせたかっただけですよ」彼が思わず大きな声で言ったので、シーッと彼を制してからドアの外を見た。

「あなたを信じる。ただ、気をつけないと。私を追いだす機会をうかがってるみたいだから、ミスをしてる余裕はない。もう戻っていいわ。私はあと1分くらいしてから戻る。私たちがこそこそミーティングをしていたと疑われたくないから」

ピートが部屋を出ていき、私はその場に残って頭を抱えた。お腹がグルグルと鳴った。トイレに駆けこみ、今朝の朝食を吐きだした。

　手を洗い、鏡を見つめた。目の周りが黒くなっていて、顔にはまだらに血管が浮き出ている。これが妊娠の先行きを表しているのだとすると、なかなか厳しいものになりそうだ。3人の子どもを抱えてゴールドマンで働くだけでも大変なのに。つねに気分が悪い状態では仕事についていくのも大変だ。18か月したら辞めるという計画も見直さなくてはいけないかもしれない。これからの9か月をどうやって乗りきればいいのかもわからない。

　それからの数週間、下着に血がついていないか気になってしかたなかった。以前の妊娠では流産してしまったこともある。だから、お腹が痛むたびに何か異常があるのではないかと心配になった。神経質になった私は、水を大量に飲んだ。そうすれば何度もトイレに行くことになり、何か異常がないかチェックすることができる。

　12週目、下着に血がついているのを見つけた。量は多くなかったが、血を見た瞬間、息が止まりそうになった。嫌な想像が頭に浮かんだが、自分の思いこみを信じてはいけないとわかっている。最悪のシナリオがいくつも頭に広がるのは、ホルモンが体内で暴れているせいだ。昨日、妊婦健診に行って何も問題がないと言われたばかりだが、念のため病院に電話をかけたところ、診察をしに来てくださいと言われた。

　ダンに電話をかけた。「出血してるの。怖い。先生から診察に来なさいって言われた」しわがれた、きしんだような声で言った。

「落ち着いて」私を安心させるようにダンが言う。「きっと何でもないよ。ジャージー・シティのフェリー乗り場まで迎えに行く」

時刻は午後の4時だった。この時間なら抜け出しても大丈夫だろう。荷物を手にすると、こちらを見ていたジェリーとヴィトが、顔を見合わせて鼻で笑った。妊娠のことを知っているのはピートだけだ。最初の3か月が過ぎるまでは公表するつもりはない。だが、ここのところお腹が張り出してきているので、気づいている人も多いようだ。

エレベーターに向かって歩いていると、お腹に張りを感じた。ぎゅっと収縮するような感じがして、圧迫感がある。私はトイレに駆けこんだ。ドアを開けると同時に、下着にどっと血が出るのを感じた。1ガロンの液体が体から流れ出るような感じ。私はバリアフリートイレに入り、ドアを開けたまま下着を下ろした。そこらじゅうが血だらけになった。下着も、脚も、床も。これほどの血を見たことはなく、倒れるかと思った。お腹の張りはおさまり、下腹の緊張も緩み、出血も止まった。頭に思い浮かんだのは、陣痛という言葉だった。

「そんな、だめよ」私はつぶやいた。この状況は普通ではない。息を吸って壁に寄りかかり、自分を落ち着かせようとした。助けを呼べる人は誰もいない。ピートは顧客とのミーティングがあってもう帰ってしまった。ダンを呼ぶしかない。薄いトイレットペーパーをディスペンサーから引きだして、ボクシングのグローブのように手首に巻きつけ、それを下着に押しこんだ。できるかぎり脚を洗った。もしかしたら陣痛ではなかったかもしれない。流産ではなかったかもしれない。すべて問題ないかもしれない。

鏡で自分の全身を見た。スカートは血でぐっしょり濡れていたが、黒いスカートなので見た目にはわからない。床に広がった血をそのままにして個室を出た。どうすることもできない。清掃員のダーシーがこれを見つけるのかと思うと気の毒になった。彼女はクイーンズ区に住んでいるシングルマザーで、3人の子どもを抱えている。会えばしょっちゅう言葉を交わしていた。いつも顔色が悪くやつれているが、笑顔の絶えない人だ。謝罪のために何か贈り物をしたほうがいいだろう。

できるだけ急いで歩いてトイレを出た。走れば、それもまた話のネタにされるだろう。ベタベタする血で、スカートが脚のあいだに貼りついてしまっていた。ダンに電話をしてニューヨークまで来てもらおうかとも思ったが、ホーランド・トンネルの渋滞を考えると、最速で彼に会うにはフェリーに乗るのが一番だ。私はビージー・ストリートに向かい、テラス席のカラフルなパラソルの下でハッピーアワーを楽しんでいる人たちの横を通り過ぎていった。フェリー乗り場に着くと、また痛みが襲ってきた——下腹部が激しくかき回されるような感じがして張りが強くなり、フェリー乗り場のトイレに駆けこんだ。また出血だ。今度は血の塊もある。血が青とクリーム色の床一面に広がり、私の手も壁も血だらけになった。私は大声で叫んだ。頭がくらくらする。トイレにいた人たちが何も言わずに小走りで出ていった。できるだけ音をたてないようにしているのか、衣擦れの音だけが聞こえる。痛みの波が去った。トイレと床は血まみれだ。ペーパータオルで拭きとろうとしたが、ただ血が広がるだけだった。タイルはいまや、生々しいピンク色になっている。

頭上のスピーカーから、私が乗ろうとしているフェリーが埠頭に着いたというアナウンスが、ガーガーという音とともに聞こえてきた。あれに乗らなくてはならない。トイレから出るときに肩ごしに振り返ると、『ロー＆オーダー』のオープニングシーンのようだった——蛍光イエローのテープと警官と鑑識の人がいれば、まさに犯罪現場だ。

ウォール街のビジネスマンたちに交じってフェリーの列に並んだ。ほとんどの人は下を向いて携帯を見ている。血が脚を伝って足首のところにたまり、白い靴下の縁がエビ茶色になっていた。

フェリーに乗りこむと、脚のあいだにずしりと重い痛みを感じた。座りたかったが、座席にはクリーム色の布地が張られているのでシミをつけてしまうだろう。周りのものがグルグルと回転して見え、口が乾いて酸っぱい感じがした。怖かった。赤ちゃんを失うのが怖かった。自分の身に起こったことが怖かった。そして、この後どうなるのか考えると怖かった。

フェリーが桟橋を離れ、ニュージャージーまで7分間の旅が始まった。私は暗い色をした壁に頭をもたせかけ、目を閉じ、子どものころに覚えたカトリックの連禱《れんとう》を小さな声で唱えた。カサカサになった口で、何度も何度も祈りを唱えた。

航路の半分ほどが過ぎたころ、つややかなブロンドの髪をした甲板員の男性が近づいてきた。見たところ20歳くらいで、NYウォーターウェイ社のパリッとしたブルーのボタンダウンシャツに、白い半ズボン、黒いデッキシューズを履いている。

「すみません。脚から血がでてるようですが」彼は私の膝を流れていく血を指さして言った。

「脚じゃないの」疲れてよどんだ表情で私は言った。「流産してるのよ」彼はうなずくと、歩いて去っていった。

誰よりも先にフェリーを下りた。空気が重く感じられ、黒い仕事用の鞄には煉瓦《れんが》でも詰められているみたいだった。大量に出血したことはわかっているし、怖かった。妊娠は終わってしまった。

次に終わるのは私だろうか。

　端のほうへ行き、芝生の上に脚を組んで座った。疲れきっていて、もうこれ以上歩けない。ダンに電話をかけているあいだも血が流れ出ていた。呼出音が鳴るとすぐにダンが電話に出た。

「どこにいる?」私は消え入りそうな声で言った。

「数ブロック先だよ。大丈夫か?　まだ出血はある?」彼は私たちの結婚再生のシンボルが、もうこの世にいないことを知らない。彼に告げたかったが、言葉が舌の上でばらばらになっていった。

「うん。ハドソン・ストリートとグランド・ストリートの交差点のところにいる」私は横になって体をボールのように丸め、通りを見つめた。太陽の光が顔に照りつけてきて、脚のあいだの血はますますベトベトしてきた。ジープの排ガスのにおいがしたかと思うとダンが車から飛び出して、こちらへ走ってきた。目を大きく見開いている。彼はさっと私を立たせると、片方の腕を背中に、もう片方の腕を脚の下に入れて私を抱きあげ、車に乗せてくれた。

「渋滞してないから、30分で先生のところに着くよ」彼が言った。

「それじゃだめ」私は言った。「この近くの病院に行って」ダンが車を出した。道が窪んでいるところを通るたび、私は身を縮こまらせた。数分でジャージー・シティ・メディカル・センターに着いた。

　ダンが車を停めているあいだに、救急外来の受付まで歩いていった。防弾ガラスの向こうに女性がひとり座っている。ブルーの手術着を着ていて、首にかけているビーズのチェーンには眼鏡がぶらさがっている。

「どうされました？」威圧感のある口調で彼女が言った。

「流産してしまったようなんです」私が言うと、彼女は眉毛をくいと上げて私の顔を見た。それから私のお腹を見て、また顔に目を戻した。信じてもらえなかったのかもしれない。

「座っていてください」彼女はそう言って、近くにある待合室を示した。私は腰を下ろし、椅子を汚さないように椅子の端にお尻を乗せた。隣にはベロア素材でできたピンク色のジャージを着た年配の女性が座っていた。白髪が顔にバサッとかかったまま、手に持った黒くて光沢のあるロザリオのビーズをしきりに手繰《たぐ》っている。ビーズを手繰るたびに、祈りを唱えるかすれた声が聞こえてきた。私は祖母のことを思い出し、私のために祈っていてくれますようにと願った。年配の女性は私の体、脚、お腹、そして顔に目を走らせた。

「何週目だったの？」彼女が言った。顔はしわくちゃで、干しぶどうのようだ。

「12週です」私は答えた。

「大丈夫。神様はあなたとともにありますよ」

私はうなずいて彼女の言うとおりであることを願ったが、よくわからなかった。血が流れ出てきた。スカートから垂れた血が床に落ち、足元にどぎつい赤い血だまりができた。ダンが待合室に入ってきたのと同じタイミングで、長いブロンドの髪をポニーテールにした看護師が来て、私を見るなり言った。「すぐに車椅子を持ってきて！」

ダンに付き添われ、すぐに救命救急センターの中に入った。看護師に車椅子を押されて狭い廊下を進む。様々な色や物が飛ぶように通り過ぎていき、めまいを覚えた。看護師から立て続けに質問され、なんとかそれに答えようとしたが、そのうち意識がもうろうとなった。

「超音波検査士がすぐに来て検査してくれますからね」看護師が言った。「そのあと、様子を見に戻ってきます」彼女が車椅子を検査室の中に入れてくれ、私はダンの手を借りて検査台の上にあがった。検査室はしんとして、がらんとしていた。青く塗られた壁はひび割れており、吊り天井には茶色の丸いシミがついている。ぎゅっと絞りあげられるような痛みの波がまたやってきて、私は体を丸めた。

「ああ、まただ！」私は声をあげた。お腹を押さえると、コンクリートのように固かった。「ダン、助けて！」すがるように言った。横に立っている彼は真っ白な顔をしていて、目の下に青い血管が浮き出ている。彼に体を起こして立たせてもらい、検査室の隣にあるトイレまで前かがみになってよろよろと歩いていった。

便座に座ると、痛みが引くと同時に体の力が抜け、血の塊が便器の水にドボドボと落ちた。それが収まるまで待っていた。しだいに量が減っていき、とうとう収まった。

ダンは私の隣に立っていた。彼の背後に検査室の明かりが見える。彼は手で口を押さえながら言った。「ちょっと前まで、少し出血してるくらいだったんだろ？」私は言葉を発する気力もなく、黙って彼を見つめた。

看護師が駆けこんできて、ダンとふたりがかりで私を検査台の上に上げた。看護師は私を点滴につないだ。また波がやってきた。その後もまた新たな波。波の間隔は短く、痛みは強烈だった。汗が顔を滴《したた》り落ちる。痛みに叫び声をあげながら、脚のあいだがさらに濡れるのを感じた。

「痛みを消すためにモルヒネを使います」看護師が言い、私の横にある金属ラックに液体の袋を置いた。私はうなずいた。

「やめてください」ダンが言った。「赤ん坊にはよくありませんよね？」

看護師がどんよりとしたブルーの瞳で私を見た。私はもう終わらせたかった。この痛みを終わらせたかった。もう解放されたい。

ダンのシャツはしわくちゃだった。腕を組んで悲しげな目をしていたが、まだ希望を失ってはいないようだ。

「ダン」私はため息まじりに言った。「もう赤ちゃんはいないのよ」

第17章　検査結果

「ジェイミー。どうしたんですか？」ピートに電話をすると、彼が言った。明日、つまり金曜日は休むと、ジャスティンに伝えてもらおうと思ったのだ。喉から声がうまく出ず、かすれて消え入りそうな声を途切れ途切れに出すだけで精一杯だった。彼は心配そうに、何も問題ないと言ってくれた。私は深く息を吸い、起こったことをすべて彼に話した。

「これからどうしたらいいのか、わからない。すべてダメにしてしまった。きっとこれは、いままで自分がやってきたことの報いだ。どうしてもこの子を産みたかった。立ち直って仕事に復帰できるのか、フェリーに乗れるのか、あのトイレに行けるのかどうか、わからない」モニターの音で、自分の心拍数が上がっているのがわかった。

「落ち着いてください」彼が言った。「先のことは考えないで。ジャスティンには明日、あなたが病気で休むことを伝えておきます。ゆっくり休んでください。週末にこちらから電話します」

次の日の朝、私たちは病院から直接ドレーク先生のところへ行った。「貧血になっているようですね」彼女が言った。「輸血してもらえなかったとは驚きです。2週間はゆっくりしているように」

みんながバケーションに出かけている夏に、2週間も休まなくてはならないとは。ジャスティンからは、すでにうちのチームの人手が足りないことを注意されているし、私のキャリアも危うい。

今回のことが決定打にならないともかぎらない。

「月曜から仕事に戻ってはいけませんか？」

「ぜったいダメ。重い貧血は心臓に負担をかけるし、これ以上ストレスがかかると心不全を起こす可能性もある。これからの2週間は休むことがあなたの仕事」

ぼんやりとしたまま週末が過ぎていった。日曜日、これから2週間休むとジャスティンに言わなくてはならないことに気づいた。これまでは、妊娠していると告げるのが怖いと思っていたが、いまや、しばらく休むと告げなくてはならなくない。考えただけでゾッとする。ただでさえ流産した自分を責めているのに、ジャスティンからも責められることになる。

足をひきずるように洗面所に行き、冷たい水を顔にかけながら、伝え方を練習した。それから電話をかけた。

「先週の木曜日に流産してしまい、病院にいたんです。もう少したったら妊娠していることをお伝えしようと思っていたんですが。大量に出血をしたので、医者から2週間は休むように言われてます」カウチに座ったまま伝えた。きちんと暗記できていて安堵した。

「それは残念だった」ジャスティンが言った。「でも、ちょっと待ってくれ。妊娠してまだ間もなかったんだろう？　それにもう3日もたっている。これから2週間というのは長いんじゃないか？うちの妻が流産したときは、数日で元気になってたぞ」

言うべきことを暗記してはいたが、質問が返ってくるとは思いもしなかった。高校のディベートクラブにでもいるような気分だ。詳しく話してほしいのだろうか。出血のことも？　血の塊がどんなだったかも？　私が汚してしまったトイレのことも？

「医者から、大量に出血したので働いてはいけないと言われてます。医者から一筆もらってきたほうがいいですか？」

ジャスティンは咳払いをした。「いや。だが、夏で人手が足りない。タイミングが悪い」

私は苦笑しながら首を振った。胎児がお腹の中で亡くなって流れてしまうのに、いいタイミングなどあるだろうか。

「できるだけ早く戻れるようにします」私は言った。

その後、ピートに電話をしてジャスティンとの会話の中身を話した。

「ひどい人だ」彼が言った。

「私の代わりに色々お願いできる？」

「忘れたんですか？　明日からぼくも休暇なんです」胃がきりりと痛んだ。すっかり忘れていた。ピートもいないとなれば、ジャスティンとジェリーとヴィトが私の仕事を担当することになるだろう。

「すみません」ピートが言った。「宿泊先にもお金を払ってしまっていて、いまからキャンセルはできません」

「心配しないで。楽しんできてね」

私は肩を落として、とぼとぼとベッドに戻った。何もかもが混乱していて、何から手をつければいいのかわからない。ひどく落ち込み、どこかに逃げ隠れたかった。そこで、鎮痛薬を2錠飲んで眠ることにした。

この週末は、母が子どもたちを連れ出してくれていた。子どもたちが家に帰ってきて階段を駆けあがってくる音で目を覚ました。娘たちは部屋に駆けこんでくると、私のベッドで跳ねはじめた。母はルークを抱いたまま入ってきた。

「ジェイミー、気分はどう?」母が尋ねた。母の姿を見たら涙があふれてきた。母にすがりつきたかった。背中をなでで、頭にキスをしてもらいたかった。でも、母には何も言わなかった。口を開けば悲しみの蓋が開き、ベッド一面にこぼれてしまうだろう。母は私の額にキスをしてくれ、私は母からルークを抱きとった。

「ママ、テレビみようよ」ベスが言った。子どもたちのお気に入りのアニメ番組をつけると、3人が私の周りに集まった。

「ママにあえなくて、さみしかった」アビーが言った。

子どもたちを見つめた。アビーの抜けた前歯。クルクルとカールしたベスの髪。ルークのぽってりとした唇。流産はしてしまったが、私はまだ生きている。まだ愛されている。まだ母親だ。私のキャリアは危機的な状況だが、子どもたちを見ていると、いま自分が手にしている幸せを数えることが大切なのだと思えた。亡くなった子どものことを考えると胸が痛むけれど。「ママもみんなに会えなくてさみしかったよ」

それから数日は家にいた。子どもたちと多くの時間を過ごせたのはよかった。子どもたちが目を覚ましたときに家にいてやれることも嬉しかったし、午後になって読み聞かせをしてあげるのも楽しかったし、夕飯のときに食べ物を小さく切ってやることも楽しんだ。もっと一緒に過ごす時間をもてる日が楽しみにもなった。

日ごとに体は回復していったが、仕事への不安は増していった。ジャスティンは私のことを快く思っていないし、予定外の休みは、私のキャリアをさらに危うくするものだった。早く仕事に復帰しなければ、ジャスティンにさらにひどい思いをさせられてしまうかもしれない。それに心の片隅ではまだ、ジャスティンに認められたいと思っていた。初めてのミーティングで言われたように、男性陣ともうまくやっていけるところを見せたい、と。彼が来るまで、私はとてもうまくやっていた。会社を去るならいい状態で去りたいし、いい評判のまま去りたい。ここまで多くのものを犠牲にして頑張ってきた。ここ数か月の出来事が、これまでの功績に影を落とすようなことになってほしくない。〝ゴールドマンのジェイミー〟は、ゴールドマンの秘蔵っ子のままでいたかった。

「明日から仕事に行かないとならない」夕食の片づけをしているダンに向かって言った。

「無理だよ。明日はまだ水曜だ。1週間もたってない」

「わかってる。でも、気分もよくなったし、仕事から離れてる日が多くなるほどストレスがたまるから」

ダンは両手を泡だらけの水の中に突っこんだまま顔を上げた。「行くべきじゃないと思う。きみの健康のほうが大事だ」

「私を信じて。自分の体が危ないと思ってたら、こんなことは言わない」ドレーク先生の助言を思い出したが、私は自分の心身にかかるストレスと、仕事上のストレスとを秤《はかり》にかけた。ゴールドマンのゆがんだレンズを通して物事を見ていた私は、自分の体を労わるよりも、キャリアのほうが大事だと考えた。

ダンの頬には無精ひげが目立ちはじめていた。今回の喪失は私に大きな打撃を与えたが、彼にとってもつらいことだったろう。彼は心配そうに顔をゆがめ、額にシワを寄せた。言ってもきかないことは、彼にもわかっているだろう。キャリアのことなら私がいちばんよくわかっているし、自分はエキスパートだと固く信じている。彼が何と言おうと、私の気持ちが変わることはない。

「わかったよ。でも、ぼくが車で送っていく。職場のビルまで」反対されなくてよかった。それに、職場まで送ってくれるというので安堵した。仕事に戻るだけでもきついのに、フェリーやターミナルを直視する心構えはできていない。

次の日の朝、私は黒のマタニティ用のパンツを穿き、鏡で全身をチェックした。ストレッチのきいたウエスト部分は体にぴったりだ。上にはマタニティ用の白いブラウスを着た。たっぷりとしたブラウスでよかった。ダンが私を送っていけるように、母が子どもの面倒を見に来てくれた。

「家にいれたらいいのに」母が腕を組んで言った。口を真一文字に結んでいる。

「そうだね。でも、あまり長いあいだ休むとクビにされちゃう。なんとか頑張らないと」

「いちばん大事なのは体だよ。キャリアじゃなくて」母が言った。私は力なくうなずいて、その場を歩み去った。母のゴールドマンに対する見解は、年をへるにつれ変わってきていた。でも、ゴールドマンの世界にからめとられていた私には、母の目に見えているものが見えていなかった。

私たちは朝日が昇ってくるころ車に乗りこんだ。家の前の通りを走っているうちに、青みがかったグレーの光が家々や木々を照らしはじめた。

「ちょっと寝ておくといいよ」ダンが言った。「近くまで行ったら起こしてあげる」私は助手席のシートを倒して目を閉じ、ハイウェイに乗る前に眠りについた。

しばらくすると、ダンに揺り起こされた。車の外は暗く、私の頰にはよだれが垂れていた。ホーランド・トンネルの明かりが窓の外を流れていく。私は化粧ポーチを取り出し、車のサンバイザーについている鏡で顔をチェックした。青白い顔をしていた。メイクをしても少しも変わらない。まもなく、ダンがビルの横に車を停めた。

「じゃあ、行ってくる」私はきっぱりと言った。職場に向かう人の群れが見える。頭がふらふらして吐き気がしたが、緊張のせいなのか、貧血のせいなのかはわからなかった。「ジャスティンに何て言われるか怖いな」私は正直な気持ちを吐きだした。

「落ち着いて」ダンが私をなだめるように言う。「思ったより何でもないかもしれないよ。少しずつ頑張ればいいよ。家に帰れる時間になったら電話して。迎えに来る」彼は私の頰に軽くキスをしてくれ、私はビルに向かって歩きはじめた。あれからまだ数日しかたっていないが、1か月くらいたったような気がした。ロビーを見まわし、高い壁に架けられている抽象画を眺めた。こんなに色鮮やかだっただろうか。それとも私がいないあいだに塗りなおされたのだろうか。ガードマンに微笑みかけ、IDカードをかざし、私のフロアに着いた。トイレの前を通るときは顔をそむけた。

トレーディング・フロアのドアを開けると、まだ7時にもなっていないのにフロアじゅうで電話が鳴っていた。フロアはがらんとしている。ほかのチームの人たちが数人いるだけだ。私はうつむきながら、まっすぐに自分のデスクに向かった。トレーディング・フロアに入ってくる人は私のデスクの横を通るたび、歩を緩めてこちらをぽかんと見つめてくる。まるでここが交通事故の現場でもあるかのように。みんな何があったのか知っていると、ピートが言っていた。ジャスティンからオフィスに来るようにというメールが来て、私はがっくりとうなだれた。彼の怒りを受け止める準備はまだできていない。それでも、私は立ち上がり、心臓をバクバクさせながら彼のオフィスに向かった。ドア口のところまで行くと、会議テーブルで資料を見ていた彼が手招きをした。

「おかえり」資料から目を上げることもなく彼が言った。

「ありがとうございます」私は言った。彼は後ろに身をそらして私をじっと見つめると、ペンでテーブルをコツコツと叩いた。ビートが刻まれるたびに私の体温は少しずつ上がっていき、汗をかきはじめた。彼はペンを放り投げて私のほうへ身を乗りだした。

「さっそく本題に入るが」彼がきっぱりと言った。「今回、きみに起こったことは、これ以上ないくらい最悪のタイミングだった。人繰りをよく考えて、しっかりチームを率いてくれと言っておいたはずだ。だが、今回はそうではなかったようだ」

震えている両手を合わせてぎゅっと握りしめた。

「申し訳ありません。何と言えばいいのか。私も、こんなことは二度と起こってほしくありません」

「まあ、戻ってきたわけだから、これからは仕事に100パーセント集中してくれよ」

彼はペンをとると、資料に目を戻した。もう行っていいというサインだ。彼のオフィスを出ると胸が苦しくなった。呼吸が浅く速い。自分のデスクに戻ろうと、アシスタントのケイティのデスクを通り過ぎたとき、ケイティが立ち上がって近づいてきた。

「ジェイミー、大丈夫？」彼女が私の肩に手を置いたと同時に、私の体はガクンと崩れた。

「ちょっと疲れてて、めまいがするの」眉根を寄せて私は言った。

「一緒に来て」彼女はそう言うと、私をエレベーターホールに連れていった。「医務室に行こう」

彼女は私を抱きかかえながら言った。「顔色も悪いし汗もかいてる。体が震えてるじゃないの。仕事をするなんて無理だよ。まだ体は万全じゃないんだから。このままだと意識を失っちゃうよ」彼女がエレベーターのボタンを押した瞬間、私は意識を失った。

目が覚めたとき、私は医務室の検査室にいた。黒のカーリーヘアを肩まで伸ばした青い目の女性が、私の傍らに立っていた。名札には「アンナ・ルイス、ＭＤ、医務室ディレクター」と書いてある。彼女から質問攻めにされ、私は流産のことや貧血のことを話した。

「こんなに早く仕事に復帰してもいいと、医者に言われたの？」

「いえ。でも、夏なので人手が足りないんです。私はチームを管理する立場だし、自分の仕事もしなくてはならない。チームを率いていかなくてはならないんです」口からするりと言葉が出てきたが、自分の声すらもゆっくり、ぼんやりとしか聞こえなかった。

「あなたの主治医の名前と電話番号を教えて」ルイス先生に言われて、私は携帯に登録してあるドレーク先生の連絡先をルイス先生に見せた。彼女はそれを素早くメモすると、聴診器を取り出して私の心音を確かめた。

「すぐに戻ってくるから」ルイス先生が出ていくと、私は検査台の上で体を丸めて眠った。彼女が戻ってきた音で目が覚めた。

「いま、ドレーク先生と話をした。2週間は仕事を休みなさいと言われたんでしょう？　医者から許可が出てもいないのに、仕事に戻るよう強制されたの？」

私はぼんやりした表情で彼女を見た。

「とにかく忙しいんです」私は話しはじめた。「仕事にもずいぶん穴を空けてしまったし。キャリア・コーチにもついてもらっているし、もっと仕事ができるようにならないといけないんです」私の声はしだいに小さくなっていった。質問が何だったか、すでに忘れてしまっていた。

「金曜日に診察する予定だとドレーク先生が言ってた。診察が終わったら私のほうに連絡をくれるようにお願いしておいたから、その後、これからのことを話し合いましょう」

「うちの上司にはどう言えばいいですか？　うちのチームはどうなりますか？」

「ここから先は私があなたの上司に連絡をして、あなたが病気休暇を取ることを伝えておく。それが私の仕事。あなたの仕事は休むことよ」

私はがっくりと肩を落とした。またやってしまった。うちの部署以外の人に話をしてしまった。部外者をうちのビジネスに巻きこんでしまった。ファミリーに背いてしまった。

「自分でなんとかします。私から伝えます」言葉に動揺が表れていた。

「ジェイミー、あなたは体の具合が悪いのよ。家に帰って、このことはもう考えないように。あとは私に任せて」

私は頭を抱えた。もう遅い。もう取り返しがつかない。私はダンに電話をして、迎えに来てほしいと告げ、待っているあいだ検査台の上で眠った。

「気分はどう？」医務室に着いたダンが声をかけてくれた。ルイス先生との話も、ジャスティンとのミーティングのことも、言うことができなかった。

「大丈夫。はやく家に帰りたい」

＊　＊　＊

1週間半後、仕事に復帰した。車を運転しているときは強気だったのだが、ハイウェイを下りてジャージー・シティに入り、流産した場所——病院、ダンが私を見つけた街角、フェリーのターミナル——を通り過ぎるたび、弱気になっていった。恐怖と喪失感が私の中でゾンビのように生き返り、トレーディング・フロアに足を踏み入れるときには体が震えていた。バケーションから帰ってきたピートの姿だけが、私に笑みをもたらしてくれた。

「会えなくてさみしかったです」手放すのが怖いとでもいうように、しっかりと私をハグしながら彼が言った。彼がすすり泣いているのを聞いて緊張がゆるみ、涙がでてきそうになったので、慌てて体を離した。

「あなたが戻ってきてくれて嬉しい。近況を報告しあおう」私は言い、ふたりでフロアの奥にある会議室に向かった。

「それで、調子はどうですか？　実際のところ」ピートの顔に、同情の色が見えた。

「まあまあかな。まだ疲労が残ってるし、困惑してる。でも、計画どおりに頑張って、ここを抜け出すつもり」

「よかった」彼が言った。「休暇のあいだに、ぼくも心を決めました」私は心の準備をした。これ以上、予想外の展開に耐えられそうもない。「スクールカウンセラーの資格を取るために、講座を受けることにしたんです。あなたより長くここにいることになりそうですけど、きっとあっという間です。気がついたら時間が過ぎていますよ」

「いいじゃない！」ここ数週間に耳にした中で、最もポジティブな話だ。「一緒に頑張ろう」

「ええ、頑張りましょう」

ジャスティンは私の流産のことも、ルイス先生のことも、いっさい口にしなかった。ルイス先生から電話で、きちんと会社のルールに従うようにと釘を刺されている場面が目に浮かぶ。おそらく、ルイス先生はこれまでにも、体が回復しきっていないのに仕事に戻れと圧力をかけられた社員を目にしてきたことだろう。従業員ハンドブックには「病欠は無制限」と書かれているが、私が見たところ、実際はそれほど寛容ではない。これまで何度か私の部下が病気になり、長期療養しなくてはならなくなったことがある。そのことをマイクに知らせに行くたび、彼は同情するどころか、目をぐるりと回して、うんざりしたような表情を見せたものだ。

バイクの事故で緊急手術を受けなくてはならなくなった部下のことを知らせに行ったときは馬鹿にしたように笑った。「働いてもらうために給料を払ってるんだ。自宅で療養するためじゃない。制度を悪用してるわけじゃないだろうな」

これまで、ルイス先生が私のチームの状況にまで首を突っ込んできたことはない。私がマイクとの間で事を荒立てないようにしてきたからかもしれない。でも、私には私を擁護してくれるマネージャーがいないので、ルイス先生が私の味方についてくれたのは幸運だった。何をどうすればいいのか、彼女はきちんとわかっていたようだ。

それからの数か月は飛ぶように過ぎていった。新しい顧客と契約を交わし、新しい取引を構築し、私のチームは過去最高の利益をあげた。だが、何も変わらなかった。私はマイクとジャスティンに罰せられつづけた。私が辞めるまで惨めな思いをさせるつもりなのだろう。「きみには無理だ」とゴールドマンから言われた言葉が何度も頭の中で鳴り響いたが、私はここに残って目標を達成すると決心していた。私にはコネも何もなかったが、「きみには無理」と言った人たちが間違っていることを、数学の証明問題や、ＭＤに昇格することで証明してきた。弱音を吐かずに突き進み、時が来たら、周りから何と言われようとここを去るつもりだ。でも、この先、自分がどういう目に遭うかはわかっている。これまで戦いをけしかけられた人たちを見てきたからだ。たとえば、うちのチームにいたクリシーとポール。ふたりとも実績のあるトレーダーで、マネージャーだった。クリシーのほうはチームの中で最も職位の高い女性だった。だが、じつにくだらないことで、ふたりはマイクとジャスティンの反感を買うことになった。あるとき、クリシーがマイクとジャスティンのスーツについて冗談を言った。ポールはマイクの妻の出身地のことで冗談を言った。たったそれだけのことで、ふたりは追放されたのだ。それは時間をかけて、ゆっくりと行われた。まず、職責を変えられ、最後にはアナリストがやるようなつまらない仕事に回された。ふたりはベテランのヴァイス・プレジデントだったにもかかわらず。クリシーとポールが異動させられた先は〝死刑囚監房〟とも呼ばれるところだった。噂ではその後、毎年のように年俸が減らされていったそうだが、それでもふたりが会社を辞めることはなく、ますます給料を払いすぎだとマイクから言われるはめになったらしい。

いまごろマイクとジャスティンはとっくにふたりをクビにして、惨めな状態から解放してやっていることだろうと思う人もいるかもしれない。だが、彼らは首を切るなど慈悲深いことはしない。それでは少しも面白くないからだ。マイクにとっては、座ったまま、ふたりがゆっくりと苦しみながら死んでいくのを眺めているほうが楽しいのだ。それに、会社側も高い退職金を払わなくて済む。

このところ、定刻どおりに退社することにしていた。退社時刻によって私の評価が著しく下げられることがないのを願うばかりだ。もちろん給料を下げられたくないのもあるが、それよりも、懸命に働いていまの地位を築いたという評判を下げられたくなかった。彼らにつぶされる前に、自分の意志でここを去りたいと思っていた。いま当時のことを振り返ってみると、こうした環境下で、自分がどれほど不安を抱えていたのかわかる。そのせいで、ゴールドマンとの関係においてしか自分のアイデンティティや価値を見出せなくなっていた。彼らにどう見られるかがすべてだった。私が成功したのは私が頑張ったからで、ゴールドマンのおかげではないし、自分はもっと価値のある人間だと気づくべきだった。でも、当時は、ゴールドマンの名がなければ、自分など何者でもないと信じきっていた。会社を去るまで、会社がどれほど私を支配していたのか、はっきりとわからなかった。

水面から顔を出そうと必死だったが、私は沈みつつあった。体はいまだにふっくらしていてマタニティ用の服しか入らないし、つねに疲労感に悩まされていた。どんなに強いコーヒーを飲んでも活力がみなぎってくることはなかった。生きてはいたが、自分が生きていると実感できるのは家にいるときだけだった。職場では、ただその場に存在しているだけだった。流産したときのことを、ジャスティンが許してくれることはないだろう。私には要注意の女性という烙印《らくいん》が押された。

それでも、新しい年が明けようとしていた。2015年は新しいジェイミーになろうと決意した。ジャスティンが私のことをどう見るかは変えることができないが、自分で自分をどう見るかは変えることができる。私が自分を独立したひとりの人間として見られるようになったのは、このときからだ。それはゴールドマンを辞めたあとも変わることはなかった。食生活に気をつけ、もっと運動をして、憂鬱な気分から抜け出そうと思った。年が明けてまず取り組んだのはフィジカル面だ。1月最初の月曜日、仕事を終えたあとドレーク先生の病院に行き、待合室に入った。4人の女性が壁際にあるベージュ色の椅子に、適度な間隔を空けて座っていた。それぞれ妊娠の週数は違うようだった。私は隅のほうに座っていた女性に目が釘づけになった。大きなお腹で、赤いケーブルニットのセーターがパンパンにふくらんでいる。自分が臨月だったときと同じくらいの大きさだと思った。

まもなくドレーク先生のアシスタントが私の名を呼び、尿検査と採血に進んだ。あのジューシーに熟したイチゴのようなお腹の隣から離れることができてホッとした。あのイチゴをもいで逃げ出したいくらいだったから。

「こんにちは」ドレーク先生が颯爽と入ってきた。「具合はどうですか？」

私は検査台の上で足を組み、前かがみになって座っていた。「少しよくなりました。でも、まだ流産の影響があるみたいです。ずっと何か食べているので体重が増えてしまったし、倦怠感もあります」それは困ったわねとばかりに先生が唇を突きだしたので、私は背筋を伸ばして言った。「でも、変えようと思ってます」力強く言った。「体重を落として、運動もして、自分の生活を取り戻します」

先生は微笑みながらうなずくと、手に持ったクリップボードに目をやった。「ちょっと待っててくださいね」先生はそう言うとドアを開けた。看護師と何やら話している声が聞こえてくる。そのあと戻ってくると、青い金属製の椅子を転がしてきて私の隣に置き、そこに座った。

「尿検査の結果をチェックしてみますね。引っかかった項目があるので」先生が言った。私は先生のほうに身を乗りだした。引っかかった？　どこか悪いところがあるのだろうか。このところ自分を哀れんでばかりいたが、今度こそ本当に不幸になるのだろうか。不治の病で死んでしまうのかもしれない。子どもたちのことが頭に浮かんだ。

「どこか悪いところがあるんですか？」うろたえた声で訊いたが、先生は微笑んだ。悪いニュースを笑いながら伝えるなんて、どういうことだろう。

「いえ、大丈夫ですよ」先生は力強く言った。「尿検査によると、妊娠しているようです」私は首をかしげ、鼻にシワを寄せた。そんなはずはない。ドレーク先生の眼鏡を見ると、右側のレンズに指紋がついていた。

「そんなはずはありません」私は言った。「それは古い情報ではないですか？　たしかに私は妊娠してましたが、流産しました」

「いいえ、これは今日の検査結果です。前回の生理はいつでしたか？」ぼんやりとした頭の中でカレンダーをめくった。

「覚えてません。前回の診察のときに、通常の周期に戻るまでには時間がかかると先生に言われたので、それからはチェックしていませんでした」

「性交渉はしていますか？」先生が訊いた。私は下唇を噛んだ。キャリアはうまくいっていなかったが、ダンとの関係はうまくいっていた。

「はい」私は答えた。ドアのところに画鋲《がびょう》で留められているカレンダーを見つめながら、思い当たるあれこれを考えあわせた——倦怠感、お腹のでっぱり、体重の増加。

「妊娠してるなんてことが、あるのでしょうか？」疑問を思わず口にしていた。

「ええ。確かめるために超音波検査をしてみましょう」

私は腕時計を見た。午後の3時半。ダンは子どもたちを迎えに行ったり、宿題を見てやったりして忙しくしている時間だ。でも、彼はここにいるべきだ。

「夫を呼んでもいいでしょうか？」

「もちろんです」先生はそう言うと、立ち上がって出ていった。「旦那さんが来たら検査をしましょう」

ダンに電話をかけて、病院まで来てほしいと話した。私と同じように、彼も衝撃を受けていた。検査台の上に横になった。ダンを待っているあいだ、左手でお腹をさすり、右手で金色の十字架のネックレスをいじっていた。

「来たよ」20分後、病院に着いたダンが言った。私は検査台から下りて彼の腕の中に飛びこんだ。彼はぎゅっと抱きしめてくれた。「信じられない」小声で言った。大きな声を出したら夢が覚めてしまうとでもいうように。

「ぼくもだよ」

ダンの後ろからドレーク先生が入ってきた。「では、見てみましょう」先生は超音波検査の機械のところに行き、お腹に当てるプローブを取り出した。これは妊娠の後期にしか使わないものだ。

「棒状のプローブは使わないんですか？」私は訊いた。

先生が微笑んで言った。「まずは、これで見えるかどうかやってみましょう」

横になってシャツをまくり上げると、先生がプローブにゼリーを塗った。それを私のお腹に押しつけて動かしていく。私は画面を見ようと首を伸ばし、ダンは私の手を握りながら身を乗りだした。小さな球形のものを探す必要もないし、ぴくぴくと動くものを探す必要もなかった――胎児の横顔がはっきりと見えた。額、つんとした鼻、そして顎。

「本当だ」涙でかすれた声をあげると、ダンが私の手を握りしめた。

ドレーク先生はもう一度、微笑んだ。「では、聞いてみましょうか」先生がつまみを回す。ドクドクドクドクという音が部屋じゅうに響き、私はその音に聞き入った。

「大きさを測ってみましょう」先生がマウスで画面をクリックし、私は頭を持ち上げて画面の下に映る数字を見た。その数字を見て、私は笑顔になった。

「16週」私は言った。

「そのとおり。もう4か月ね」

ダンは私の上に覆いかぶさるように立ち、私の手を握って微笑んだ。冷たいゼリーが丸々としたお腹をすべり落ちていく。涙があふれた。

第18章　職場復帰のためのハンドブック（2015年8月）

ジーンズの後ろポケットに入れてある携帯が鳴った。2015年8月、産休中のことだ。アビーとベスをキャンプに送りとどけたあと、ファミリールームでルークに本を読んでやっているところだった。生後2か月のハンナは私の腕の中で眠っている。ルークに本を渡し、ポケットから携帯を取り出した。

「今日3回目の電話よ」私は言った。「私は産後休暇中なの。産後出社中じゃないのよ」自分で言いながら笑ってしまった。冷たく聞こえなければいいのだけれど。ピートからの電話は嬉しいし、私がいないあいだに何かあれば、彼を助けたいと思っている。

「わかってます。すみません。でも、もういっぱいいっぱいで」

ピートはジャスティンから、私がいないあいだの臨時マネージャーに指名されていた。私が辞めたら、私の仕事はピートに振り分けられることになるだろう。彼にとってはこれが初めての管理業務だ。

「どうしたの？」ハンナを揺らしながら訊いた。

「毎月のプレゼンテーションを任せると、ジャスティンに言われたんです。でも、ぼくにできるかどうかわかりません」

気の毒に。ハンナが生まれる前に一度、打ち合わせをしたし、私が産後休暇に入ってからも二度、打ち合わせをしたので、プレゼンテーションのことならよくわかっているはずだ。ただ、この手のプレッシャーに慣れていないのだ。まだ助けが必要ということは、きっと苦労しているのだろう。毎日電話をもらうのは構わないが、そのたびにやっていることを中断しなくてはならない。彼が私を頼りにしているのはわかっていたが、ここまでお互いを頼りにしているとは気づかなかった。私がいなくなったら彼はうまくやっていけるのかと、少し心配になった。

「わかった。もう一回送っておく」私は言った。

「もうすぐ、あなたも戻ってきますよね」歌うような調子で彼が言った。

「急かさないでよ」

「あー本当に、早く帰ってきてください、ジェイミー。職場復帰したら、ここにいるのもあと少しじゃないですか」

ゴールドマンを辞めるというゴールまであと少しだったが、最後のボーナスをもらうまでの4か月間は、子どもたちを置いて仕事に行かなくてはならない。これまで長年働いてきたので、4か月くらいどうということもない。それに、年度の途中でボーナスもらわずにウォール街を去る人などいない。クビにされたり、転職したりする以外は。従業員の給料のほとんどは、1年の終わりのボーナスで支払われる。私のボーナスは年俸の約70パーセントを占めている。これまで起こった様々なことを考えると、この金額をもらわずに去るわけにはいかない。なんとしても、年の終わりまでは頑張るつもりだ。私のキャリアの中で自分がコントロールできるものが残っているとすれば、辞める日をいつにするかということだけだ。それまでしばらくのあいだ、子どもたちに会える時間が少なくなると思うと、胸がつぶれる思いがする。

「そうね。私が辞めたら、あなたが私の後を継ぐんでしょうね」

「あなたの代わりなんて、とても無理です。ジャスティンにいつもガミガミ言われてますよ。いつもどうやって彼に対処してたんです？　それに、チームの人たちも、つねになんやかんやと言ってくる。あなたのようには、うまくやれません」

彼の言葉を聞いて確信した。私の仕事は生易しいものではないし、私のゴールドマンへの貢献度を認めてくれる人も、たしかにいる。

「私が職場復帰する日は、きっとすぐに来るよ」ハンナを見ると、眠っていた。バラのつぼみのような唇は、ふっくらでつやつやかだ。ピンク色の帽子からは、小さな耳たぶがのぞいている。ダンにそっくりのハンナから、新生児のふくよかな香りがする。母親のジェイミーでいるのは、ゴールドマンのジェイミーでいるよりもはるかに楽だし、楽しい。

産休の日々は瞬く間に過ぎていき、職場に復帰する日が2週間後に迫っていた。仕事に戻りたくなかった――4人の子どもを抱えて働くなど不可能だ。宿題を見てやったり、送り迎えをしたり、習い事に連れていったりしなくてはならない。でも、それも4か月だけのことだと思い直す。ダンと私ならうまく切り抜けられる。子どもたちはきっと大丈夫。私の結婚生活も、私も、きっと大丈夫――せめて、自分にそう言い聞かせた。

職場に通うのもあとわずかなので、職場復帰したら、これまでとは違うやり方をすることにしていた――ハンナを母乳で育てるつもりだ。上の子たちを母乳で育てる機会はゴールドマンに奪われてしまった。これが最後のチャンスだ。以前に買った搾乳ポンプが地下室でホコリをかぶっているのを見つけたときは、やっとこれを使えるときが来たと思って嬉しかった。ゴールドマンにいる母乳育児のコンサルタントには、早いうちから搾乳して在庫をつくっておいたほうがいいとアドバイスされていたので、冷凍庫はすでに、黄色がかった乳白色の液体でいっぱいだった。

職場復帰する前の週、人事部から「職場復帰のためのハンドブック」がメールで送られてきた。前にももらったことはあるが、きちんと読むのは今回が初めてだ。「復帰して最初の1か月は、出張や残業はなし」と最初のページに書かれている。この文章に丸をつけた。今回こそは、必ずこのルールを適用してもらおう。こんなきれいな冊子までつくって高らかに謳っておきながら、私にはいっさい適用されてこなかったルールだが、今度こそゴールドマンにその責任を負ってもらうつもりだ。

仕事用のメールを確認すると、ジャスティンから連絡が来ていた。職場復帰する少し前に、朝食を食べながらミーティングをしたいという。私は肩を落とした。残り少ない産休日を、彼に会うために費やしたくない。でも、ほかに選択肢はなかった。

レストランに着くと、私は奥のほうにあるふたり掛けの四角いテーブルに座った。床から天井まである大きな窓に囲まれた席だ。ニューヨーク・ウォーターウェイ社のボートが乗客を乗せて、ジャージー・シティとニューヨークを行き来する様子が見えた。かつて私もあそこにいたのだという自信とプライドで、思わず背すじが伸びた。

ジャスティンは黒のスーツに白いシャツと赤いネクタイという姿でやって来た。私は自分の服装に目をやった。このスカートとブラウスではフォーマルさに欠けるだろうか。私たちは握手をして席につき、すぐに仕事の話に入った。

「復帰初日のことなんだが」ジャスティンがさっそく本題に入った。ストロベリーブロンドの髪は短く刈られていて、前よりも痩せて見える。シミがつかないようにネクタイを肩にかけているので、エルメスのタグが丸見えだ。「マイアミに飛んで会議に出席して、そのまま1週間、向こうにいてほしいんだ」

レストランの客たちの声が頭の中で反響し、太陽の光が目に飛びこんできた。ハンドブックには出張はしなくてもいいと書いてある。それに、家族は私が家にいることに慣れてしまっているので、ダンがひとりで子どもたちの面倒をみるのは無理だろう。ハンナはまだ夜泣きをするし、アビーにはスペリングテストの準備を手伝うと約束している。ベスは私が仕事に戻ることを不安がって毎晩泣いているし、ルークは泣きはしないものの、おねしょをするようになってしまった。飛行機の中で搾乳をすることは可能だろうか。母乳の在庫をつくっておけるだろうか。あるいは最後のボーナスをもらわずに辞めるべきだろうか。ああもう、本当に、うんざりだ。これまで長いあいだ働いてきたのだから、辞めるときは私の都合で辞めたい。辞め時だと思ったときに辞めたい。最後のボーナスをあきらめたくないが、その分、会社からは最高にきつい仕事を振られることはわかっていた。

ジャスティンが微笑み、ソバカスの浮いた顔が明るくなった。私は水をごくりと飲んだ。

「わかりました。行きます」

大声で叫びながら、ハンドブックを彼の目の前に突きだしてやりたかった。でも、そうしたところで、破り捨てられるだけだろう。これまでの経験から、インプロイー・リレーションズに報告しても無駄なことはわかっている。今回のことで、幹部の考えと現場の状況には乖離があると、あらためてわかった。言い返してやろうかとも思ったが、私もそこまで馬鹿ではない。抵抗してフロリダには行きませんと言おうものなら、彼は私に失望し、ボーナスをカットするだけのこと。ジャスティンに反論するのはさぞかし気持ちがいいだろうが、ボーナスが減らされるだけだ。私がここにいるのは、ボーナスのためなのだ。

ジャスティンと別れてすぐ、ダンに電話をした。「まだ復帰してもいないのに、もう振り回されてる。これはずっと終わらない。あいつは私がボーナスをもらうために復帰することをわかってる」

「落ち着いて」ダンが言った。「4か月計画を立てただろう？　大丈夫だ。ゴールドマンにはずっと振り回されてきたけど、ぼくたちはそれに耐えてきたじゃないか」

「子どもたちのひとり寝トレーニングはどうするの？　宿題は？　おねしょしたら？」私は言った。

「あなたがぜんぶやるのは無理だよ」まだ私の母の手を借りているものの、ダンはITビジネスをやりながら、子どもの世話をしてくれている。

「ほんの1週間だろう？」彼が言った。「なんとかするよ。出張だって大変だろう。家のことはぼくに任せて。そのうち、きみにやってもらうことになるんだし。宿題やおねしょに振り回されるようになったら、きっとゴールドマンが懐かしくなると思うよ」

ジャージー・シティの暗いガレージに停めた車の中で、私は泣いた。「そんなことない。私があそこを懐かしく思う日は、ぜったいに来ない」

職場復帰の初日、私は午前3時に起きた。心配と不安で一晩じゅう眠れなかったので、疲労で頭がぼんやりしていた。迎えの車があと1時間で来ることになっているので急がなくてはならない。何も考える時間がないのはありがたかった。

ハンナは隣に置いてあるベビーベッドで眠っている。私は身をかがめて彼女の寝息を聞いた。部屋は暗く、彼女の黒いシルエットしか見えない。涙がこみあげてきた。この子が生まれてから、ずっと一緒にいた。もうすでに彼女が恋しい。

暗闇の中でジーンズとTシャツを身につけ、フード付きのスウェットを羽織った。出張にはひとりで行くので、スーツを着なくてすむからありがたい。時間が早すぎるので、出発前に授乳をすることはできない。私は足音を忍ばせて階段を下りた。最後の一段はきしむので、そこは踏まないように気をつける。キッチンにはダンがいた。ホーマー・シンプソン柄のパジャマのズボンに、ブルーのTシャツ姿だ。彼はコーヒーの入った水筒を差しだして微笑んだ。私が家を出たあと、また寝てくれるといいなと思った。彼には休息が必要だ。

「起きてるなんて驚いた」私は言った。

「当たり前じゃないか。きみの職場復帰の初日なんだから」彼を見つめると、これまでのことが頭をよぎった。私が人生の荒波にもまれているあいだ、彼はずっと灯台のように揺るぎなくそこにいてくれた。彼をポケットに入れて、一緒にフロリダに連れていけたら、どんなにいいだろう。「また、こういう日々の始まりね」

「ああ。でも、今回はいままでとは違うよ。ぼくたちには計画があるんだから」彼が言った。「来て。きみに見せたいものがある」彼は私の手を取ってプレイルームに連れていき、電気をつけた。床には乗り物のオモチャ、人形、大きなレゴが一面に散らばっていて、黄色い壁には子どもの書いた絵や作品がテープや画鋲で留められている。ふと見ると、天井に沿って、紙でつくったガーランドがぶら下がっていた。赤、青、緑、黄色の紙が交互に連なっている。大きさもバラバラだし、縁もギザギザだ。「きみが仕事に行く日数分、つくっておいた」ダンが言った。「子どもたちと一緒につくったんだ。出張から戻ってきたら五つ取っていいよ」

涙があふれてきて、ダンの腕の中に倒れこんだ。私たちには計画がある。ここからマラソンの終盤だ。ゴールでは家族が待っていてくれる。私の名前を呼んで励ましてくれている。

「すごく素敵」私は言った。「ゴールまでもう少しだね」

離陸前に搾乳ができるように余裕をもって空港に行き、多目的トイレに向かった。搾乳するのは取っておくためではなく、出張中も母乳の量が落ちないようにするためだ。明るい蛍光灯をつける。尿のきついにおいが漂ってきた。トイレットペーパーの切れ端が床に散らばっていて、丸まったペーパータオルがゴミ箱に入りきらずにあふれている。白い洗面台の上にコンセントの差込口をみつけ、洗面台の縁に搾乳用ポンプを載せた。スウェットとシャツを脱いでブラを取り、壁についている金属製のフックにかける。鏡を見ると、お腹には何段にも脂肪が重なっていた。4人の子どもを産み、産後ダイエットに失敗した結果がこれだ。仕事を辞めたら、きっと体重も減るだろう。片手で搾乳カップを持って胸に当て、もう片方の手で電源を入れた。モーター音がしはじめた。「いいぞ！　いいぞ！」私の使っているポンプは搾乳しているあいだ、こんなことをしゃべる。私は目を閉じ、張っていた胸が軽くなっていくのを感じた。いいぞ！　きっとうまくいく。すぐに家に戻れる。だが、振動でポンプが少しずつ洗面台の縁からずれていっていることに気づいていなかった。

搾乳の途中で搾乳カップが胸からはずれ、乳首に焼けつくような痛みを感じた。機械が大きな音をたてて床に落ちる。母乳の入ったボトルが床に転がり、中身がこぼれた。「いやあー！」私の声がタイル張りの個室に響くなか、機械はまだ動きつづけていた。母乳の水たまりが足元にまで広がってくる。「やだ、もう！」あわててペーパータオルを引っつかみ、床にひざまずいた。冷たい空気に触れた乳首が焼けるように痛い。胸のまわりの母乳と顔の涙を拭き、床の母乳も拭きとった。

マイアミのホテルに着くと着替えをすませ、顧客のエヴァンと、彼の新しい上司ハリーとブランチに出かけた。

「サンディはお元気ですか？」私は訊いた。サンディというのはエヴァンの同僚で、私より数か月前に出産をしていた。

「彼女は退職して専業主婦になったよ。いまは娘さんと一緒にいる。彼女がいなくてさみしいよ」エヴァンが言った。

「彼女がそういう選択をしたのはよくわかるよ」ハリーが言った。「母親は働くべきじゃない。子どもと一緒に家にいるべきだ」

私は微笑みつつ歯を食いしばった。エヴァンが目を丸くしてこちらを見た。

「ジェイミー、きみのことを教えてくれ」ハリーが言った。私はゆっくりとミモザを飲んだ。焼けつくような泡が喉をすべり落ちていく。「ゴールドマンに勤めてまもなく20年になります」私は言った。「機関投資家グループの管理職を10年務めてます。今日は産休明けの初日でして。4人目の子どもを産んだばかりなんです」

ハリーのゲジゲジ眉毛が、前髪に隠れるくらいぐっと上がった。「おお。正真正銘のワーキング・マザーだな。さぞかし大変だろう。養わなくちゃならないプレッシャーもあるし、子どもの成長も見逃してしまう。よくやるなあ。私には不自然なことに思えるがね」

ハリーがブラッディ・メアリーをすすると、何滴か口から垂れて、黄色いゴルフシャツにシミをつくった。顔を殴ってやりたい衝動にかられたが、彼は顧客だ。何もできない。しかたなく、よく冷えたシャンパングラスを握りしめると、結露で指が湿った。

ブランチを終えた後、次のミーティングの前に、フェイスタイムを使ってダンと子どもたちと話をした。

ダンの明るいブロンドの髪は逆立っていて、頬には無精ひげが生えている。「会えなくてさみしいよ」彼が言った。

「ママ！　ママ！」という声が聞こえてきた。娘たちがダンの周りに集まってきて彼の耳元で叫んでいる。一番に携帯を手にしたのはアビーだ。「ママがいなくてさみしい。いつかえってくる？」すすり泣きながら甲高い声で言った。「パパがスペリングのべんきょうをみてくれてるんだけど、ママみたいにじょうずじゃない」すると、ベスが携帯をアビーからひったくった。「ママ？　きょうのよる、かえってきて、いっしょにねてくれる?」思わず胸が詰まった。「ママもそうしたいけど。もう少ししたら帰るからね」ベスは下唇を突きだした。ダンは携帯をルークに渡そうとしたが、ルークは嫌がった。ハンナはダンの膝の上で跳ねながら、ただアーアーと言っている。私はまたねと手を振ってフェイスタイムを終了し、携帯をベッドの上に放り投げた。私が仕事をしているのは子どもたちのためだ。でも、私を困らせるようなことを言わないのは、まだ何もわかっていない子だけだった。

フラストレーションでいっぱいになり、声をかぎりに叫びたくなった。でも、そのかわりにドレッサーの横にある冷蔵庫からウォッカの小さなボトルを取り出し、口に流しこんだ。もうすぐまた別のミーティングがあるが、そんなもの知ったことか。どうせみんな、ミーティングでアルコールを飲むのだ。私はキリッと冷えた苦い液体を飲みこみ、ドレッサーの上にある鏡を見た。顔が赤らんでいて、目の下にはクマができている。今週はひどく長い1週間になるだろう。

会議は食事、ゴルフ、握手、ミーティング、そしてカクテルの連鎖だった。事業計画やトレーディング戦略や市場予測など、もうどうでもよかった。卒業を前にして学習意欲が低下する高校生のように、今週――そしてあと4か月――を惰性でやり過ごそうと思っていた。

毎日、ダンとフェイスタイムで話をした。彼はいつも私が聞きたい言葉を言ってくれたが、日に日に疲れがたまっていくようだった。3日目には無精ひげもすっかり濃くなり、目の下のクマも大きくなっていた。何もかもうまくいっていないようだった。ハンナは生活パターンが狂い、夜泣きをして家族を起こしてしまうようになったらしい。ルークは最初の2日間におねしょをしてしまったので、オムツに戻すことになった。ダンは眠れず、子どもたちをなだめるために、ベッドルームからベッドルームへと歩きまわっているそうだ。

金曜の午後に家に戻った。家は静かだった。フラフープや本が床に散らばっていて足で踏んづけてしまった。ベスとアビーはまだ学校にいる時間だ。ダンはファミリールームの床で横になっていた。胸の上にハンナを乗せて、横にはルークがいた。3人ともぐっすり眠っている。私は足音をたてないようにプレイルームに行った。陽の光の中で、紙でつくったガーランドはとても長く見えた。五つ取ったが、それはまだまだ長かった。

＊　＊　＊

月曜日、フェリー乗り場を出て、行く手に見えるゴールドマンのビルを見上げた。もうすぐあそこから離れられると思うと、体じゅうが安堵感で満たされた。

ビージー・ストリートを歩いていくと、私がいないあいだにオープンしたカフェがあるのに気づいた。ほとんどのものは以前と変わらない。それでも、私はよそ者になった気分だった。私は前とは違う。ゴールドマンに一生を捧げることはない。あとは残りの時間を過ごすだけだ。

ＩＤカードをかざしてロビーに入った。エントランスを急いで入ってきた人たちの足音が響く。みんなが向かっているのは中央にあるエレベーターホールだ。でも、私が向かう先は違う。左肩に黒い仕事用の鞄、右肩に搾乳ポンプの入った緑色の新しい鞄をかけ、エレベーターホールの奥にある非常階段に向かい、搾乳室に続くグレーの重い金属製のドアを押し開けた。木製のパネルが張られているほの暗い廊下を歩いていく。ここには搾乳室が並んでいる。とても静かだ。蛍光灯のかすかな音しか聞こえない。突き当りには大きなオープンスペースがあった。片側には床から天井まである大きな窓があり、反対側には木製のロッカーが並んでいる。中央にあるのは簡易キッチン。朝、車の中で搾乳した母乳を保存バッグに移し、日付を書き、冷凍庫に入れた。それから搾乳ポンプの部品を洗い、自分のロッカーにしまった。達成感を覚えて微笑んだ。すべて計画どおりだ。

その後、トレーディング・フロアに向かった。ドアを開けて立ち止まり、全体を見わたした。部屋じゅうに話し声と電話の音が響きわたり、社員がひっきりなしに通路を歩いている。正直に言えば、このウォール街のシンフォニーを懐かしく思う自分もいた。でも、家族のためなら、自分が喜んでここを去るだろうということもわかっていた。

「戻ってきてくれて、本当によかった」近況を報告しあうと、ピートが言った。「調子はどうです？」

「ここでの仕事も、あと75日」私は言った。「私以外に数えてる人はいないけどね」笑いながら言ったが、ピートは笑わなかった。彼が椅子の上で背をそらすと、大きなお腹がブルーのズボンの上に乗っているのが見えた。顔は以前よりふっくらしている。

「あなたがいなくなった後のことを考えると恐ろしいですよ」彼はそう言ってタイル張りの天井をあおいだ。「この4か月は地獄でした」彼を残していくことを思うと、罪悪感で胸が痛んだ。私がいないあいだ、どれだけ私を必要としていたかを知ったいま、彼がこれからゴールドマンでうまくやっていけるのかどうか不安に思った。

「それでタバコを吸うようになったのね」私が言うと、ピートは下を向いた。頰が赤くなっている。「さっき、ハグしたときに気づいたの。やめたほうがいいよ、ピート。体に悪いから」

「わかってます。でも、精神的な支えだったんです。あなたがいないあいだ、本当に大変だったんですから。でも、あなたが戻ってきたから、もうやめますよ。それにしても、ぼくも自分の計画を見直さなきゃならないな。あなたがいなくなったら、ここで働いていける気がしない」ピートと私は、彼がつくってくれた〝自由のためのスプレッドシート〟に一緒に取り組んでいた。だが、ピートは私の4年後輩だからと、もう少し長く働くつもりでいたのだ。

「大丈夫、やっていけるよ」私は言った「私の産休だってあっという間に終わったんだから。私の後任になったら年収も上がるし、きっとあっという間にゴールにたどりつくよ。電話をくれれば、いつでも力になるし」

彼は目を丸くしてこちらを見た。「あなたはこれから新しい生活をするんですから、ぼくやゴールドマンのことは忘れてください」

そう言われて驚いた。これまで様々なことを一緒にくぐりぬけてきたのに、もう私が彼の力になることはないと、なぜ思うのだろう。私は椅子の背にもたれて目を細めた。「あなたは私の親友。忘れることなんかぜったいにない」

彼は肩をすくめた。「ありがとうございます」彼はそう言って、窓の外を見た。彼の首にかかっているＩＤカードの写真を見た。写真の彼は髪も黒々としていて、いまより20キロ近く痩せている。

「あと数か月で辞めるんですよね。でも、その話はしないことにしませんか？　目を背けちゃいけないってわかってるんですけど、毎日そのことを思い出したくはないです」

私はうなずきながら、罪悪感を覚えてうつむいた。早期に仮釈放された囚人が、囚人仲間を置いていくような気分だった。たしかにあの頃、頭の中ではあそこを監獄だと思っていた。実際に監獄のようなところだったけれど。私はゴールドマンの束縛から少しずつ抜け出しはじめていたが、それをピートに説いて勧めるのは何か違うと思った。彼は彼のやり方でやるべきだ。

「最後にひとつ言っておきたいことがある」私は言った。「毎日数回、搾乳のために席を離れないとならない。そのときは、うなずいて合図をするからよろしくね。搾乳室には電話もあるから、何かあったら連絡して」

「わかりました」私は立ち上がって部屋を出ていこうとしたが、彼は座ったままだった。「席に戻るわね」私が言うと、彼はうなずいた。廊下を歩いていって角を曲がるときに振り返ると、ピートがテーブルの上に突っ伏しているのが見えた。それから30分ほど、彼は席に戻ってこなかった。

1時間ほどたつとリマインダーが鳴り、最初の搾乳時間だと知らせてくれた。とてもうまくいった。しかも搾乳室にいるあいだ、電話会議にいつもどおりに出ることができた。ゴールドマンは病院並みの機械を用意してくれていたし、私が持参した物ともうまくマッチした。すべて、授乳コンサルタントが約束してくれたとおりだった。

荷物をロッカーに入れるとき、もうひとつのロッカー以外、誰も使っていないことに気づいた。上の3人の子を産んだときの自分の決断を思い出し、ここで働いている女性のほとんどが私と同じ決断をし、私と同じプレッシャーを感じているのだろうと思った。

席に戻ると、キーボードの隣に小さな牛乳パックが置いてあるのを見て、背すじが凍った。「何これ？」私はそれを指さしながらピートに訊いた。

「さあ。いま初めて気づきました」私は部屋を見まわしたが、こちらを見ている人は誰もいない。私は牛乳パックをゴミ箱に投げ捨てた。

数時間後、午後の搾乳の時間になり席を立った。ドアに向かっていると、フロアの反対側から音が聞こえてきた。最初はくぐもった喘ぎ声のように聞こえたが、しだいにはっきり聞こえてきた。「モー、モー」ジェリーが椅子でそっくり返り、両手をカップのようにして顔の両側に当てがいながら太い声で叫んでいる。隣に座っているヴィトは、胸を絞るような仕草をしていた。

頬がカッとなり、フロアを見わたした。ジャスティンは奥のほうにある自分のオフィスにいたが、ほかのマネージャーたちはいなかった。トレーディング・デスクの人たちは下を向いている。この場に関わりたくないのか、仕事に夢中になっているだけなのかはわからない。コンピュータから顔を上げたピートと目が合った。「いいから行って」彼が声に出さずに言った。

ジェリーとヴィトが声をあげて笑った。体を折り曲げ、顔を真っ赤にして笑いつづけている。私がその場を去ると、閉まるドアの向こうからワッと笑い声があがるのが聞こえた。搾乳室に着くと、ピートに電話をかけた。「こんなくだらないことするなんて、信じられる？」

「まったくです。気にしちゃだめですよ。連中はあなたを怒らせたいだけなんですから。反応しなければ、そのうちやらなくなります」私はクッションのきいた革の椅子に座った。部屋には消毒薬のにおいが充満し、スパで流れるような音楽がかかっている。

「あなたの言うとおりね。ここがどんなにひどい場所か、忘れてた」

その日の終わり、最後の搾乳をした後、自分のデスクに仕事用の鞄を取りに行くと、黄色い薄葉《うすよう》紙《し》が詰まった、ピンク色のギフトバッグが置いてあった。添えられているカードには「おかえり」と書かれている。フロアを見わたしたが誰もいない。薄葉紙をかき分けると、何かやわらかくてフワフワした物が手に触れた。取り出してみると牛のぬいぐるみだった。イライラしてぎゅっと握りつぶすと、「モー」とあらかじめ録音された鳴き声が聞こえた。床に思いきり投げつけると、そのぬいぐるみは通路を転がっていった。

あの血気盛んなふたり組、ジェリーとヴィトからの贈り物だ。連中は永遠にジャスティンの徒弟だろう。永遠に私に銃口を向け、私の人生を惨めなものにしてくるだろう。床に転がった牛のぬいぐるみを眺めながら、ピートのアドバイスを思い出した。私はぬいぐるみを拾って毛並みを整えてやり、よく見えるようにコンピュータのモニターの上にうまく載せた。それから、部屋を出ていった。

第19章　ピート（2016年）

「心の準備はいい？」1月下旬の月曜日の朝、ダンが言った。目覚ましが鳴ったばかりで、私たちはまだベッドの中にいる。紙でつくったガーランドは、あとひとつを残すだけになっていた。私たちは4人の子どもを抱えてなんとか4か月間を乗りきり、無事にボーナスが銀行口座に振り込まれた。今日、私はゴールドマン・サックスを辞める。

「うん、たぶん」私は疲労でぐったりしていた。一晩じゅうゴールドマンの悪夢を見てうなされていたのだ。昨日の夢は、ここ20年の〝最高傑作〟だった。まずトム・ホワイトにオープン・ミーティングから締め出され、エリックに壁に押しつけられて窒息しそうになり、マイクからファミリーを裏切ったとなじられ、ジャスティンに私の評価を妨害され、ジェリーとヴィトからは「モー」とからかわれた。

起きたとき、私の体は震えていて、掌《てのひら》にはじっとりと汗をかいていた。自分がこれほど緊張しているとは思わなかった。クビにされるわけではなく、私が自分の都合で辞めるのに。でも、怖かった。ゴールドマンはいまだに、奇妙なほど私を支配している。でも、もう誰にもアピールしなくていいし、これ以上ボーナスを待たなくてもいい。残る理由は何もない。何も感じないように自分に命じればいい。でも、そう思うとかえって意識してしまう。20年にわたって支配されてきたのだ。たった1日で解放されるわけがない。

「不思議なんだけど」ダンに向かって言った。「家族のために辞めたMDはひとりも知らない。解雇された人はいるし、競合他社に行った人もいる。でも、ただ辞めた人はいない」

「そりゃそうだろう」ダンが言った。「きみはあの会社では異質な存在だからね」たしかにそうだ。私が共感できるようなMDに会ったことはないし、4人の子どもがいる母親にも会ったことがない。

彼のブルーの瞳を見ながら、過去20年を振り返った。人生のほぼ半分を、ゴールドマン・サックスという名のもとに犠牲にしてきた……自分のモラルもなくし、すべてを失いかけた。

車で仕事に向かうあいだ、ハンドルを握りながら退職の挨拶を延々と考えていた。ジャスティンに退職の意志を告げることになるが、まずはピートに知らせようと思っている。この日が来ることを彼は知っていたが、今日がその日だと知らせておきたい。きっと困惑することだろう。私がいなくなることを不安がっていたし、ここ数週間、私の退職のことを話そうとしても、頑として聞きたがらなかった。

フェリーに乗りこんだ。誰も知っている人がいなくてホッとした。いつもと変わらない月曜の朝のように、何食わぬ顔で世間話などしたくない。窓の外に目をやると、雪に降りこめられた自由の女神の姿が見えた。フェリーに乗るのも今日が最後だろう。

フェリーを下りると、ダウンタウンから肌を刺すような冷たい風が吹きつけてきた。でも、分厚いコートの下で、私は脇の下に汗をかいていた。IDカードをかざしてビルの中に入るとき、体と魂が分離したような感覚に陥った。20年続けてきたルーティンをこなしている私の体を、私の魂が見ているような感覚だ。ゴールドマンの社員としてこのルーティンを行うのも、これが最後だ。すべてがスローモーションのように見えた。ガードマンの顔、社員の群れ、ロビーの高い天井、壁にかかっているカラフルな幾何学模様の絵。

エレベーターのボタンを押す私の手は震えていた。手を握り、ダウンコートのポケットに突っこんだ。トレーディング・フロアには、まだ誰も来ていなかった。今日一日が終わるのが待ち遠しい。ピートが出社して落ち着いたころを見計らって、いつもの会議室でコーヒーを飲まないかと誘った。

この会議室は私たちにとって天国だった。ここで一緒に笑って、泣いて、文句を言い合って、ここではない未来を想像してきた。そうして10年が過ぎた今日、これが私たちの最後のミーティングになる。

「どうしたんですか？　ボーナスが出たあと、ドラマのような展開でもありました？」ピートが冗談めかして言った。

「そうじゃないの」私はコーヒーを見つめながら言った。ひとつ息をついてから彼に目を向けた。

「ピート、自分でも信じられないけど、やっと準備ができた」

「何の準備ですか？」彼はかすかに微笑みながら、くいっと眉毛を上げた。どう伝えたものかと、私は眉をひそめた。彼も何のことかわかっているはずだ。

「辞める準備」私は言った。口から出るのを厭うような、かすれた声だった。「ゴールラインを超えたの。ここを辞めて、子どもたちと一緒にいる時が来た」彼は私を見つめた。ハグしておめでとうと言ってくれるのを待っていたが、彼の表情は石のように硬い。

「決心したんですね。これで終わりというわけですか」硬い肉を噛むかのように、一語一語噛みしめるように言った彼は、顔から首元まで真っ赤になった。

「ピート」懇願するように言った。「このことについては、1年半のあいだずっと話してきたでしょう？　私がこれ以上ここにいられないのはわかってるはずよ。私も怖いけど、計画どおりにするつもり」彼は目を細くして私を見た。ゴクリと唾を飲みこむ喉元が見えた。

「ぼくを置いて、ひとりで辞めるなんてひどいです」彼の声がしだいに大きくなっていく。「自分勝手です！」彼がテーブルを拳で叩いたので、振動で私のコーヒーがこぼれた。「あなたが辞めれば、ぼくの家族にも影響がある。辞めるなら一緒に辞めるべきだ」

私は驚いて口をあんぐりと開けた。頭が混乱している。

「ピート、私はあなたより先に辞めると、ずっと言ってたよ。どうしていまさらそんなことを言うのかわからない」私はコーヒーに目を落とし、紅茶の茶葉占いのように何か読みとれないかと目を凝らした。そうすれば彼の反応を頭で整理して、訳のわからないこの状況を理解できるかもしれない。

「辞めるのは今日でなくてもいいの」私は言った。切羽詰まったような、かすれた声だった。「私は待てるよ。だから、あなたも考えてみて。あなたは私の親友。傷つけたくない」

彼の鼻がふくらみ、口角に泡が浮きでた。

「好きなようにすればいいじゃないですか。自分の好きなときに」彼が叫んだ。「あなたなんか、もういないも同然だ」テーブルに唾液が飛び散る。彼が立ち上がったはずみに、椅子が後ろに飛んでいって窓に激突した。

「ピート、お願い」私は必死になだめようとした。「よく話そう。これはまたとないチャンスだよ。私がいなくなったあと私の後任になれば、たくさん稼げる。あともう少しここにいれば、あなたも辞められる！」

彼の顔は真っ赤になっていた。こんな顔は見たことがない。感情を爆発させて、誰かを殺しはしないだろうかと心配になるくらいだった。「もうあなたとは話したくない」彼が甲高い声で叫んだ。私は頭が混乱して顔をしかめた。「ピート、お願い」懇願するようにささやいた。「どうしてそんなこと言うの？ こんな終わり方は嫌だ」

彼は叩きつけるようにドアを閉めて出ていった。その振動で部屋の空気が揺れ、ガラスの壁際にある調度品まで揺れた。頭の中でいくつもの疑問が湧きおこった。私は何か悪いことをしただろうか？ なぜ彼はあんなに怒ったのだろう？ 何年も辞めることを話し合っていたのを忘れたのだろうか？ もしかしたら、彼は辞める気がないのかもしれないし、私に辞める勇気などないだろうと思っていたのかもしれない。実際、ずっと文句を言いながら、これまで辞めなかったのだから。

私は会議室を見わたし、ここで一緒に過ごした時間のことを考えた。私たちはいつも同じ考えをもっていた。ここで私のことを理解してくれるのはピートだけだったのに、今日の私たちは違う言語をしゃべっているかのようだった。私は震える手で携帯をつかみ、ダンに電話をした。

「ダン」涙で声が詰まった。「ピートに話したら、すごく怒っちゃった」私は泣きながら、ピートとのやりとりを話した。

「聞いてる？」話し終えたあと、声をかけた。掛け時計の音しか聞こえない。

「聞いてるよ。ただ驚いてたんだ。こうなることは彼もわかってたんだろう？　わけがわからない」

「罪悪感でいっぱい」私は泣きながら言った。「自分が何か悪いことをしたみたいな気分」

「何を馬鹿なこと言ってるんだ」彼が声を荒らげた。「彼のために色々やってきたんじゃないのか？　上司に彼のことを褒めたり、産休中も毎日彼と連絡を取ったり。それなのに、ひどいじゃないか」

ダンの言葉を聞いて少し気持ちが慰められたが、まだ心は沈んでいた。そこで、ひと息いれようと、自分のデスクに戻る前にトイレに寄った。多目的トイレに入った――流産したところだ。この空間には特別な思いがある。ここで色々なことがあった。鏡を見ると目が充血していて、白目がピンク色になっていた。頬はまだらに赤くなっている。頭の上に乗せてあった眼鏡を取ってかけた。黒いフレームのおかげで、顔のダメージがいくらか隠せるのはありがたい。一日の終わりのような気分だったが、腕時計を見ると、まだ朝の7時17分だった。

自分のデスクに戻ると、ピートは同僚たちと談笑していた。まるで蛇口を切り替えるように私への嫌悪感を消し去って、周りと気楽に会話をしている姿には驚いた。彼らのことを嫌って、いつも文句を言っていたはずなのに、何食わぬ顔でいたって普通の態度をとっている。さっき私を粉々にしたばかりだというのに。彼は高校のときに演劇をやっていたという話を思い出した。ミュージカルで主役をやったという話もよく聞いた。きっと彼は素晴らしい役者なのだろう。この10年一緒にいた彼は、そういうキャラクターを演じていただけなのかもしれない。

メールをチェックしていると、涙で画面がぼやけた。私はティッシュをつかんだ。ピートの笑い声が聞こえてくる。少しすると私も落ち着きを取り戻し、彼のほうに身をかがめて言った。

「ねえ」やわらかい声で言った。「話がしたいんだけど」彼はパソコンの画面を見つめたままだ。

「ピート、こんな形で終わりたくない」少し声を大きくして言った。ふたりの顔は60センチほどしか離れていなかったが、彼はずっと遠くにいるように感じた。彼は私などそこにいないかのように、画面を見つめたままキーボードを叩いている。胃が痛くなった。これほど頭が混乱したことはない。私が何をしたのか、誰か教えてくれないだろうか。メールの返信をしようとキーボードを素早く叩いた。手が震えているのを隠すことはできたが、深く息を吸うことはできなかった。気管が詰まっているような気がした。ザナックスを飲みたくてしかたなかったが、授乳中なので飲むことはできない。

午前中、色々な人が仕事の流れや、戦略や、予算のことについて質問をしに来た。ひとりひとりに答えを返し指示を与えたが、自分が何をしゃべっているのかも、よくわからなかった。ピートからあんな反応をされたいま、自分が無能な愚か者に思えた。でも、気持ちを立て直さなくてはならない。あとひとつ、やらなくてはならないことがある。ジャスティンに辞表を出すことだ。

ジャスティンが出社したのは、午後遅くなってからだった。彼が落ち着いたころを見計らって近づいていった。

「少しお話ししてもよろしいですか?」できるだけさりげなく声をかけた。

目が合うと、彼は大きく目を開いた。何の話かわかっているようだった。私が彼のオフィスに向かうと、彼もついてきた。私はトレーディング・デスクのほうを向くかたちで、会議テーブルの前に座った。彼は私の正面で、壁のほうを向くかたちで座った。みんなの視線が私たちに注がれているのを感じた。ボーナスが出たあとのこの時期、誰もが周りを気にしている。私は自分が話の主導権を握ろうと思った。周りのみんなには、ジャスティンの表情ではなく、私の表情だけを見てもらいたい。

ジャスティンはいつものように、こちらを嘲るような笑顔を見せた。「話とは何だね？」

「私にはふたつの仕事があります」私は話しはじめた。「家庭の仕事と、ゴールドマンの仕事です。両方ともうまくやるには時間が足りないと思うようになりました。ですから、ゴールドマンを辞めて家族と一緒にいることにします」体から一気に力が抜けた。勇気をもって告げることができた。

ジャスティンが満面に笑みを浮かべた。歯の本数を数えられそうなくらいだ。この瞬間を、彼はずっと待っていたはずだ。

「それはそれは。本当に辞めるのか？」

私はガラスの壁の向こうのトレーディング・フロアに目をやった。電話の鳴る音や、同僚が叫びあう声が聞こえてくる。ジェリーとヴィトが自分たちの席で笑いあっているのが見え、私のパソコンのモニターの上に置いてある牛のぬいぐるみも見えた。

「はい」私はしっかりとうなずいた。

「今日、辞めるつもりだったのか？」ジャスティンが訊いた。「もう少し先にしてくれるとありがたいんだが」私は椅子の背にもたれ、彼のデスクの上に置いてあるジェッツの大きなフォーム・フィンガーを眺めた。これまで彼にされてきたことを考えると、もう一秒だって彼と一緒にいたくない。すぐにでもここを立ち去りたかった。でも、それが正しいことではないのもわかっている。20年近くここでキャリアを築いてきて、最後の最後に正しい道から外れるようなものだ。

「それほど長くはいられません」私は説明した。「ですが、1週間程度なら」ジャスティンがうなずき、私はオフィスを後にした。肩の荷が下りたが、周りの人たちの視線やヒソヒソ声に、また肩の荷が重くなった。

ピートに何度も話しかけてみたが、彼は私などそこにいないかのように振る舞うばかりだった。彼とは知り合って長い。意見が合わないこともあったが、こんな態度をとられたのは初めてだ。彼にとってもはや何の利益にもならない私には価値がないということか。彼のプロジェクトを手伝うことも、彼のキャリアや給料について上司と交渉することも、子どもに会うために早く帰る彼の仕事を引き受けてあげることも、もうできないのだから。彼にとって、私たちの関係はそれだけのことだったのだろうか？　私にとっては、もっと大切なものだった。それもこれも独りよがりだったのだろうか。

その夜、家に帰るときは変な気分だった。いままでは、この時間にピートから電話がかかってくるのが日課だったからだ。たいてい、私たちは電話で話しながら自宅に向かって車を走らせた。彼に電話をしてみたが、出なかった。メールもしてみたが、返信はなかった。私は親友に捨てられた中学生のように傷つき、呆然とした。でも、彼のことが心配でもあった。彼の反応はあまりにも変だった。彼らしくなかった。早まったことをしなければいいのだが。

次の日の朝4時に、ピートからメールが来た。「ぼくは今日、辞めます」と書いてあった。眠い目をこすりながら、何回も文面を読み直した。

「まずは、話をしましょう」そう返信をして電話をかけたが、留守電につながった。

彼が辞めてしまう前に話がしたいと思い、彼よりも先にオフィスに着こうと、早い時間のフェリーに乗った。そして、船着き場に着くと同時にオフィスに向かって走った。ピートの鞄が彼の席に置いてある。彼はジャスティンのオフィスにいた。遅かった。

10分後、ピートはデスクに戻ってくると、何も言わずに鞄をつかんで出ていった。私が辞めたあとも数年間はここにいるはずだった彼が、私よりも数日早く辞めてしまった。この10年、私たちは塹壕《ざんごう》の中の兵士のように、ふたりで必死に生き抜いてきた。互いに身を寄せて支えあい、生き残れるように助けあい、ここではない未来をともに思い描いてきた。それなのに、あっという間に彼は行ってしまった。もう二度と彼の姿を見たり、彼と話をしたりすることはないだろう。

数年後、気持ちがおさまったころに、彼と再び会って当時のことを話せた、と言えればどんなによかっただろう。ゴールドマンを辞めることに迷いがあって、その苛立ちを私にぶつけていただけだとわかった、と彼の口から聞けたらどんなによかっただろう。私が辞めたあと、私の仕事を引き継ぐのが怖かったが、それを自分で認めたくなかったのだと言ってくれたら、どんなによかっただろう。だが、彼に会うことはなかった。留守電のメッセージにも、メールにも、クリスマスカードにも、返事はなかった。

ピートは白人のシス男性だったが、ゴールドマンのカルチャーになじめなかった彼にとって、ゴールドマンはネガティブな影響を与えるものだったようだ。ガラスの壁に囲まれたオフィスにいるのは彼と同じような外見の人ばかりだったが、だからといって彼の成功が約束されていたわけではない。なぜなら、彼の価値観や興味は、ほかの人と違ったからだ。さらに、私の経験から言えば、ゴールドマンで成功するには、自分の知性や労働倫理を大切にすることよりも、権力者と同化することのほうが大事だった。おそらく、私が横で支えていなければ、ピートは自分にそれができるとは思えなかったのだろう。彼を責めることはできない。私だって私が辞めたあとの彼のことが心配だった。私も、彼のいないゴールドマンにいたいとは思わない。

少し前にグーグルでピートのことを検索したところ、インディアナ州でスクールカウンセラーをやっていることがわかった。それを知って嬉しかったが、あの日、なぜ急に親友を失うことになったのか、いまでも不思議だし、これから先もずっとその思いが消えることはないだろう。

第20章　ママの日記

「私、本当にやったんだよね？」声に出して言った。「本当に辞めたんだよね？」ゴールドマンを辞めたあとの月曜日だった。まだ夜は明けていない。今日から専業主婦という新しいキャリアが始まる。フェリーに乗るために走って玄関を出ていくこともなく、私とダンはキッチンテーブルでコーヒーを飲んでいた。

「そうだよ。辞めたんだ」ダンが微笑んだ。彼のブルーの瞳が誇らしげに輝く。まだ信じられなかった――何年も前から辞めようと話していたが、ついに勇気を出して辞めたのだ。自分がどれほど支配されていたのか、ようやくわかってきた。あの強い支配力からの解放を感じはじめていた。

寒くてどんよりとした2月のことだ。これから始まる新しい仕事への期待と不安が入り混じっていた。最初の1週間は心を整えて、新しい仕事がどんなものかを把握しようと考えていたが、家族はその暇を与えてくれなかった。

「ママ！」ルークが2階で私を呼んでいる「ママ！」

ダンを見ると、クスクスと笑っている。「初日、頑張ってね」彼が言った。

2階へ行き、ルークの声がするベッドルームに行くと、下痢便のにおいがムッと漂ってきた。

「ママ、おしりが火事になっちゃった」ルークが泣いている。「おしりが火事になっちゃった！」

ルークはトイレに座っていた。スパイダーマン柄のフリースのパジャマのズボンが足元に落ちていて、忍者タートルズのブリーフがその上に乗っている。ルークはとても小さくて頼りなく、トイレの中に落ちてしまいそうだった。近くへ行くと、きちんとトイレでできたものもあったが、下痢便の大半はパンツに漏らしてしまったようで、足にも、トイレのシートにもついていた。

「ヒリヒリするよう、ママ」ルークが声を出して泣いた。「ヒリヒリする」下唇を突きだして足をばたつかせるものだから、下痢便がそこらじゅうに飛び散った。その恰好でこちらに向かって手を伸ばしてくる。

「かわいそうに。それは痛いねえ」私はそう言いながらシャワーの蛇口をひねった。「ママが助けてあげるからね」ルークをきれいに洗ってからテレビの前に座らせ、キッチンにコーヒーを淹れに行った。すると、ベスが階段を下りてきた。「きもちわるい」ベスが言った。

ベスが立っているのはキッチンの真ん中だ。茶色の巻き毛が頭の上でくしゃくしゃになっていて、顔色がひどく悪かった。ベスがげっぷをしたとたんに口から嘔吐物があふれ、部屋じゅうに飛び散った。床にも、食器棚にも、壁にも、私にもかかった。私は呆然とその有様を見つめた。こんな状況は目にしたことがない――映画『エクソシスト』の一場面を思い出した。嘔吐したあと、ベスは唖然とした表情で私を見つめた。そして、自分が吐いたことに驚いたのか、大声で泣きわめいた。

ダンが階段を駆け下りてきて、キッチンに入ったとたん、手で口を覆った。「何が起こったんだ？」私は嘔吐物の海の中で、裸足のまま立っていた。胃酸と昨夜のタコスのにおいがする。必死に吐き気をこらえてベスを抱きあげると、嘔吐物が私の首を伝って落ちていった。

「吐いたのよ！」

「今日のミーティングはキャンセルするよ」ダンが言った。今日は立て続けにミーティングが入っているらしい。仕事を軌道に乗せるためのミーティングだ。これからは彼がフルタイムで働く。

私は目を閉じて、これが私の望んでいたことなのだと自分に言い聞かせた。「ううん、大丈夫よ、ダン。行って」彼を安心させるように言った。「いまは、これが私の仕事だから。私にまかせて」

ベスをシャワーできれいに洗って1階に連れていき、まだ眠っているアビーとハンナの様子を確かめた。アビーに触れてみると熱があるようだったので、今日はふたりとも学校を休ませることにした。そこから数時間かけてキッチンの床と2階の洗面所の掃除をした。

少しすると、みんな起きてきたので、ファミリールームで映画を観せた。ハンナはプラスチックでできた鍵のオモチャを噛みながら、みんなの周りをハイハイしている。私はキッチンでお昼用のスープをつくっていた。誰かが咳をして息苦しそうにしているのが聞こえてきた。

ハローキティの毛布にくるまって床に寝そべっていたアビーが吐いた。嘔吐物がファミリールームのクリーム色の新しいカーペットに広がり、すぐ隣にいたハンナにもかかってしまった。ハンナの細くてやわらかいブロンドの髪にも、黄色の水玉模様のロンパースにも、首のシワの間にも。ハンナはアビーに向かって楽しげにクックッと笑いかけたあと、ハイハイして離れていった。ファミリールームの床一面に嘔吐物が広がっていく。いっぽうのアビーは泣きだした。

こういう状態が何日も続いた。つねに誰かの穴から何かが出てきた——嘔吐物、下痢、おしっこ。おもらししたベッド、吐き気を催すようなにおい、詰まったトイレ。嘔吐物でいっぱいになったバケツ、汚れた下着、高熱のために機嫌の悪い子どもたち。洗濯物が多すぎて、いったいどれほどあるのかもわからなかった。沈みゆく船の船長になった気分だった。こっちの穴をふさいでいるうちに、あっちに穴が開くといった状態。そうしているあいだにも水はどんどん流れこんでくる。私は間違った選択をしてしまったのだろうか。いや、正しい選択をしたのだ。ゴールドマンで働くのはまさに地獄だった。それに、あそこにいる人たちには、くそまみれにされてきたではないか。比喩的な意味で。その週は、床にひざまずいてトイレにこびりついた下痢便を拭いたり、床に飛び散った嘔吐物を拭いたり、熱のある子どもたちの額を拭いてやったりしているうちに過ぎていった。

ある日の午後、子どもたちが昼寝をしているとき、玉ねぎのようなにおいがしてきた。夕飯の用意ができたときのようなにおいだ。もう一度においをかぐと、それが自分のピンク色のフリースのパジャマから漂ってくることに気づいた。最後にシャワーを浴びたのがいつだったか思い出せない。子どものことは大好きだし、ゴールドマンを辞められて嬉しかったが、これでは郊外のみじめな生活ではないか。

私はキッチンの床で体を丸めた。ゴミ箱の隣で、床に頭をつけた。コーヒーを持ってきてくれる人は誰もいないし、キッチンを掃除したり洗濯物を畳んだりしてくれるお手伝いさんもいない――私が仕事を辞める前は、毎週来てもらっていた。いまは、私ひとりきりだ。これまで自分は自立した人間だと誇りに思っていた。自分がどれだけ周りの人の支えや協力に頼っていたか、気づいていなかった。私は疲れきって途方に暮れていた。これまでの私は、ひとかどの人物だった。ゴールドマン・サックスのマネージング・ディレクターで10億ドルの取引をしていたのに、いまや汚いキッチンの床で、何日も着たままのパジャマを着て、ベタベタした髪を頭の上で結んでいる。「なんてこと、しちゃったんだろう」小さな声でつぶやいた。こんな言葉が自分の口から出てくるのが恐ろしい。ゴールドマンを辞めてしまったんだ、とあらためて思った。辞めたら二度と戻れないのに。あんなに働いた結果、得たものがこれなのか。ひどい間違いを犯してしまったのではないだろうか。働いている自分が本当の自分なのではないか。家にいるのは私の仕事ではないのかもしれない。

私は呆然としながら、過去の生活を恋しく思った。あの生活はけっしていいものではなかったとわかっているが、この先のことを考えると不安になった。新しい生活に移行するには、仕事と環境を変えるだけではじゅうぶんではない。時間をかけて最も重要な変化を起こさなくてはならない。それは、マインドセットを変えることだ。一朝一夕にできることではない。

病気が治まり、みんなの体調が回復してくると、家に平和と秩序が戻ってきた。1秒ごと、1日ごとに、ベールがゆっくりと剝がされていくようだった。私はゴールドマンという機械にプログラミングされ、服従するように叩きこまれていたので、そこから回復するのには時間がかかった。でも、ゴールドマンの圧力から解放され、その毒が抜けていくにつれ、当時のことがよくわかるようになっていった。あのゆがんだ世界に取りこむのに、私はうってつけの人物だったろう。コネもないまま入社し、家族のために――亡くなった祖母や、犠牲をはらって私を育ててくれた両親のために――成功しなくてはならないというプレッシャーにさらされていた。それに、子どものころに健康上の問題があって、自分には欠陥があるという気持ちをつねに抱えていたため、「あなたには無理」と言われるたびに、自分は隣にいる人となんら変わらないことを証明してやる、と思っていた。

ゴールドマンという仮想現実の中で生き、ゴールドマンの価値観に洗脳され、ゴールドマンの名がなければ自分など何者でもないと思いこまされていた。ゴールドマンの嘘を信じ、給料をもらうたびに恩義を感じ、自分などひどい扱いを受けて当然だと思うようになっていた。

辞めてから数か月がたち、ゴールドマンの支配から解放されるにつれ、私があそこで成功できたのは、会社の力ではなく自分の力だったと気づくようになった。私の生来のスキルがあったからであって、彼らに思いこまされていたように、たんにゴールドマンの名前があったからではない。いま振り返ってみれば、ただお金を得るためだけに、あれほど長いあいだ、あそこにいる必要はなかったと思う。大事なのはお金だけではない。もっと早く辞めても、生活に問題はなかっただろう。私は質素な家庭の出身で、慎ましい暮らしをしているのだから、年に何百万ドルも稼がなくても、じゅうぶんいい暮らしができたはずだ。人質になってストックホルム症候群【訳注：被害者が犯人と心理的なつながりを感じること】になってしまった人と同じように、私に必要なのは時間だった。ゴールドマンを辞めたら生き残れない、ゴールドマンの名がなければ私など何者でもない、ゴールドマンのお金がなければ私など何者でもない、という考えから自分を解き放つための時間だ。

日々が過ぎ去り、数週間がたつと、穏やかな春風とともにやわらかな希望と光が訪れ、初夏の日差しが、最後まで残っていた冬の悲しみと後悔を吹きとばしてくれた。新しいルーティンもすっかり板についた。乳児だったハンナが成長の階段を上っていくのを見るのは楽しかった。学校から帰ってくる子どもたちを、誰よりも先に迎えてあげられるのが嬉しかった。校庭で意地悪してくるお友だちのことや、難しいスペリングテストのこと、ランチルームで起こった出来事など、子どもたちの苦労話を聞いてあげられるのも嬉しかった。

以前も子どもの行事には参加するようにしていたが、そのたびに「顧客とのミーティングがあるので、ちょっと出てきます」などと職場に嘘をつかなくてはならなかった。いざ行事に参加しても、つねにメッセージをこっそりと確認しなくてはならず——片目で携帯を、もう片方の目で子どもたちを見ているような有様だった——〝母親のジェイミー〟でいるところを誰かに見つかったらどうしようとビクビクしたり、自分がいないあいだにオフィスで不正が起きたらどうしようと心配したりしていた。オンラインのミーティングをしながら、子どものミュージカルを観に行ったこともある。同僚やほかの親たちにバレてはいけないから、もちろん音はミュートにしていた。でもいまは、携帯をもっていく必要はない。ただその場にいて、小学校の舞台で繰り広げられるドラマに浸っていればいい。人が詰めかけた観客席にいながら、同時に2箇所に存在しようとして、ストレスを抱えこまなくてもいい。やっと、自分らしくいられるようになった。自分は正しい選択をしたのだと思えた。

ある夏の日の午後、自宅にある仕事部屋を片づけようと思った。まずは、退社する日にゴールドマンから持ちかえった三つの段ボール箱を片づけなくてはならない。退社した日から数か月間、そこに置いたままにしていた。過去の遺物だ。感慨深さと同時に怖さもあった。家での新しい生活リズムになじみすぎて、ときどき、自分は本当にゴールドマンで働いていたのだろうかと思う日すらある。退社した日からスーツやハイヒールは身につけていないし、メイクもほとんどしていない。市場の動向も注視していないし、職場の人ともいっさい話をしていない。

段ボール箱は封をされたまま、机の隣に置いてあった。直視することができなかった。ゴールドマンを辞めたくて仕方なかったのは本当だが、後悔と痛みがいまだに残っている——ピートを失った後悔、自分のキャリアがあのようなかたちで終わったことへの後悔。退社した日に葬《ほうむ》った痛みと喪失感を、段ボール箱を開けることで思い出したくなかった。でももう、踏んぎりをつけなくてはいけない。

7歳になったベスとアビーは片づけを手伝いたがった。4歳のルークと11か月のハンナはお昼寝中だ。そこで、ひとりひとつずつ段ボール箱を片づけることにした。箱を開けると、銘板、記念品のペーパーウェイト、ゴールドマンのロゴとともに私の名前が刻まれたガラス製のトロフィーなどが出てきた。ベスが開けた箱からは、名札、帳簿、名刺が入った箱などが出てきた。アビーが開けた箱には、黒い革のカバーがかかったノートがたくさん入っていた。アビーがそのうちの一冊を手に取った。

「ママ、これなに？」1冊のノートを掲げながらアビーが訊いた。小さな手が掲げたそれは、とても大きく見えた。革のカバーには会社のロゴの下に、金色のインクで私の名前が書かれている。

「ママの日記だよ」私は説明した。「お仕事のこととか、思いついたアイディアとか、その日の出来事とかを書いてたの。あとは、自分の好きなものとか嫌いなものとか。毎日書いて、1冊書きおわったら机の中にしまって、新しいのに替えてたんだ」

アビーは手にしたノートをじっくりと眺めたあと、パラパラと中を見た。ベスも別の1冊を箱から取り出した。

「じゃあ、ママがおしごとしてたときのことが、かいてあるの?」ベスがノートを見ながら言った。

私は箱の中に残っているほかの日記をとくと眺めたあと、にっこりと微笑んで言った。「そうだよ。ゴールドマン・サックスで働いていたときのお話」

私がゴールドマン・サックスを去ったのは2016年のことで、「MeToo運動」や「Black Lives Matter運動」など、様々な社会運動が起こる前のことだ。読者のなかには、これはあくまで古い時代の話であって、「昔は昔、いまはいま」とおっしゃる方もいるかもしれない。でも、それは考えが甘いというものだ。たしかにミソジニー（女性蔑視）、人種差別、不平等な扱いがかつてのようにあからさまに行われることはないものの、根底にある文化はそれほど変わっていないと思う。私が受けたような仕打ちは、今日では許されていないと信じたいが、だからといってゴールドマンが本当に変わったとは言いきれない――より慎重に、周りから見えないように陰で行われているだけだろう。広報活動でこの問題を取り上げたり、福利厚生を充実させたり、感受性訓練を社員に義務づけたりするなど様々なことをやっても、私が経験したような、職場にはびこる時代遅れの価値観を払拭することはできないし、社員もそうした活動が偽善的なものにすぎないことを見抜いている。

知らず知らずのうちに私が加担してしまった社風は、終わらせなくてはいけない。ゴールドマン、そしてアメリカという大企業は変わらなくてはいけない。高らかに謳うだけだった理念を実現しなくてはならない。

私がウォール街で働いていたころは、解決策の見えないこうした問題に耳を傾けてくれる人はいなかった。しかし、本書によって明らかになった問題点について、私の考える解決策を示したい。破綻したシステム――ゴールドマンだけでなく、ほかの大きな組織も同様だ――を修正する方法だ。この手の問題には具体的かつ戦略的に対処しなくてはならないし、定量化できる目標を定めて、その結果を注視していく必要がある。

まず、ゴールドマンやそのほかの大企業にいる権力者の方々へ。経営幹部と、日々現場で仕事をしている社員とのギャップを埋めること。現在の状況は、うまくいかない伝言ゲームをやっているようなもので、元々のメッセージがほとんど伝わっていないのが実情だ。幹部からの情報はとても重要で、あなたの組織の社風を決定づけるものだ。ただし、会社の理想をただ掲げればいいというわけではない。ビジネスの方針や成功事例を書きだして、従業員ハンドブックにまとめて載せておけばいいというものでもない。そうではなく、それをオフィスに浸透させ、幹部自らが実践してみせることが必要だ。また、幹部が発した指針を各部署の管理職が実践しなかったり、その理想を行動に移したりしなければ、そんな指針にはまったく意味がない。会社の理想が中間管理職や上級管理職の人たちの価値観によって歪められてはいけない。彼らには、あなた方が定めた基準に従う責任を負わさなくてはいけない。管理職には業績の報告と同じように、管理職自身の評価とチームの雰囲気を報告させること。それがとても大事だ。業績やマーケットシェアだけを基準に給料を払ったり、昇格させたりするのではなく、彼らがつくった職場環境も考慮に入れなくてはいけない。どちらも同じくらい注視していると、知らせることが大切だ。

フォーチュン500の企業にとって、会社の評判はすこぶる大切だ。ゴールドマンはとくにそうだった。会社の評判を落としてはならないというビジネス方針が、入社初日から社員に叩きこまれた。同じように、差別をする人物や差別そのものはぜったいに許されないという方針を徹底すべきだ。そのためには、インサイダー取引や非倫理的な取引を監視するコンプライアンス責任者を雇うのと同様に、デスクにおける差別禁止の方針を徹底する社内文化責任者を雇うことが必要だ。その部署の収益がどれほどよくとも、自分の管理下で差別が起きたマネージング・パートナーには、その責任をとらせなくてはいけない。彼らに与えるべきなのは、問題をサッと掃いて絨毯《じゅうたん》の下に押し隠すためのほうきではなく、解雇通知だ。会社のためにどれほどの利益をあげていようと、どれほどゴルフの腕前がよかろうと、悪質な役者には辞めてもらわなくてはいけない。人事部とインプロイー・リレーションズ部は完全に独立したかたちにするか、第三者に任せるべきだ。上層部から圧力をかけられていては社員を守ることはできないと、知っておかなくてはならない。

ゴールドマンの経営幹部たちへ。ご存じのようにウォール街は数の論理で動いている。数字を掲げるという点において、あなた方は順調に前進しているようだ。2020年の世界経済フォーラムで、ゴールドマンはアメリカとヨーロッパにおいて、白人の異性愛者以外の役員が1人以上いる会社の新規上場しか請け負わない、と宣言した。[*4] また、中途採用の社員の50パーセントを女性、11

パーセントを黒人、14パーセントをヒスパニックもしくはラテン系にするという〝目標〟を掲げてもいる。[*5] 出発点としては素晴らしいが、こうした数値目標は、平社員だけにとどまっていてはいけない。マネージング・ディレクターやパートナーレベルでも、同じ数値目標を掲げるべきだ。もし、女性、BIPOC（黒人、先住民、有色人種）、LGBTQ＋の人たちをマネージング・ディレクターやパートナーとして迎えるのに不安があるなら、キャリアアップする際にうまく彼らを導いてやり、成功するために必要なサポートを提供することが大切だ。雇うだけ雇って放っておいてはいけない。シスジェンダーの白人男性が〝ゴッドファーザー〟を見つけるために参加するような、スコッチのテイスティングやゴルフに、彼らは誘ってもらえない。だから、女性やBIPOCやLGBTQ＋の社員のために〝ガーディアン・エンジェル（守護天使）〟プログラムをつくること。彼ら彼女らが入社してからマネージング・パートナーに昇格するまで、エンジェルたちが彼らの成功を真摯に見守ってくれるようなプログラムがあるといい。ゴールドマンのストラテジストは、市場のトレンドから顧客の動向まで、何事も細分化して分析する人たちだ。ストラテジストは履歴書のキーワードから、志願者がこの会社で成功できるかどうかの予測も行っている。その後もぜひ、様々なバックグラウンドをもつ社員のキャリアを追跡してほしい。評価スコアが著しく分かれていたり、業績が大きく下がったりした場合は注視すべきだ。よく状況を調べて、「なぜ、これが起こったのか」を問うべきだ。そして、真実に関心を寄せなくてはならない。

ゴールドマン、よく聞いてほしい。あなた方の会社には、超一流で優秀な社員がいる。だから、すべての面においてナンバーワンを目指してほしい。どこよりも早く、最良の解決策を提示してほしい。それには、熱心で競争力のある女性、BIPOC、LGBTQ＋の社員を雇って、昇格させることだ。世の中には、ゴールドマンや、そのほかの大企業の人的資産になりたいと願う、頭脳明晰で思慮深い人たちが大勢いる。社員を雇うときに、人柄をとるか知性をとるかで迷わなくていい。両方を満たす人を雇えばいい。ただし、会社の評判を上げるためではなく、ビジネスをするうえで有用だという理由で彼らを雇ってほしい。数々の研究から、「多様性のある企業は、多様性に乏しい企業よりも業績がいい傾向にある」[*6]ことや、「同質な人ばかりではないチームのほうが賢く……古い考えを積極的に覆していくことができ、その結果パフォーマンスも優れたものになる」[*7]ことがわかっている。インクルーシブな職場、その人のバックグラウンドや興味のいかんにかかわらず、すべての社員に対する支援が手厚い職場は、誰にとっても心地よい職場だ。

新入社員の方々には、こう言いたい。ガラス張りのオフィスの中にいるのは、白人のシス男性ばかりだ。あなたのいる場所はそういうところだ。私の失敗からぜひ学んでほしい。唯一無二のあなたの声には価値がある。黙っていてはいけない。声をあげて、会社をよりよい場所にしていってほしい。パートナーと共通点があるからとか、時代遅れのやり方に従っているからといった理由で評価されるのではなく、あなたの考えや、あなたの中身を評価してほしいと訴えよう。

就職活動をしているときに会ったゴールドマンの人たちは、口をそろえていいことを言っていたはずだ。私のときも「心を、広く、オープンに」というキャッチフレーズを聞かされたが、それが真実とかけ離れているとは思いもしなかった。だから、実際に働きはじめたら、あれはデタラメだとわかったという話を聞いても、私は驚かない。そのときは、商取引と同じ対応をすればいい。見解の違いを指摘して、それを修正してもらうように要求するのだ。面接のときに言われたことが、実際の職場環境と異なっていてはいけない。

やらなくてもいいことも話しておこう。彼らがつくったガラスの天井を壊そうとしなくていい。ボーイズ・クラブに入らなくていいし、彼らに溶けこもうとしなくていい。あなたを閉じこめておく壁の内側にいる必要はない。

可能性が広がる大きな空に羽ばたいていこう。

それよりも小さなものに、おさまっている必要はない。

最後に、読者の皆さんへ。本書に記した状況は、フォーチュン500の企業にかぎった話ではなく、あらゆる職場で起こっていることだ。規模の大小にかかわらず、公的機関か民間企業か非営利団体かにかかわらず、起こっている。だが、その潮流は変わりつつある。人々が「こんなことはもうたくさんだ」と声をあげているからだ。マインドセットや振る舞いは変わりつつある。だが、確実に進歩しているものの、改善されなくてはならない点はまだまだある。誰もにその責任があり、担う役割がある。私たち全員でさらに一歩踏み出し、職場をよりインクルーシブな場にしていかなくてはならない。ひとりひとりが変わらないかぎり、大きな変化を生み出すことはできない。

謝辞

お礼を述べたい人はたくさんいるし、とても一言では感謝を伝えきれない！　本を書くのは孤独な体験にもなり得るが、私のそばには素晴らしい人たちがいてくれた。

私なら書けるし、伝えるべきストーリーがあると最初に言ってくれたロビン・フィンへ。ロースクールに行くよりも本を書いたほうがいいと私を説得してくれてありがとう。

ライティングの先生、ジュールズ・スウェールズには、本の中だけでなく人生において、ありのままの自分を見せることと、広い心をもつことを教わった。よりよい書き手になる方法を教えてくれて感謝している。あなたは先生以上の存在だ。あなたを友だちと呼べることを誇りに思う。

J・B・ホローズとリア・アイリフ＝ウッドへ。まだ実際にお会いしたことがないなんて信じられないが、その必要がないほど私たちの絆は強い。私たちの本が出版される2022年に乾杯！

ブック・バニーの社員、サンドラ・コーニグとジャナ・ドーソンへ。私を励まし笑顔にしてくれてありがとう！

アイヴィ・ケイラーへ。あなたが空白のページに怖れ知らずのアプローチをしてくれたおかげで、私も著者としてもっとリスクをとろうという気になれた。

ギャヴィ・ワグナー・マンとリンダ・コンドゥリロは、貴重なフィードバックをしてくれただけでなく、初日から熱心に私を支持してくれた。

友人のミッチェル・バクスト、ジェニファー・キャンテルモ、バーバラ・ギアリー、ダニエル・ホームズ、ピナ・ホニャク、リサ・カービナー、カレン・マクロフリン、マギー・モリス、ローラ・パヴォロスキー、トリッシュ・パヴォロスキー、エリザベス・ヴィナールは、様々なかたちで私を支えてくれた。私がくじけそうになったときに、書きつづけるよう背中を押してくれたり、下書きを何度も読んで素晴らしいフィードバックをくれたり、マーケティングの戦略を立ててくれたり、著者紹介の写真を一緒に選んでくれたりした。ひとりひとりに、とても感謝している！

カリフォルニアにいる友人、サラ・レッドモンドは、いままで出会ったなかで最高の友人だ。大陸の向こう端から私をいちばん熱心に応援してくれてありがとう。アリソン・マグワイヤは、私が諦めそうになったときも、つねに支えてくれた。

マリエ・ポリシーノへ。ゴールドマンでのあなたとの出会いは、いまでも私の宝物だ。これからもルーシーのアドバイスをいつでも聞きたいと思っている。

〝ふたり目の母親〟であるE・J・パガニへ。執筆を応援してくれ、本書のあらゆる面で力を貸してくれたうえ、子どもたちの面倒もみてくれた。あなたと一緒に子育てができることに感謝している！

ステイシー・ハーヴェスティンは、尽きることのない情熱を傾けてくれた。あらゆる面において私の味方になってくれてありがとう。

コートニー・フォックスへ。ブリンマー大学を卒業して最もよかったことは、学位を取れたことを除けば、あなたに出会えたことだ。私、ついに辞めたよ！　最初からいままで、あなたはずっとそばにいてくれた。ありがとう！

ウェンディ・ビハリへ。大変なときもずっと私のそばにいてくれてありがとう。おかげでよりよい人間になれた。

ジェス・コーンブルースへ。正直なフィードバックをしてくれたこと、あなたの経験談を話してくれたり、人を紹介してくれたりしたことに感謝している。キャロル・フィッツジェラルドとブック・リポーターのチームのみなさんへ。クレイジーな出版業界のことを詳しく教えてくれてありがとう。DEYチームのリムジム・デイとアンドリュー・デシオへ。最後の最後までミーティングを重ねてくれたおかげで、出版にこぎつけることができ、強烈なインパクトをもつ作品に仕上がった。

友人であり、私にとってのヨーダであるジェンナ・ランド・フリーへ。本書が生まれたのはあなたのおかげだ。あなたはかけがえのない贈り物だ！　私と会って、話を聞いてくれて、遠慮なくものを言ってくれてありがとう。大きな出来事があったときも、些細な出来事があったときも、いつもあなたはそこにいてくれたし、私からの電話にはいつも出てくれた。あなたへの感謝は尽きることがない。

エージェントのゲイル・ロスへ。あなたほど強くて、知的で、情熱をもった味方はいない。私のことを信じてくれたこと、絶え間なく私を擁護し支援してくれたことに感謝している！　私たちニュージャージー出身の女性は有望だというあなたの意見は正しかった！

サイモン＆シュスターの素晴らしいチーム、エミリー・シモンソン、キャット・ボイド、エリザベス・ヴェネール、そしてケイト・ラパンへ。あなた方の支援と熱心さに感謝している。編集者のステファニー・フレリックへ。最初に会ったときから、あなたはすべてわかってくれていると思っていた。私を信じてチャンスをくれたこと、遠慮なく意見を言ってくれたことに感謝している。私たちは相当ダイナミックなコンビだ。本書をつくるにあたって、あなた以上のチームメイトはいなかった。

血気盛んな次世代のフィオーレ家の女性たち、姪のシドニー、リンゼイ、ケイシーへ。本書が、あなたたちが障壁を壊していくきっかけになれたら嬉しい。

友人でありソウル・シスターであるリンダ・ベンジィへ。あなたは最初からずっと、私のそばにいてくれた。１９９8年に知り合ってから、昨晩の電話までずっと。あなたがいなければ、私はこの本を書けなかった！

私の最初の教師でもあるフィオーレ家の家族、母、父、トニー、ジャニンへ。私を愛してくれて、支えてくれて、助言をしてくれてありがとう。そして祖母へ。あなたが亡くなってから、あなたと過ごした時間と同じくらいの時が流れたが、いまでも毎日あなたのことを考えている。私を誇りに思ってくれていたことを願っている。

私の子どもたち、アビー、ベス、ルーク、ハンナへ。本書が私たちの生活の大きな一部になったことを嬉しく思ってくれて、理解してくれて、我慢してくれてありがとう。あなたたちが誇りに思える母親になれていることを願っている。そしてこの本が、将来のあなたたちの職場環境が良くなることを後押しするものでありますように。

ダンへ。あなたは私のすべて。この本をあなたに捧げる。

原注

第9章

＊1　Goldman Sachs. “Goldman Sachs Press Releases.” Accessed February 16, 2022. https://www.goldmansachs.com/media-relations/press-releases/archived/2019/announcement-18-march-2019.html.

＊2　上記に同じ。

＊3　finews.com.“Goldman Sachs Wants More Women MDs.” March 19, 2019. https://www.finews.com/news/english-news/35770-goldman-sachs-women-md-pay-promotion-gender-diversity.
Goldman Sachs. “Goldman Sachs Press Releases—Goldman Sachs Announces Partner Class of 2020.” Accessed February 16, 2022.
https://www.goldmansachs.com/media-relations/press-releases/current/gs-partner-class-2020.html.

エピローグ

＊4　https://www.bloomberg.com/news/articles/2020-01-24/goldman-rule-adds-to-death-knell-of-the-all-white-male-board.

＊5　Washington Post. “Analysis | Goldman Sachs Says It Wants Half of Its Entry-Level Recruits to Be Women.” Accessed February 1, 2022.
https://www.washingtonpost.com/business/2019/03/18/goldman-sachs-says-it-wants-half-its-entry-level-recruits-be-women.

＊6　How Diversity, Equity, and Inclusion (DE&I) Matter. McKinsey. Accessed February15, 2022.
https://www.mckinsey.com/featured-insights/diversity-and-inclusion/diversity-wins-how-inclusion-matters.

＊7　David Rock and Heidi Grant. Harvard Business Review, “Why Diverse Teams Are Smarter.” November 4, 2016.
https://hbr.org/2016/11/why-diverse-teams-are-smarter.

ゴールドマン・サックスに洗脳《せんのう》された私《わたし》

金《かね》と差別《さべつ》のウォール街《がい》

2024年4月30日　初版1刷発行
2024年5月30日　　　3刷発行

著者 ―――― ジェイミー・フィオーレ・ヒギンズ
訳者 ―――― 多賀谷正子《たがやまさこ》
翻訳協力 ―――― 株式会社リベル
カバーデザイン ―――― 金井久幸（TwoThree）
発行者 ―――― 三宅貴久
組版 ―――― 近代美術
印刷所 ―――― 近代美術
製本所 ―――― 国宝社
発行所 ―――― 株式会社光文社
〒112-8011　東京都文京区音羽1-16-6
電話 ―――― 新書編集部 03-5395-8289
書籍販売部 03-5395-8116
制作部 03-5395-8125

落丁本・乱丁本は制作部へご連絡くだされば、お取り替えいたします。

ISBN978-4-334-10296-8 Printed in Japan